**네팔의 시간은
서두르지 않는다**

네팔의 시간은 서두르지 않는다

안나푸르나 트레킹 이야기

이필형 글·사진

실크로드
silkroad

브라탕의 나무 담 담과 빛과 그림자. 그러나 안과 밖의 다름이 없다. 11월인데도 나뭇잎은 푸르다. 길에는 한가한 평화가 깃들어 있다.

책머리에

이 책은 산이 갖고 있는 의미와 걷기가 우리 삶에 불어넣어주는 영감, 그리고 아름다운 세상을 보는 나의 시각과 느낌과 감동에 관한 글이다. 글은 세상을 자기 방식대로 바라보게 하는 창이다. 비록 13박 14일간의 짧은 여정이었지만, 네팔의 행복·시간·죽음에 대해 나름대로 들여다보면서 생각한 것들의 기록이다.

이번 안나푸르나 트레킹은 산을 오르는 문제와 걷기의 문제가 중첩되어 있다. 왜 산에 오르는가? 왜 걷는가? 물론 트레킹은 이런 문제들과 비켜서 있을 수 있다. 그러나 안나푸르나 트레킹은 왜 산에 오르고, 왜 걷는가의 문제를 본질적으로 되돌아보게 해주었다. 안나푸르나를 밟은 경험을 통해 새로운 답을 찾는 계기가 되었다. 그렇게 찾은 답이 안나푸르나의 아름다움이고 행복이고 시간이고 죽음의 문제였다.

안나푸르나를 걸으며 히말라야 산맥 저 뒤에는 무엇이 있을까 하는 것을 스스로 물어보았다. 그러면서 불가의 서방정토를 끊임없이 생각했다. 나로서는 넘을 수 없는 산이었기에 상상의 답을 찾았다. 바람 속의 답이었다. 만년설을 통해 비추어지는 압도적 상상력의 답이었다. 시간이 만들어주는 천변만화의 답이었다.

안나푸르나를 통해 구체적으로 내 몸에 새겨진 흔적을 잊을 수가 없다. 한 발 한 발 안나푸르나를 밟으면서 내 피가, 내 온몸이 움직였다. 내 몸의 전 존재가 안나푸르나의 호흡과 함께 들숨 날숨의 리듬을 탔다. 안나푸르나가 이끌어내는 힘은 내 몸에 그대로 각인되었다. 안나푸르나를 온전히 밟으면서 내 몸에서 끌어낼 수 있는 마지막의 힘도 보았다. 그 내 몸의 힘을 통해 안나푸르나의 아름다움을 보았다.

또한 안나푸르나 트레킹을 통해 새로운 진실을 깨달았다. '서두르지 마라. 아니, 천천히 서두르라'는 말의 진실이 내 몸에 새겨졌다. 네팔 사람들은 틈이 날 때마다 진언인 '옴마니밧메훔(연꽃 속의 보석이여)'과 '나마스테(내 안의 신이 당신의 신에게 인사합니다)'를 되뇐다. 히말라야 너머의 이상향을 갈구하는 그들의 모습에서 '천천히 서두르라'는 뜻을 가슴 깊이 새기게 되었다.

이번 안나푸르나 트레킹을 통해 '행복은 무엇을 찾는가' 하는 문제보다 '어떻게 행복할 수 있는가' 하는 것이 더 중요하다는 것을 절감했다. 그동안 세상이 나를 보고 있다고 생각하면서 살았다. 그런데 이번 트레킹을 통해 깨우치게 되었다. 나를 보고 있는 것은 바로 나 자신이라는 사실이었다. 버나드 쇼가 외친 "인생은 자신을 발견하는 작업이 아니라 자신을 창조하는 작업이다.[Life is not about yourself. Life is creating yourself.]"라는 말을 새롭게 인식했다.

소롱라 고개에서 어찌할 줄 몰랐던 걷기가 생각난다. 내 인생에서 그러한 경험이 처음이었다. 힘이 있어도 걸을 수 없는 상황이었다. 더 이상 갈 수 없는 고통스러운 상황에서 한 발을 내디디면서 그 힘이 내 자신에게서 나오는 것임을 알았다. 인생은 거창한 것이 아님을 새삼 깨달았다. 작은 한 발이 모든 것의 시작이었다. 어떠한 상황도 내가 헤쳐 나가야 하고, 그렇게 헤쳐 나갔을 때 최선의 나를 찾을 수 있었다.

마지막으로 안나푸르나를 함께해주신 산악대장 신인섭 형과 최승관·조헌모·서문석·송주필·이희연 등 트레킹을 같이한 경복고 선배님들께 감사 인사를 올린다. 나로서는 애를 쓰면서 형들의 이야기를 담았는데, 지금 돌아보니 송구스럽기만 하다. 혹시나 마음에 들지 않더라도 너그러이 보아주시기를 부탁드린다.

2017년 12월
이필형

차례

책머리에 5

1 그 끝이 여기가 아닐까? 15
라운드 220km 가운데 90km를 걷고 130km를 차로 이동 | 걸을 수 있는 힘이 있으나 걷기 힘든 길이었다 | 우리는 늙지 않는 꿈을 보았다

2 그래, 가자 25
서로의 자투리를 메워주자 | 걷기에도 기본 원칙과 예절이 있다 | 안나푸르나를 구체적으로 만나다 | 내 길만 간다

3 여행은 가슴이 떨릴 때 가는 것 35
산은 체력보다 오르겠다는 의지가 중요하다 | 124개 민족 3000만 인구로 구성된 네팔 | 새로운 삶의 방식을 만날 수 있을 거야! | 내 안의 신이 당신의 신께 인사드립니다

4 여기가 천국이다 47
카트만두의 메리골드 향기 | 불교와 힌두교가 공존하는 나라 | 네팔은 인종의 용광로 | 무질서 속에 질서가 있다 | 네팔이 내 안으로 들어오다 | 혹독함이 아름다운 자연을 만든다 | 여기가 천국이다 | 세상을 넘어서는 행복은 없다

5 말해다오, 이 생의 비밀을 65
나는 나를 떠돌던 나그네 | 누구나 죽음을 만난다 | 죽음을 만나면 다시 태어난다

6 왜 안나푸르나에 왔는가? 79
기다리다보면 시간 밖에서 나를 만난다 | 이 세상 밖 어디론가 날아가자 | 나는 내 길을 간다 | 죽음과 삶은 함께 있다 | 세상은 내게 세상만을 이야기한다

7 포인세티아가 피면 한 해가 온다 93
베시사하르, 히말라야 여행이 시작되는 곳 | 안나푸르나는 빛나는 하늘과 맞닿아 있다 | 네팔의 상징, 기도깃발 | 안나푸르나는 네팔의 어머니 | 우리가 먼지다, 먼지가 우리다 | 포인세티아가 피면 한 해가 온다 | 평화롭다, 여유롭다, 아름답다 | 진정한 산악인은 산에서 죽는다

8 길이 길을 만든다 115
차메에서 첫걸음을 내딛다 | 사람들은 걸으면서 자신을 만난다 | 우리는 서서히 움직이기 시작했다 | 옴마니밧메훔은 세상의 문이다 | 길이 길을 만든다 | 두드리고, 두드리고, 그리고 두드린다

9 삶은 그림자다 135
몸으로 만나는 히말라야 | 그들의 시간은 '내일 아니면 모레쯤'이다 | 살아보니 편견밖에 없다 | 죽음은 환상이며 삶도 그림자일 뿐 | 나도 세상의 바람을 맞고 싶다 | 슬픔은 나누고 일손은 보탠다 | 가족과 삶에 대한 지혜를 나눈다

10 모든 것은 시간이 필요하다 151
여기서도 현실을 바라보기는 어렵다 | 잠은 모든 것의 해결책 | 나무가 자라는 시간으로 걸었다 | 파고 또 파면 뿌리를 찾는다 | 가난 속에는 어떤 고독이 있다

11 히말라야는 네팔의 심장이다 165

그래도 계속 나아갈 거야 | 누군가 뒤에서 지켜보고 있다 | 나를 이끌어주는 것은 발자국이다 | 히말라야는 네팔의 심장이다 | 행복은 살아 있음을 느끼는 것 | 발이 가는 대로 걷고 있다 | 우리는 시궁창에 있으나 누군가는 별을 보고 있다

12 처음 생각은 껍질에 지나지 않았다 183

안나푸르나 트레킹은 영봉과의 만남 | 처음 생각은 껍질에 지나지 않았다 | 안나푸르나는 바람이 세상을 덮는다 | 걷기는 상상이다 | 삶의 뒷모습은 거짓이 없다

13 바람이 이끌고 간다 195

길은 자신을 모두 내어준다 | 너와 나는 나눌 수 없다 | 신 안에서 죽음은 새로운 삶이다 | 생명을 유지하는 모습은 신성하다 | 나도 모르게 나는 혼자가 되었다 | 바람만이 갈 곳을 안다

14 생의 경계에 서는 순간 자유롭다 209

나를 넘는 고통만이 나를 이길 수 있다 | 자신의 한계를 느끼면 새로운 세계를 만난다 | 사람은 조금씩 물들어간다 | 생의 경계에 서는 순간 자유롭다 | 어려움을 만나는 것은 새로운 길을 여는 통로다 | 모든 것이 나를 중심으로 돌고 있다 | 나의 염원은 어느 하늘을 날고 있을까? | 샹그릴라에도 공짜는 없다

15 상처는 빛이 들어오는 공간이다 227

순수한 네팔의 알몸이 나를 깨우다 | 아! 모두들 따사로이 가난하니 | 상처는 빛이 들어오는 공간이다 | 안나푸르나를 걷고 훌쩍 자랐을까? | 삶은 두드려보는 거다 | 나는 지금 여기 있다 | 힌두교의 믿음은 발부터 시작된다 | 자신의 모습 그대로 산다

16 주라, 공감하라, 절제하라 245

거대한 산하가 내 앞으로 다가왔다 | 안나푸르나는 또 다른 우리를 보여주었다 | 주라, 공감하라, 절제하라 | 우리는 이 산과 경쟁해야 한다 | 모든 게 잘될 거야

17 낮추면 세상을 볼 수 있다 257

더 나은 세상을 위해 무엇을 할까? | 현실은 벗어날 수 없다 | 낮추면 아름다운 세상을 볼 수 있다 | 세상은 나를 중심으로 움직인다 | 어디 한번 가보자, 그대와 나 | 네팔의 시간은 천천히 흐른다

18 네팔의 신은 삶 속에 있다 273

문화는 삶 속에 살아 있다 | 산도 인생도 목숨을 걸어야 한다 | 타멜의 밤거리에서 안나푸르나를 생각하다 | 깨달음에 이르는 길은 평등하다 | 저들의 삶 속에 붓다가 살아 있다

19 너는 죽어도 죽지 않는다 285

네팔의 시간은 서두르지 않는다 | 이들을 따라가면 나의 옛날을 만날 것만 같다 | 너는 죽어도 죽지 않는다 | 신을 통해야 신에게 갈 수 있다 | 입이 지은 죄가 가장 크다 | 씨앗은 자기 스스로 자란다

20 이게 끝은 아니다 301

길을 찾는 길에는 한계가 없다 | 기적은 천천히 이루어진다 | 삶은 측정할 수 없다

21 나의 끝에 나의 시작이 있다 309

가장 반대되는 것 옆에 섰을 때
사물은 비로소 뚜렷한 존재 이유를 드러낸다.

— 미셸 투르니에

안나푸르나 트레킹 지도

1

그 끝이 여기가 아닐까?

일곱 사람이 남긴 경이로운 이야기

꿈의 상징이나 종교의 상징이 아닌
안나푸르나라는 통과의례를 통해
나는 나의 내면의 소리를 들을 수 있었다.

라운드 220km 가운데 90km를 걷고 130km를 차로 이동

이 글은 13일간의 이야기다. 좀 더 자세히 말하자면 나와 환갑을 한참 넘긴 여섯 사람에 대한 이야기다. 처음에는 몰랐지만, 시간이 갈수록 나와 선배들에 대한 앞모습이 아니라 뒷모습에 대한 이야기들임을 알았다.

누군가의 글을 꼼꼼히 살피면 그의 미묘한 감정과 상태를 읽어내게 된다. 안나푸르나 트레킹을 통해 우리도 얼굴에서 묻어나는 표정보다는 앞에서 걸어가는 뒷모습을 보면서 서로를 읽을 수 있었다.

이번 안나푸르나Annapurna 트레킹을 하면서 우리는 처음 만났으나 서로의 뒷모습을 가감 없이 보여주면서 서로를 알아갔다. 안나푸르나라는

차메의 길 시간과 함께 길을 따라 안나푸르나를 바라보면서 깊숙이 들어갔다. 길옆 낭떠러지 아래에는 마르상디강이 흐르고 있다.

전혀 생소한 대상 앞에서 우리는 서로의 민낯을 그렇게 자연스럽게 만날 수 있었다.

 안나푸르나는 어떤 여행보다도, 걷기보다도 멈추어 설 수밖에 없는 아름다움이 있다. 또한 멈출 수밖에 없는 현실이 있다. 걸을 수 없는 한계도 있다. 쇠사슬로 발목을 묶고 걷는 기분도 들었다. 마음속에서 '걷자! 걷자!' 해도 걸을 수 없는 상황은 또 다른 체험이었다. 어디까지 갈까? 끝을 알 수 없는 것이 인생인데, 어느 순간 그 끝이 여기가 아닐까? 그렇게 자문해보기도 했다.

 이 글은 네팔의 서부 지역에 있는 안나푸르나 트레킹을 하면서 겪은 이야기들이다. 안나푸르나는 고대 산스크리트어[梵語]로 '풍요의 여신'이라는 뜻이다. 히말라야Himalayas 중부에 고딕의 아치처럼 줄지어 서 있는 산이다. 칼리간다키강과 마르샹디강 유역 사이의 48km에 걸쳐서 능선을 이룬다. 안나푸르나 1봉은 8091m로 8000m 이상의 고산을 이르는 14좌 가운데 하나이다. 히말라야는 산스크리트의 눈[雪]을 뜻하는 '히마hima'와 거처를 뜻하는 '알라야alaya'의 두 개 낱말이 결합된 복합어이다.

안나푸르나 산군山群은 히말라야에서 가장 인기 있는 트래킹 코스로 꼽힌다. 우리는 안나푸르나 2봉·3봉·4봉 자락을 거치는 라운드 코스를 선택했다. 라운드 코스는 220km인데, 우리는 차량과 걷기를 병행하여 일주했다.

안나푸르나를 품은 히말라야 산맥은 2400km를 가로지른다. 인도·티베트·네팔·부탄에 걸쳐 있는데, 신들의 거처로 일컬어진다. 이들 지역은 독특한 불교 문화권과 행복 벨트를 형성하고 있다. 네팔은 히말라야 산맥의 3분의 1을 차지한다. 에베레스트(8848m)·마나슬루(8163m)·안나푸르나(8091m) 등 8000m급 봉우리가 8개 있다.

히말라야는 인류의 마지막 샹그릴라(Shangri-La, 지상낙원)였다. 신들이 사는 수미산須彌山이었다. 하늘에 가까이 있고 세상을 내려다보는 산이었다. 수미산은 불교의 우주관에서 우주의 중심이다. 80만km 높이에 주변은 9개의 산과 8개의 바다[九山八海]로 둘러싸여 있고, 정상에 신들이 사는 33천天이 있다고 한다. 히말라야는 프랑스 산악인 모리스 에르족이 1950년 6월 3일 안나푸르나를 오르기 전까지는 오로지 경외와 숭배의 대상이었다. 에르족은 인류 최초로 히말라야의 8000m급 14개 봉우리 가운데 하나인 안나푸르나를 올랐다.

"그리고 인생에는 또 다른 안나푸르나들이 우리를 기다리고 있다. 안나

안나푸르나의 햇살 안나푸르나는 천변만화이다. 나뭇가지 사이로 보이는 만년설이 덮인 정상과 황금색으로 빛나는 영봉은 신비스럽기만 하다. 나뭇가지에 가려진 희디 흰 봉우리도 경이롭다. 안나푸르나가 내 앞에 와 있었다.

푸르나 정상 정복을 계기로 역사의 한 페이지가 넘어가고 또 다른 새로운 삶이 시작된다."

   그렇게 안나푸르나는 실현된 꿈이 되었다. 그 꿈이 내게도 왔다. 안나푸르나의 숨결을 밟을 수 있는 기회가 주어졌다. 신들의 땅을 밟을 수 있었다. 석양 속에 비친 히말라야 영봉의 신성함을 느낄 수 있었다.

   안나푸르나 라운드는 220km이다. 90km는 걷고 130km는 지프형 사륜구동 차로 이동했다. 이곳에서 내 몸으로 안나푸르나를 만났다. 산이 내 인생에서 무엇인가를 되새기고, 내 몸이 견딜 수 있는 한계를 경험했다. 내 자신이 한계임을, 한계선을 살고 있음을 보았다.

걸을 수 있는 힘이 있으나 걷기 힘든 길이었다

11월, 안나푸르나는 걷기다. 땅은 척박하고 첨예한 봉우리들은 하늘을 뚫을 기세로 끝없이 늘어서 있다. 안나푸르나는 세월이 함께 내려앉은 계곡과 함께 힘차게 뻗어 있다.

거기서부터 히말라야의 생명이 시작됨을 몸으로 느낄 수 있었다. 대자연의 경이로움을 발끝으로 만났다. 자연의 위대함이 그곳에 있었다. 거대한 자연에 가까이 갈수록 나를 깊이 볼 수 있었다. 사람은 사는 방식이 달라도 산은 한결같았다.

안나푸르나에서 300여 명의 트레커들을 만났다. 이들을 만나면서 걷기에 새로운 눈을 떴다. 안나푸르나를 만난 것은 끊임없는 관심이라는 것을 알았다. 그리고 안나푸르나가 나를 불렀다는 것을 알 수 있었다. 한때 백두대간을 걸으면서 느꼈던 정서와는 또 다른 만남이었다. 전혀 새로운 충만감을 느낄 수 있었다.

한국에 돌아오자 많은 친구들이 관심을 표했다. 한마디로 대답했다.

"걸을 수 있는 힘이 있는데 걷기 힘든 길이었다."

그렇다. 힘은 있었으나 어느 순간 무력감이 엄습했다. 그런데도 걸을 수 있었다.

그리고 13일 밤낮이 경이로웠음을 알았다. 처음 느끼는 감흥들이 솟아났다. 네팔과 안나푸르나에 대한 충격과 추억, 회상을 잊을 수 없었다. 아니 안나푸르나를 내 가슴속에서 지우기 싫다는 간절한 소망이 이 책을 쓰게 만들었다.

돌이켜보니 내 삶도 13일의 안나푸르나와 같았다. 아버지와 장인어른이 1년 사이로 돌아가셨다. 이때 죽음은 나의 현실이 되었다. 그리고 30

소롱라 고개의 타르초 소롱라 고개의 깃발은 닳을 대로 닳아 있다. 바람의 천국에서 지내는 대가이다. 네팔 사람들은 여기서 날리는 깃발의 염원이 하늘에 닿는다고 믿는다.

여 년 동안 일한 회사를 떠났을 때, 마음의 짐을 내려놓기까지 그렇게 하루하루를 견뎠다.

이런 것들이 나이 60의 나를 새롭게 만들었다. 내 생의 절벽이 나를 변화시켰다. 안나푸르나도 그랬다. 네팔에서 돌아온 뒤 책상 앞에 네팔의 풍속화가가 그린 안나푸르나 전경을 걸어놓았다. 컴퓨터와 휴대전화 화면에도 안나푸르나 풍경을 담았다. 13일간의 안나푸르나 여정이 내 가슴속을 맴돌았다.

이제 내년이면 예순 살이다. 60년 동안 살아온 날들에 대한 기억들이 문득문득 되살아난다. 어린 시절 들판을 뛰어놀던 시절이 아련하다. 세상이 정말 무엇인가를 몰라 헤매었던 학창 시절이 그립다. 세상이 안개와 같았다.

우리는 늙지 않는 꿈을 보았다

젊은 시절에는 그렇게 나이를 먹고 싶었다. 세상을 알기 위해 나이를 먹는 것이 그렇게 좋아 보였다. 나이를 먹으면 모든 것이 해결될 것만 같았다. 나의 한계를 넘어설 수 있을 것만 같았다. 머뭇거림도 두려워함도 비굴함도 없을 줄 알았다. 그러나 시간이 알려준 세상은 현실이었다. 내 스스로 내 삶의 무게를 넘어서야 함을 알았다. 나이 예순 살 환갑이다. 60년의 산을 넘고 있다. 60년의 산을 넘고 나면 기적처럼 어떤 변화가 나를 찾아올까? 그래! 이제 나도 일상을 넘어서는 삶의 무늬와 결을 그릴 수 있을까?

마음속으로 끊임없이 되새긴 말이다. 그러면서 나를 밑바닥부터 보고 싶었다. 나이 60이 되면 자신을 정면에서 바라보아야 한다. 버릴 것과 다

홈데의 물소 야크와 물소는 안나푸르나 산군에서 흔히 볼 수 있다. 척박한 땅에서도 무엇인가를 끊임없이 찾아 먹고 있다. 그리고 나는 거기에서 하나의 추억으로 서 있었다.

질 것을 가다듬어야 한다. 사람들은 60에 페이스북도 하고, 파워포인트도 배우고, 외국어도 공부하고, 붓글씨도 쓰고, 글도 쓴다. 그리고 나는 여행을 하고 있다. 60이라는 말을 곱씹어보니 안쓰럽게 살아온 날들이 무척 새롭다.

그러다 60대 중반 선배들과 안나푸르나 트레킹을 하게 되었다. 기를 쓰고 걷지는 말자! 조급하게 걷지는 말자! 삶이란 평생 숙제다! 풀뿌리 하나도 나보다 낫다! 나이라는 계급장을 떼자!

그들을 보면서 험한 여행길도 두렵지 않게 느껴졌다. 함께 가면 되었다. 이들이 세월 속에 그려놓은 인생의 풍경화를 보았다. 살아온 여정에서 나오는 감각과 여백이 마냥 좋아졌다. 함께 가고 있다는 사실만으로도 감동과 공감이 되었다.

역시 젊음은 시간과 함께 갔다. 그러나 꿈은 연륜과 함께 묻어났다. 세월과 함께 꿈은 살아 있었다. 우리는 늙지 않는 꿈을 보았다. 그러다 어느 순간 말이 사라져버렸다. 히말라야의 숨결과 나만을 바라보았다. 우리의 행복이 보이기 시작했다.

돌이켜보니 그동안 나의 삶은 알 수 없는 힘에 이끌려 온 것 같았다. 안나푸르나와 대화하면서 안나푸르나 같은 기적의 현실이었음을 다시 한번 깨달았다. 그리고 그렇게 아팠던 상처들을 함께 돌아보면서 서로를 보듬었다. 삶이 마음 가는 대로 살지는 못했으나, 그래도 살 수밖에 없었던 세월을 조용히 들여다보았다.

내가 알지 못하는 무의식의 중심을 캐내 올려본 시간 속에서 나의 존재를 새롭게 깨달았다. 나를 들여다보면서 무수한 기억 속의 내가 다시 살아나는 것을 보았다. 겹겹이 막고 있던 무의식의 담벼락이 무너지면서 내 삶의 목소리들을 만날 수 있었다.

이번 안나푸르나 트레킹도 그랬다. 의식도 없이 시작했다. 내 인생에 네팔을 밟아보리라고는 상상도 못했다. 그런데 네팔을 다녀왔다. 안나푸르나를 들여다보면서 안나푸르나의 소리를 들었다. 어느 순간 나도 몰랐던 나를 들여다보게 되었다. 겹겹이 가로막고 있던 내 민낯의 소리를 들을 수 있었다.

꿈의 상징이나 종교의 상징이 아닌 안나푸르나라는 통과의례를 통해 나는 나의 내면의 소리를 들을 수 있었다. 나의 현재가 새로운 내가 되었다. 사람은 자신의 둥지를 떠나보아야 떠난 뒤의 빈자리를 만날 수 있음을 알았다. 그렇게 안나푸르나는 내게 새로운 현실이 되었다.

2

그래, 가자

세상은 그렇게 새 길을 연다

역시 천천히 걷기가 가장 힘들었다.
팀워크를 이루어 나가는 것이 생각보다 쉽지 않았다.
안나푸르나에서도 계속 반복되었다.

서로의 자투리를 메워주자

2016년 9월, YTN 라디오 방송을 마친 뒤 뜻밖의 전화를 받았다. S형으로부터 안나푸르나 트레킹을 추진 중인데 참여할 의향이 없는가라는 제안이었다. 뜻밖이었다. 생각해본 적도 없다. 그러나 안나푸르나의 씨앗은 내게 피할 수 없는 싹을 틔웠다. 모든 것은 처음 만난 생각에서 움텄다. 하루의 말미를 달라고 했다.

안나푸르나! 톨스토이의 소설 〈안나 카레니나〉를 감동 깊게 읽은 뒤였다. '안나'라는 묘한 친근감이 느껴졌다. 히말라야 산자락이다. 설산이다. 버킷리스트는 아니지만 왠지 색다른 감정이 휘돌았다. 해발 8091m의 히

안나푸르나의 여명 안나푸르나의 새벽은 처음 대면하면 신비로움 그 자체이다. 그리고 체험하면서부터 시간의 변화를 깨닫고, 살아 있는 생명체처럼 안나푸르나의 공간을 느끼기 시작한다.

말라야 산자락을 감상하면서 빙하를 만나는 일은 상상만 해도 가슴이 벅차올랐다. 설산을 배경으로 찍을 내 모습을 그렸다. 그래, 가자! 한달음에 결정하고 말았다.

처음 안나푸르나 동행은 8명이었다. 그러나 선배 하나가 자전거를 타다 골절상을 당하여 7명으로 꾸려졌다. 우리는 그렇게 한 팀이 되었다. 체력 훈련과 단합을 위해 9월 15일부터 수원 광교산에서 청계산까지 20km 정도 걸었다. 이어 관악산 종주 15km 2차 산행을 하면서 우의를 다졌다. 11월 5일 인왕산에서 북한산 향로봉과 비봉을 돌아 불광동에 도착하는 마지막 산행을 하면서 트레킹 대장을 뽑고, 2개 조로 나누어 팀워크를 돈독히 했다. '분할 통치'라는 원칙은 유효했다. 3명이 한 팀을 이루어 행동을 통일하면서 서로를 이해하는 계기가 되었다.

여러 차례 걷기를 배우면서 먹기의 관성까지 이해할 수 있었다. 모든 산행은 각자도생이다. 자기 것은 자기가 준비하고 자기가 먹는다. 이것이 원칙이다. 끼니 때우기는 산행의 묘미다. 간식도 각자 걸으면서 주섬주섬 먹는다. 자기 것을 꺼내 혼자 먹는다.

그런데 참 재미있는 사실이 있다. 김밥이며 과일이며 거의 같은 수준이다. 옛날 같으면 집집마다 취향이 다른 음식을 맛볼 수 있었다. 그러나 이제는 김밥도 규격화되고 맛도 비슷하다. 가격도 약간의 차이는 있으나 대개 거기서 거기이다. 우리나라의 모습과 너무나 닮아 있다. 생각까지도 SNS가 발달하면서 정보의 전달력이 비슷해져 이슈나 유머가 실시간으로 같아진다. 새로운 이야기를 찾기가 힘들어졌다.

그래도 신기한 일은 함께 김밥을 먹으면서 일어났다. 김밥을 먹을 때 가장 선호하는 부분이 몸뚱이보다 김밥 끄트머리 부분을 누구나 좋아한다는 것이다. 사람 입은 똑같다는 진실을 알았다. 내게 좋은 것은 그에게도 좋았다. 그러면서 우리 모두 알았다. 이번 안나푸르나의 성패는 맛있는 것을 나눌 줄 알면 된다. 조금 참자. 그리고 자투리는 어딘가 부족하다. 그래, 그것이 아름답다. 서로의 자투리를 메워주자. 그렇게 이심전심으로 우리는 마음을 다졌다.

걷기에도 기본 원칙과 예절이 있다

걷기에 대한 예절을 배웠다. 길을 가다 마주치면 오르막 먼저(어센딩 퍼스트)이다. 미국이나 일본을 가면 항시 힘들게 오르는 사람을 먼저 배려한다. 산을 오르다보면 우리는 대부분 막무가내다. 우리도 걷기에 대한 기본 예절을 지켜야 한다. 사람에 대한 예의가 우선이다. 모든 삶에 기본이 있듯이 걷기에도 도가 있다. 배려가 중요하다.

자갓의 하늘과 다리 사륜구동 차를 타고 가다 만났다. 거대한 안나푸르나의 그림자와 하늘을 가르는 바람을 보았다. 다리는 또 다른 세계를 이어주고 있었다.

걷기에도 기법이 있다. 하산은 '천천히'가 요령이다. 발을 내디딜 때 가볍게 발끝을 먼저 내려놓으면 쿠션을 활용할 수 있어 사뿐히 걸을 수 있다. 그러면 무릎의 충격을 줄일 수 있다. 평지는 발뒤꿈치부터 내디딘다. 그러면 하중이 분산된다. 오르막은 중심 이동이다. 사뿐사뿐 오른발, 왼발 식으로 가볍게 디디면서 탄력을 준다. 내리막 바위는 종종걸음으로 확실히 중심을 이동하며 걷는다. 상체는 힘을 빼고 가볍게, 아주 가볍게 걷는 것이 중요하다.

또한 걷기는 호흡이다. 들숨과 날숨으로 한 발 한 발 디딘다. 스틱도 엄지와 검지로 가볍게 잡는다. 네발걸음의 원리를 응용한다. 당나귀처럼 걷는 것이 정석이다. 오르막은 발과 손의 힘을 9 대 1로 배분한다. 내리막은

고도에 따른 산소율

고도(미터 기준)	산소율	고도(미터 기준)	산소율
8850	33%	4500	57%
8000	36%	4000	60%
7000	41%	3500	64%
6000	47%	3000	68%
5500	50%	2500	73%
5200	52%	1000	88%
5000	53%	해수면	100%

해발 3000m부터 산소가 희박해지면서 무기력증·울렁증·두통·구토·식욕부진·현기증 등 감각 이상의 고산병 증세가 나타난다.

발과 손의 힘을 7 대 3으로 나누어 고르게 한다. 걷기의 기본부터 다시 시작했다. 걷기가 한결 수월해졌다.

안나푸르나를 구체적으로 만나다

세 차례 예비 모임과 걷기를 통해 안나푸르나 트레킹에 대한 구체적 준비가 시작되었다. 안나푸르나는 1봉(8091m), 3봉(7555m), 4봉(7525m), 2봉(7937m), 강가푸르나(7455m)가 연이어 있고, 3봉 끝에 마차푸차레가 있다. 동쪽은 마나슬루 산군이, 서쪽은 다울라기리가 있다. 우리는 풍요의 땅인 안나푸르나 소롱라 패스(5416m)를 걷는다. 안나푸르나(8091m)는 인류가 오른 최초의 8000m급 산이다. 세계에서 열 번째로 높다. 라운드 트레킹 거리는 220km이나 우리는 90km를 걷기로 했다. 매일 고도를 높여가면서 신의 산책로라는 소롱라 고개를 향하는 것이다.

사실 소롱라 고개는 짧은 여정이나 육체적·정신적 한계를 이겨내는 과정이다. 고산병은 원주민도 피해 가기 힘든 질병이다. 고산병이 모두의 관심사다. 안나푸르나가 허용하는 사람만이 이를 극복할 수 있다. 안나푸르나 트레킹을 위해서는 다양한 준비가 필요하다.

안나푸르나 트레킹 준비물(네팔, 11월)

여행 용품
- 가방 : 카고백(80리터) - 항공 수하물, 포터 운반용
- 배낭(25리터) - 트레킹 시 간식, 비상 약품, 의류 등 개인용품 운반
- 의류 : 옷 - 방풍 재킷, 우모복(동계용 파커), 내복, 양말(얇은 것과 두꺼운 것), 늦가을 및 초겨울용 등산복, 하산 후 필요한 옷
- 장갑 : 얇은 것과 두꺼운 것 하나씩
- 모자 : 트레킹용 모자, 털모자, 복면 목도리, 캡
- 선글라스 2개(파손시 여벌용), 등산용 스카프

트레킹 용품
- 침낭 : 800g 이상
- 신발 : 등산화(목이 있는 경등산화), 샌들 또는 운동화
- 등산용 스틱 : 3단 1세트(2개)
- 물통 1(입구가 크고 뜨거운 물에도 손상되지 않는 것)
- 기타 : 무릎 보호대, 아이젠, 헤드랜턴, 핫팩

상비약 및 개인 용품
- 지사제, 진통제, 소화제, 청심환, 물파스(스프레이), 두통약(아스피린, 타이레놀), 이뇨제(다이아목스), 항생제, 근육이완제, 감기약, 반창고, 탄력붕대, 정제소금

레다르 지역의 길 사람들이 있으나 외로워 보이는 길이다. 아무리 바라보아도 잡힐 것 같지 않은 길을 걸었다.

- 화장품 : 선크림, 립크림, 로션(발로션 포함), 물티슈, 휴지
- 세면도구: 비누, 치약, 수건, 손수건
- 기타 : 간식, 컵, 수저, 다용도 칼, 손톱깎기, 증명사진 2매(국립공원 허가용)

비교적 소상하게 준비했다. 여행자 보험은 위험 지역이라 보험사에서 거절함에 따라 안나푸르나 지역을 제외한 곳만 보험을 들었다.

우리 팀은 먼저 히말라야를 다녀온 K형으로부터 경험담을 들었다. 그의 조언은 다음과 같았다.

코스는 부담감이 없다. 날씨는 하늘에 맡겨야 한다. 소롱라 패스를 넘을 때 눈이 오면 낭패다. 식사는 현지식도 먹을 만하다. 로지(숙소)는 난방 시설이 없다. 발열 보온 내의가 필수적이다. 먹을 것은 적당하게 준비하라. 쿨 하게 그냥 가라. 네팔 사람들은 내일에 대한 걱정이나 죽음에 대한 슬픔도 없이 현재에 자족할 줄 안다. 이들은 '죽는 것을 두려워하느냐? 너는 죽어도 죽지 않느니라'는 힌두 정신이 뼛속 깊이 박혀 있다. 그것을 배우는 것이 안나푸르나 트레킹이다.

이어 고산병을 체험한 S형의 이야기를 들었다.

코타키나발루에 있는 키나발루산(4101m)을 오를 때 3900m에서 고산병이 왔다. 돌연 심장이 빠르게 뛰고, 밥맛이 없어졌다. 소변이 계속 마려웠고, 갈증이 격해졌다. 비몽사몽 같았다. 갈증 못지않게 정신적 무기력감이 몰려왔다. 내가 왜 여기 있지! 자신을 통제할 수 없는 쓰나미였다. 그런데 하산을 하자 증세가 사라졌다. 고산병은 고질병이 아니다. 이를 예방하기 위해서는 입에 침을 돌려야 한다. 물을 수시로 마시면 어느 정도 예방할 수 있다.

내 길만 간다

캡틴은 한국 산악사의 산증인다웠다. 산을 이야기할 때마다 구구절절이 잠언처럼 가슴에 닿았다. 산이 좋아 산에 산 사람이었다. 삶 속에 산이 있었다. 고수는 저런 것이다. 저절로 고개가 숙여졌다. 그런 캡틴이 안나푸르나 수칙을 알려주었다.

첫째, 필요한 말만 한다. "가자! 먹자! 자자!" 등 단순하게 말한다.

둘째, 천천히 걷는다.

셋째, 한 발자국에 들숨, 또 한 발자국에 날숨, 고도가 높아지면 한 발자국에 들숨과 날숨을 연이어 한다.

넷째, 내 길만 간다. 일행에 대해 신경을 쓰지 마라. 나만 어떻게 할까를 생각하라. 사고는 항상 사소한 실수 때문에 생긴다. 영화 〈에베레스트〉(발타사르 코르마쿼르 감독)에 나온다. 주인공 롭은 돌아가야 할 시간에 돌아가지 않고 팀원을 도와 정상에 오른다. 마침내 팀원과 함께 정상에 올랐으나 사소한 실수가 겹쳐 하산 타이밍을 놓친다. 높은 산일수록 산에서는 더욱더 기본 원칙을 지켜야 하는데 이를 무시했다. 하산 중에 고산병까지 겹쳐 결국 고립된다. 롭과 팀원은 체력이 고갈되어 그대로 동사한다.

다섯째, 팀별로 움직일 때 앞사람과 10m 이상 떨어지지 마라. 선두는 뒷사람 오는 것을 확인하면서 가라.

여섯째, 물과 간식은 수시로 먹어라.

일곱째, 쉴 때는 배낭을 벗고 서서 쉬어라. 10분 이상 쉬지 마라.

숙소에 들어가 짐을 풀고 쉴 때도 귀중품은 항상 몸에 지녀라. 숙소에서 벗은 신발은 가끔 도난 사례가 있다. 신발주머니에 담아 보관하라. 짐은 가볍게 하되 꼭 필요한 것만 그날그날 챙겨라.

연습 트레킹 때도 수시로 훈련했다. 한참을 걷다보니 말은 절로 없어졌으나 역시 천천히 걷기가 가장 힘들었다. 팀워크를 이루어 나가는 것이 생각보다 쉽지 않았다. 안나푸르나에서도 그런 것이 계속 반복되었다.

3
여행은 가슴이 떨릴 때 가는 것

카트만두를 향하여

걷다보면 무엇인가를 얻을 수 있을 거야!
새로운 삶의 방식을 만날 수 있을 거야!
지금으로서는 알 수 없는 어떤 여지가 있을 거야!

산은 체력보다 오르겠다는 의지가 중요하다

여행은 떠나기 전날 밤부터 시작된다. 설레는 마음 때문에 잠을 설친 뒤 미적거리다 일어났다. 동이 틀 무렵 서둘러 나와 공항버스를 탔다. 여행은 표주박 하나를 갖고 떠나는 것이라고 했는데, 카고백은 20kg이나 되었다. 저 짐과 함께 걸어야 한다.

   버스 창턱에 머리를 대고 앉았다. 낯선 해방감과 아득한 두려움이 엄습해왔으나 머리는 조금씩 맑아지고 있었다. 속으로 '안나푸르나'를 되뇌어보았다. 안나푸르나는 마치 꿈 하나가 다가서는 것처럼 느껴졌다. 안나푸르나에게 모든 것을 맡겨야겠다. 그러면 안나푸르나도 내게 무엇인가

새로운 시작이 있는 곳 안나푸르나 땅은 인간의 삶에 결정적 영향을 미친다. 빛을 담아내는 눈 덮인 안나푸르나를 보면서 문득 생명은 여기서부터 시작됨을 떠올렸다.

를 줄 것이다. 사람은 그가 생각하는 대로 된다고 했다. 생각이 자신의 현재를 결정짓는다. 사람은 마음이 가는 대로 간다. 자신이 원하는 곳을 다닌다. 사람마다 원하는 것은 다르다. 그런데 나는 산이 좋다. 그래서 산에 다닌다.

멀리 새벽 비행기들이 하늘을 가른다. 터미널 벽에는 이착륙 일정표가 오르내리고 있다. 중국 남방항공 광조우가 눈에 들어온다. 공항 대합실 3층 C25 앞이다.

우리는 경복고 산우회 이름으로 7명의 트레킹 팀을 구성했다. 대원들은 나보다 4년 선배들이다. 60대 중반이다. 캡틴은 S선배(63세)다. 중학교 때부터 산을 타신 전문 산악인이다. 한국 산악회의 산증인이다. 이번 트레킹을 진두지휘했다. 이미 7000m 등정을 마친 분이다.

S형(62세)은 개인 사업을 하는 책임감 있는 산사나이다. M형(63세)은 공무원 출신으로 꼼꼼하게 일정을 기록하는 등 매사 모범적이다. J형(63세)은 기자 출신으로 매우 냉철한 판단력의 소유자다. C형(62세)은 IT 기업을 운영하는 치밀하고 말쑥한 멋쟁이다. L형(62세)은 대학 산악회 출신으로 출가 경험이 있다. 그리고 나는 백두대간 책을 썼다는 이유 하나만으로 동참했다.

우리 팀은 같은 고등학교 출신이라는 점을 제외하고는 강한 개성과 독특한 이력 등 공통점이 사실상 별로 없었다. 또한 선배들도 고등학교 동기라는 동질감 외에 각별한 친분도 없었다. 다만 안나푸르나 트레킹을 목표한다는 점에 굳은 의지를 갖고 있었다.

"가슴이 떨릴 때 가는 것이다. 손발이 떨릴 때 가는 것이 아니다. 가야 할 때 가야 한다."

우리는 그렇게 만났다. 60이 넘은 나이에 버킷리스트를 이루기 위해 자신도 할 수 있다는 순수한 이상으로 모였다.

캡틴이 안나푸르나 라운드에 대해 다시 설명했다.

"이번 트레킹은 네팔 트레킹 가운데 난이도가 높다. 고산병 증후군에 유의해야 한다. 짧은 트레킹 기간이기 때문에 방심할 수 있다. 고산병으로 낙오가 우려되면 하산 조치가 불가피하다. 통상 안나푸르나는 10일 이상 걷게 되지만 우리는 5일 동안 압축적으로 걸을 수밖에 없다. 더 이상 할 말이 없다."

순간적으로 심각한 분위기가 흐른다. 이구동성으로 "대장의 말에 복종합시다"라고 한다. 캡틴이 무엇보다 신뢰가 중요하다고 덧붙였다.

"산은 체력으로 오르는 것이 아니다. 오르고 싶은 의지가 중요하다. '내'가 오르는 것이다."

같은 말을 하더라도 누가 하느냐가 정말 중요하다. 어떤 말을 어떻게 하느냐가 답이다.

'내가 오르는 것이다.' 그 말이 가슴에 오래 남았다. 트레킹 내내 우리 팀이 강했던 것은 필요할 때 한마디씩 건네는 캡틴에 대한 신뢰였다. 산악 전문가답게 간단하고 짧은 한마디가 우리를 하나로 만들어주었다.

124개 민족 3000만 인구로 구성된 네팔

비행기에 올랐다. 꿈을 꾸는 사람처럼 세계 전도를 펼쳤다. 네팔을 찾았다. 인도와 중국을 사이에 두고 해삼 모양으로 넓적하게 자리 잡고 있다. 히말라야도 인도와 중국을 사이에 두고 동서로 가르고 있다. 네팔은 히말라야를 등지고 대륙에 둘러싸여 있다. 중국과 인도에 꽤나 시달렸겠다. 우리 모습과 역사는 다르겠지만 동병상련의 정 같은 게 느껴졌다.

인구는 약 3000만 정도이고, 124개 민족으로 구성되어 있다. 1인당 GDP가 연 680달러 정도로 추산되고 있다. 이들은 크게 남방계인 인도아리아계 인종이 80%로 주류에 해당한다. 북방계인 몽골계 티베트 인종이 17%를 차지한다. 북방계는 티베트의 영향으로 불교를 믿으면서 고산 지역에 살고, 남방계는 인도의 영향을 받아 힌두교를 믿으면서 남쪽에 거주하고 있다.

네팔의 수도 카트만두를 중심으로 히말라야 산맥이 등뼈를 이루고 있다. 8000m 거봉을 8개씩이나 품고 있다. 오른쪽으로는 에베레스트(초모룽마, 8848m)와 로체(에베레스트 남쪽 봉우리, 8516m), 초오유(터키 보석의 여신, 8201m) 등이 있다. 왼쪽으로 네팔의 고도인 박타푸르와 파탄이 보인다.

히말라야는 바다에서 융기한 땅이라고 한다. 약 1억 년 전 아프리카 대륙에서 인도반도가 떨어져 나와 7000만 년 전쯤 아시아 대륙에 붙으면서 히말라야 산맥이 만들어졌다. 네팔 사람들은 그 압도적 환경 때문에 운명을 받아들이는 데 익숙하다.

이어 포카라가 눈에 들어온다. 포카라를 중심으로 오른쪽에 마나슬루(영혼의 산, 8163m)가 있다. 바로 위에 안나푸르나(풍요의 여신, 8091m)가 있다. 그리고 이상향의 땅으로 알려진 무스탕이 있다. 그 옆으로 다울라기리(Dhaulagiri, 흰산, 8267m)가 자리 잡았다. 네팔 사람들이 신성시하는 마차푸차레(Machapuchare, 6993m)가 숨을 죽이고 있다. 이중의 봉우리가 물고기 꼬리처럼 생겨 '피시테일Fish's Tail'이라는 별칭이 생겼다. 알프스의 산 마터호른Matterhorn과 비교하여 '네팔의 마터호른'이라고 불린다. 네팔 사람들은 이 산을 신성시하여 오르지 못하게 한다. 이들은 그 엄청난 자연환경에 갖가지 전설을 만들어냈다.

새로운 삶의 방식을 만날 수 있을 거야!

3시간 30분 동안 비행 후 중국 광조우 공항에 도착했다. 20여 년 전에 본 광조우 공항 풍경이 아니다. 공항 터미널은 차분하면서도 자연스럽다. 그러나 나의 느낌은 묘하게도 낯설다. 아직은 땅의 도시를 헤매는 순례자들처럼 여기저기를 기웃거린다. 공항 터미널을 어슬렁거리는 나를 돌아본다. 낯선 공간에서도 여백이 느껴진다.

걷다보면 안나푸르나에서도 무엇인가를 얻을 수 있을 거야! 새로운 삶의 방식을 만날 수 있을 거야! 네팔의 행복·사랑·자유에 도달할 수 있을 거야! 지금으로서는 알 수 없는 어떤 여지가 있을 거야! 걷다보면 찾을 생각이 없더라도 순수한 열정 같은 것에 도달할 수 있을 거야!

내 등뼈로 걷는 것이다. 누구에게도 기댈 수 없다. 내 힘으로 걸어야 한다. 안나푸르나와 함께 걷는 것이다. 그리고 내가 서 있는 자리를 되돌아보는 것이다.

그러나 과욕은 금물이다. 사람의 욕망이 그의 운명이라고 했다. 씨를 뿌린 만큼만 얻는 것이다. 내 마음의 문을 열고 안나푸르나를 있는 그대로 받아들이는 것이다.

안나푸르나! 가만히 안나푸르나를 되뇌어본다. 안나푸르나는 인류가 최초로 밟은 8000m급 산이다. 히말라야 8000m급 14개 영봉은 인간에게 정상 접근을 쉽게 허락하지 않았다. 그러다 1950년 프랑스 원정대에게 정상을 허락했다. 그것도 혹독하게 허락했다. 모리스 에르족은 정상을 밟은 참혹한 대가를 치렀다. 손가락과 발가락을 안나푸르나에 헌납했다. 그 이후 10여 년이 지나면서 사람들은 14개 영봉을 완등했다.

J형은 공항에서 중국어를 무난히 구사했다. 자연스럽게 중국 관련 이야기가 화제가 되었다. 중국의 모든 돈은 마오쩌둥毛澤東의 초상화가 새겨져 있다. 마오쩌둥은 현대 중국의 기초다.

중화인민공화국은 1949년 10월에 설립되었다. 60년이 조금 지났다. 그 중국이 지금 세계 패권을 노리고 있다. 태어난 지 5000년의 역사를 딛고 압축적으로 도약했다. 전광판에는 '완미중국完美中國'이 떠 있다. 글자대로는 완벽하여 결함이 없는 중국이라는 말이다. 그래서인지 중국인들은 자부심이 유달리 강하다.

중국은 역시 대국스럽다. 공산당은 중화인민공화국 설립 당시 장제스蔣介石 군대의 본토 폭격을 우려했다. 그때 마오는 단언했다. 장제스는 대륙을 폭격하지 않는다. 장제스도 측근들로부터 폭격 권유를 받았다. 장제스는 우리가 폭격한다고 정권을 잡는 것이 아니라면서 폭격을 거부했다.

캡틴은 유럽 이야기를 했다. 독일도 제2차세계대전 당시 프랑스 파리를 철수하면서 문화재 훼손을 우려하여 시가전을 하지 않았다면서 선진국 아니 대국다운 정서를 강변했다. 이들은 국가의 존엄성과 위신을 위해 헌신하는 기준이 있다. 스스로의 문명에 대한 내면적 자존감이 있다. 이러한 내면적인 자의식이 타국의 문화적 자존감을 인정해준다.

카트만두행 남방항공을 타려고 게이트에 섰다. 대국다움을 보이려는지 카트만두를 '가덕만도加德滿都(덕이 가득 찬 도시)'라 쓰고 있었다.

내 안의 신이 당신의 신께 인사드립니다

비행기는 4시간 가까이 날았다. 최초의 불교 경전인 〈숫타니파타〉를 다 볼 정도로 한참을 갔다. 〈숫타니파타〉는 '거친 땅에 눕는 불편함을 참아라', '욕망과 집착을 뱀이 허물을 벗듯 버려라'고 가르친다. 뱀의 비유가 성서와 달리 긍정적이다. 그리고 '행복하라, 혼자서 가라, 공양하라' 등 붓다의 후렴구가 인상적이다.

별안간 밖이 환해져 있었다. 창밖을 내다봤다. 비행기 꼬리에 등이 켜져 있었다. '곧 착륙할 모양이다'라고 생각했다. 그러다 다시 한 번 밖을 보고 놀랐다. 비행기 불빛이 아니었다. 자세히 보니 하늘에는 달이 떠 있었다. 오늘은 '슈퍼문'이라고 했다. 하늘은 황금 가루를 칠해놓은 듯 휘황찬란했다. 밝다 못해 짙은 주황색을 띤 보름달이었다. 셰익스피어의 〈아테네의 티몬〉에 나오는 말이 떠올랐다.

'이 보름달은 세상에서 가장 뻔뻔한 도둑일 것이다. 가장 아름다운 불꽃을 태양에게서 훔쳤다.'

검푸른 하늘을 배경으로 박꽃처럼 달려 있었다. 하늘은 글자 그대로 스

안나푸르나의 황금 봉우리 안나푸르나는 슈퍼문보다 찬란했다. 저 높은 황금 봉우리 속에 하늘과 바람과 시간이 녹아들어 있었다. 안나푸르나 봉우리는 시간을 서두름 없이 기다리면서 다정한 햇빛 속에 잠겨 있었다.

카이블루였다. 황홀하다는 말밖에 달리 표현할 방법이 없었다. 아름답다. 어떻게 이런 일이 있을 수 있을까? 달에 취해 한참을 바라보았다.

"지금 나는 행복하다."

스스로 답했다.

다시 옆을 보았다. 저 멀리 눈 덮인 히말라야가 실루엣을 드리우고 있었다. T. S. 엘리엇의 시 〈황무지〉 마지막 부분이 떠올랐다. '멀리 히말라야산 위에 먹구름이 몰렸다. 그때 우뢰가 말했다.'

벼락신은 '따(Da, 힌두어 의성어)' 하고 말했다. '따' 그리고 '따' 세 번을 벼락으로 말했다. 이 말을 듣고 사람들은 '다따(Datta, 주라)', 아수라들은 '다야드밤(Dayadhvam, 공감하라)' 그리고 악마들은 '담야타(Damyata, 자제하라)'라고 알아듣는다. 벼락신의 언어 '따'는 같으나 사람과 아수라, 악마들은 서로 다르게 듣는다. 오로지 '따'만 같다.

  같은 상황을 서로 다르게 알아듣는 것이 삶이다. 나는 네팔에서 무엇을 어떻게 알아들을 것인가? 시인은 정화의 불 속에 뛰어드는 삶을 노래했다. '주라, 공감하라, 자제하라'를 이번 트레킹의 주제로 삼았다. 걷다보면 그들처럼 말로 표현할 수 없는 '평화! 평화! 평화!'라고 하는 '샨티! 샨티! 샨티!'의 세계를 만날 것만 같다. '샨티'는 산스크리트어로 '이해를 초월한 평화'라는 뜻을 가지고 있다.

  카트만두 트리부반 공항은 소박했다. 흡사 우리나라 1970년대의 김포공항을 떠올리게 했다. 수기로 입국 심사 서류를 작성했다. 공항 직원들도 정겹다. 선해 보인다. 별안간 "나마스테" 한다. 나도 무심결에 "나마스테" 하고 응답했다.

  주한 네팔대사관 홈페이지에서도 봤다. '나마스테'는 '내 안의 신이 당신의 신께 인사드립니다'라는 뜻이다. 합장한 채 고개를 숙이면서 "나마스테" 하면 끝이다. 상대의 존재 가치에 최상의 존경을 나타내는 말이다. 현지에서 처음 듣는 나마스테는 묘한 흥분을 불러일으켰다. 우뢰의 말 '따'를 이해할 수 있는 말이었다. 나마스테는 네팔을 뚜렷이 보여주는 마법의 문이었다. 네팔 사람들을 가장 잘 이해할 수 있는 최상의 언어였다. 네팔 사람들이 행복지수가 높다는 말을 이해할 수 있는 어법이다. 나마스테가 그들의 철학이고 신앙이다.

  어느 나라 마찬가지로 네팔도 즉각적으로 알아볼 수는 없다. 그러나 네팔은 나마스테 예법을 통해 자신을 드러낸다. 나마스테는 생활 속의 예불이고 의식이다. 그리고 나마스테 고리를 통해 네팔의 매력이 서서히 드러난다.

  작은 불씨 하나가 새로운 불꽃을 만드는 것처럼 "나마스테" 한마디면

피상의 고목 이 하나의 풍경이 네팔을 적나라하게 보여준다. 짙푸른 하늘과 척박한 산, 나무와 기도깃발은 트레킹 내내 나를 따라 다닌 네팔의 화두였다.

어색했던 서로의 마음 문이 쉽게 열린다. 나마스테는 불꽃처럼 서로를 연결시켜주는 신비스러운 마법의 주문이었다. 누구하고도 쉽게 친해지는 인사말이었다.

　카트만두 호텔에서 만난 네팔인, 베시사하르 상점에서 만난 독일인, 차메의 식당에서 만난 스위스인 모두 인종과 말이 달라도 통했다. 브라보, 나마스테! 그 말에 영광 있기를….

4

여기가 천국이다

카트만두 — 베시사하르

카트만두의 메리골드 향기

카트만두Kathmandu에서 1박을 한 뒤 차량으로 8시간 가량 이동했다. 카트만두에서 소도시 쿠린타르를 거쳐 안나푸르나의 트레킹 출발지인 베시사하르(Besishahar, 760m)로 갔다.

네팔에 있다는 생각만 해도 매 순간 성장하고 있는 것처럼 느껴졌다. 한걸음을 내디딜 때마다, 변하고 있는 세상을 만날 때마다 새로운 나를 만나는 것만 같았다. 베시사하르까지 가는 길에 나 자신과 네팔 사람들의 삶의 결을 보면서 나 자신이 누구인가를 끊임없이 물었다.

방 안에 낯선 꽃향기가 떠돌고 있었다. 잠결에 느꼈다. 여기가 어딜까?

내가 왜 여기에 있을까? 별안간 공복감이 밀려오면서 어제 저녁 트리부반 공항의 정경이 되살아났다. 공항에서 메리골드 화환을 받았다. 화환은 손님을 축복하는 네팔 전통 예절이다. 메리골드에서 나는 향기였다.

인도에서는 향기로 자양분을 섭취하기도 한다. 히포크라테스는 꽃들을 집 앞에 매달고 향신료를 태워 페스트를 몰아내는 약으로 사용했다. 그런데 오늘 메리골드 향기는 아침을 몽환적이게 했다.

불교와 힌두교가 공존하는 나라

네팔의 삶은 꽃으로 읽을 수 있다. 세상에 태어나면 꽃으로 축복해준다. 사람이 떠나거나 도착하면 꽃목걸이를 걸어주면서 행복을 빌어준다. 이들의 삶은 꽃과 더불어 살면서 꽃을 닮아간다. 꽃처럼 화를 내지 않고, 꽃처럼 끝없는 대화를 하면서 꽃을 통해 대지를 만나고 있다. 이 나라는 어디를 가도 꽃을 가꾸고 꽃과 더불어 살아간다. 살아가면서도 "연꽃 속의 보석이여"를 화두처럼 되뇐다. 연꽃은 진리를 상징한다.

연꽃은 네팔에서 태어난 붓다의 전설과 맞닿아 있다. 붓다가 태어나 사방으로 일곱 걸음을 뗄 때마다 연꽃이 피어났다. 서방정토에 왕생往生할 때 연꽃 속에서 태어난다고 믿는다. 그래서 마지막 세상을 떠날 때도 꽃으로 덮여 꽃향기 속에서 마무리한다. 그들은 생로병사의 기쁨과 슬픔을 꽃을 통해 배운다. 그들은 이것을 행복이라고 부른다.

나는 호텔에 도착해 메리골드 화환을 챙기다가 여권 가방을 로비에 두고 온 줄도 몰랐다. 이제는 한곳에 정신을 팔면 어딘가 하나 무너지는 일이 자주 있다. 밥을 먹다가도 제 입술을 깨물고 놀라는 나이가 되었다. 나이 듦을 자주 깨달아가고 있다. 옆에는 룸메이트 S형이 아직도 깊은 잠에

카트만두의 메리골드 네팔은 꽃의 나라다. 어디를 보아도 꽃이다. 이 나라 사람들의 고운 심성도 꽃에서 나온 듯 무척 살갑다.

빠져 있다. 조심스럽게 일어나 문을 열고 나왔다.

호텔 로비에 들어서니 황옥으로 빚은 관우·장비·코끼리·붓다·달마대사상에다 알 수 없는 여신상이 즐비하다. 불교와 힌두교가 나란히 서 있다. 이 나라는 중국과 인도의 사이에 끼어 있음을 바로 알았다.

여기는 카트만두다. 내게 카트만두는 '승려와 철학자'의 고향이다. 1996년 5월 프랑스 철학자인 장 프랑수아 르벨과 불교 신자의 아들인 마티유 리카르가 서로 다른 길을 걷다가 20년 만에 만난 지역이다. 이들은 삶의 궁극적 목적이 무엇인가를 물었다. 그리고 인생이 궁극적으로 추구하는 것은 행복이라고 했다. 인생에 의미를 부여하는 방법을 아는 사람들에게 있어서 모든 순간은 과녁을 향해 날아가는 화살과 같다고 했다.

철학자 아버지는 묻는다.

"죽음은 두려운 것이냐?"

이에 아들 승려는 답한다.

"죽음은 친구 같은 존재, 삶의 한 단계를 단순하게 옮겨 가는 것이다."

결국 죽음은 영속적인 영혼의 흐름이라는 화두를 던져준 대화가 내 가

안나푸르나의 갸루Ghyaru계곡 안나푸르나 트레킹 중에 계곡에 물이 담겨 있는 장면을 만나기는 쉽지 않다. 기도깃발인 룽타가 수면에 그림자를 드리우고 있다. 이들에게 룽타는 서방정토에 해탈의 염원을 도달하게 해주는 전달자이다.

슴속에 살아 있다. 이후 나는 더 나은 인간이 되기 위해 어떻게 해야 하는가를 묻고 또 물었다. 왠지 카트만두는 죽음과 행복을 묻는 수수께끼처럼 다가왔다. 삶의 무수한 비밀의 열쇠를 간직한 도시처럼 보였다.

네팔은 인종의 용광로

오전 8시, 카트만두 라디슨호텔을 출발했다. 낯선 도시 속에서 나는 이방인이다. 천둥벌거숭이처럼 두리번거렸다. 읽을 수 없는 간판을 봐도 덤덤했다. 무엇 하나 친한 것이라고는 없었다. 날씨는 화창했다. 허름한 소형 승합차를 탔다. 길을 돌아서자 한국어아카데미와 LG, 현대 등의 간판이 보였다. 나를 깨우쳐주었다. 막연하게 나 자신을 돌아봤다. 네팔 음악이 잔잔하게 내 가슴속으로 흘러들고 있었다.

얼마 가지 않았는데도 길은 온통 흙범벅이었다. 온통 도시가 헐벗은 것처럼 보였다. 여기저기 이름 모를 나무들은 뽀얗게 먼지를 덮어쓰고 있었다. 나뭇잎도 길가의 상점도 지붕도 모두 황토빛을 띠고 있었다. 집들은 3층에서 5층 규모의 벽돌집이었다. 커다란 빌딩은 찾아볼 수 없었다. 붉은 타일과 다갈색 벽돌을 많이 쓰는데, 벽돌은 모서리가 닳아 뿌옇게 얼룩져 있었다. 카트만두가 오래된 도시임을 말해주는 것 같았다.

불교 사원인 스와얌부나트Swayambhunath를 지나고 있었다. 스와얌부나트에는 문수보살이 지혜의 칼로 빚었다는 전설이 서려 있다. 카트만두의 정체성과 풍요로운 아침을 상징적으로 보여주었다. 네팔의 불교는 힌두교 속의 종교라는 특성을 갖고 있으나 붓다가 네팔 남부의 룸비니 Lumbini 태생이라는 자부심이 있다. 여행이라는 지나감이 생생한 풍경을 감동적으로 만들어주었다.

아침 예불을 마친 사람들이 쏟아져 나왔다. 네팔은 124개 종족이 섞여 산다. 인종의 용광로라고 하는데 정말 생김새가 다양하다. 콧날이 오뚝하면 인도아리안계이고, 몽골리안은 사각형 얼굴에 눈꼬리가 가늘다. 자신들의 땅 네팔 속에 뿌리를 깊게 내리고 있다.

인구의 87%가 힌두교를 믿고 있다. '인구보다 훨씬 많은 3억 3000만의 신을 갖고 있다'고 알려져 있다. 1963년에 힌두교의 카스트 제도가 폐지되었으나 아직까지 사회 관습과 전통이 남아 있다. 태어나면서부터 사실상 직업이 정해진다.

힌두교 지배층인 브라만(승려)과 체트리(관료)가 사회를 주도하고 있다. 제3계급인 바이샤는 상인과 농부들이다. 제4계급인 수드라는 재봉사·구두장이·대장장이 등이다. 이름이 신분증 역할을 하는데, 직업과 지위를 나타내준다. 다칼은 브라만, 카르키는 체트리 계급이다. 카미는 대장장이, 하잠은 이발사, 돔과 두샤는 화장장 도우미로 분류된다. 엄격한 사회 관습과 전통을 유지하면서도 이들은 늘 행복해 보인다.

아침인데도 햇살은 따가웠다. 햇살은 사람들을 바쁘게 재촉했다. 길은 인산인해였다. 참 많이도 걷고 있었다. 백팩을 멘 샐러리맨, 가방을 멘 학생, 짐을 멘 가족 들이 어디론가 가고 있었다. 삼삼오오 햇볕을 쪼이는 이들도 보였다. 스칠 때마다 가볍게 눈을 맞추는 모습이었다. 짧은 순간의 비밀스러운 만남 같았다. 이들과 가깝게 이어지는 마음이었다.

잔디밭·가로수·과일을 늘어놓은 상점과 카페 들이 늘어서 있었다. 도시를 따라 이어지는 길도 그윽했다. 길이 햇볕으로 가득 찼다. '도시가 어떻게 설계되느냐에 따라 사람들은 더 친해지기도 한다'는 말이 있다. 이곳은 사람들을 밖으로 불러내어 더 걷도록 설계한 것 같았다. 어쩌면 도시의 설계자는 따사롭게 내리쬐는 태양이지 않을까? 네팔 어디를 가도

스와얌부나트 사원 네팔의 가장 오래된 사원이다. 카트만두 시가지를 한눈에 볼 수 있다. 원숭이가 많아 '몽키템플'로도 불린다. 탑 옆면에 붓다의 눈이 그려져 있다. 이마에는 제3의 눈인 지혜의 눈이 붉은 점으로 찍혀 있다. 물음표는 1을 뜻한다. 진리는 하나임을 상징한다.

햇살의 속삭임을 즐기는 사람들을 만날 수 있기 때문이다.

  가로수 길을 바라보면서 네팔 사람들과 눈으로 섞였다. 느긋한 자유스러움, 근심 없는 표정으로 잘 웃는 모습에 나도 괜스레 편안해졌다. 해는 중천으로 떠가고 있었다. 이곳에서 태양은 언제나 압도적이다. 태양을 품은 하늘은 신비로움이 가득하다. 네팔 특유의 강렬한 햇빛이 소나기처럼 내리꽂혔다. 네팔이 알려주는 가르침을 조금씩 깨달아가고 있었다.

무질서 속에 질서가 있다

카트만두 외곽에 들어서자 길은 엉망이었다. 여기저기 파헤진 자갈길은 차가 속도를 내자 먼지 천지로 변했다. 그 속을 사람들이 끊임없이 지나

아침의 가족들 카트만두는 아침이 되면 활기차게 살아났다. 거리는 어디서 나왔는지 모를 만큼 많은 사람으로 넘쳐났다. 삼륜차, 릭샤라는 자전거 인력거, 미니버스 등으로 사람들은 끊임없이 움직였다.

가고 있었다. 이 많은 사람들이 어디서 나왔는지 궁금했다.

사람 키보다 조금 높은 판잣집이 늘어서 있었다. 가게들도 띠처럼 이어져 있었다. 사람들은 발길을 서두르는 기색이 없다. 옹기종기 모여 뭔가를 이야기하는 이들도 있다. 여유로워 보였다. 가게 주변은 참으로 유쾌한 모습이었다. 문도 없고 내부가 완전히 개방되어 있었다. 모두들 길가에 나와 햇볕을 쪼이는 듯했다. 그들의 생활은 도시의 길을 따라 이어졌다. 가게에는 작은 마당이 딸려 있고 집집마다 화단을 가꾸고 있었다. 메리골드를 비롯해 각양각색의 꽃들이 수줍게 자리 잡고 있었다. 여자들은 형형색색의 천으로 몸을 가리고 있었다.

가난해 보이는 집들도 페인트로 야한 멋을 부렸다. 하늘이 맑아서 그런지 허름한 기색은 없어 보였다. 여기서도 햇볕은 강렬하다. 강렬한 빛은 모든 것을 덮어버린다. 그 빛은 네팔 사람들의 마음속에까지 아름다운 꽃씨를 심어주는 것만 같았다.

가게에는 빛 사이로 사과·바나나·귤 등 각종 과일이 넘치지 않을 만큼 놓여 있었다. 감자칩·초코파이·쿠키 따위가 넉넉하게 자리하고 있었다. 먹을거리도 풍성하고 풍경도 여유로웠다. 강을 끼고 있어서인지 말린 생선도 주렁주렁 매달려 있었다. 소상공인과 자영업자들이 나라를 키우는 동력으로 보였다. 상도의 정신이 네팔을 아름답고 품격 있게 만드는 것 같았다. 눈이 참 즐거웠다.

사람 사는 것은 어디나 비슷하다. 이 나라는 참으로 복이 많다. 땅이 풍성하다. 북으로는 히말라야 영봉이 있다. 남쪽은 테라이 지역이라 일컬어지는 밀림 지역이다. 삼모작을 할 수 있는 땅이 있다. 열대 과일이 지천이다. 이 땅은 어디서나 사람 사는 것을 거들어주고 있다.

도시를 벗어나자 도로 폭이 좁아지면서 드문드문 가로수가 나타났다. 내리막길이 끝없이 이어졌다. 그야말로 굽이굽이 아흔아홉 구비이다. 차들이 줄줄이 줄을 섰다. 캡틴은 내리막길 1시간 동안 대형 트럭 600대 정도가 지나갔다고 했다. 우리 민족만큼이나 역동적이다. 중앙선을 곡예사처럼 아슬아슬하게 넘나드는가 하면 여기저기 고장 난 차도 보였다. 질서라고는 아예 없는 듯했다. 왕복 2차선 길을 무질서 속에 잘도 다녔다. 이상하게도 자동차 경적 소리 하나 들리지 않았다. 오토바이 운전자만은 헬멧을 꼭 쓰고 있었다. 무질서 속에 묘한 질서가 있었다.

J형이 이야기했다.

"독일과 프랑스는 질서의 차이가 확연하다. 교통질서와 관련하면 '독일 질서, 프랑스 무질서'다. 그런데 교통사고율은 독일이 더 높다. 무질서 속에 질서가 있다."

네팔이 내 안으로 들어오다

네팔 사람들도 우리나라 사람들처럼 어디서든 움직이는 모습이다. 길옆에는 아낙네가 빨래를 하고 있다. 산등성이에서는 장례를 치르느라 연기를 뿌리고 있다. 산등성이마다 양을 몰고 있다. 계곡마다 살 수 있는 곳은 촘촘하게 다 살고 있다. 길옆 가게도 끝없이 이어진다. 벼슬이 붉은 수탉은 도도하게 고개를 들고 뛰어다닌다. 우리나라 토종 수탉과 꼭 닮았다. 색다른 즐거움을 준다.

흡사 백담사 계곡처럼 화강암 사이를 물살이 가르는 계곡도 보인다. 물살은 바위에 부딪혀 하얀 포말을 일으킨다. 멀리서 카약과 래프팅을 하는 사람들이 있다. 목가적 풍경이 덧붙여진다. 다랑이 논밭이 계단처럼 정갈하다. 아름다운 경치가 화폭처럼 이어졌다.

랑탕• 갈림길을 지나면서 휴게소에 들렀다. 콘크리트로 지은 단조로운 건물이었다. 양철 지붕에다 창틀과 서까래는 푸른색 페인트로 칠했다. 길옆 화장실에 들렀다. 시멘트로 만든 직사각형 구조물이었다. 문도 없다. 붉은색 페인트로 여자와 남자 그림을 그려놓았는데, 그 옆의 'boy, girl'이라는 글자가 인상적이었다. 화장실 옆쪽으로 과일을 파는 노점이 있었다. 담배를 낱개비로 팔고 있었다. 물가에는 어김없이 아낙네들이 빨래를 하고 있었다. 그런데 참으로 이상한 일이었다. 여자들은 끊임없이 빨래를 하는데도 아이들과 남자들의 옷차림은 그 행색이 남루했다.

안나푸르나로 가는 도중에 있는 작은 마을 쿠린타르에 도착했다. 점심

• 랑탕은 카트만두 북쪽 60km에 있는 마을이다. 고도가 높아지면서 아열대→난대→온대→고산 식물군을 볼 수 있다. 2015년 5월 지진에 따른 눈사태가 발생해 100여 구의 시신을 수습했다.

랑탕 갈림길 휴게소의 화장실 네팔은 어디를 가도 정겹다. 길가의 공동 화장실조차도.

은 네팔 전통 음식 달바트dal bhat tarkari이다. 달(국), 바트(밥), 타르(콩수프), 타르카리(야채로 만든 반찬), 어짜르(야채절임)가 함께 나온다. 쌀밥에 마를 갈아 넣은 수프와 카레, 채소 절임이 동그란 쟁반에 담겨 나왔다. 카레는 닭고기를 썼다. 달바트는 톡 쏘는 향이 지독했다. 생각만 해도 속이 메슥거릴 정도로 몸은 불안에 떨었다. 그러나 내 몸이 져서는 안 된다는 의무감으로 밥을 넘겼다. 작은 땅콩고추는 야무지게 매웠으나 역설적이게도 힘에 겨운 네팔 음식을 목구멍으로 잘 넘기게 도와주었다. 역겹지만 의연한 나 자신을 느끼게 했다.

사람에게는, 아니 나에게는 누구에게도 보여주고 싶지 않은 자신의 내면이 있다. 그저 나이고 싶은 본능이다. 누구도 닮지 않은 나만의 모습을 나의 오두막 속에 감추고 싶다.

밥을 먹고 밖으로 나왔다. 할머니 한 분이 머리 염색을 하고 있는데 무척 태평스러워 보였다. 과일을 파는 젊은 아낙도 아이와 함께 도란도란 시간 가는 줄을 모른다. 한낮인데도 여유롭기가 그지없다. 따사로운 햇

히말라야의 비상하는 새 히말라야의 찬란한 햇빛을 받으면서 새 한 마리가 비상하고 있다. 위대한 순간은 드물게 운명처럼 내려온다. 히말라야는 이미 나의 상상을 넘어섰다.

볕이 지붕에 쏟아지고 있었다. 너무나 평화로운 풍경이었다. 마살라 향은 아직도 입안 가득히 맴돌고 있었다. 중국의 고수와 같은 독특한 향을 가진 네팔의 향료이다.

 이제야 네팔이 내 안으로 들어온 듯하다. 달바트 한 그릇이 네팔의 정취를 불러일으킨다. 달바트를 먹고 나서도 우리의 승합차는 한참을 달렸다. 네팔은 지상낙원으로 알려진 샹그릴라의 나라다. 그런데 이 나라에서 나의 어린 시절을 보는 것 같은 기분이었다. 그들의 표정과 삶이 익숙하다. 50년 전쯤 내가 살던 우리나라가 꼭 이랬다 싶었다. 마치 아버지를 따라 장터에 들른 것처럼 도시의 표정이 어수선했다.

혹독함이 아름다운 자연을 만든다

그런 생각을 하고 있을 때 도로 앞쪽에 처음으로 히말라야가 나타났다. 새로운 세계가 내 눈앞에 있었다. 히말라야는 새로운 시간처럼 찬란했다.

우리는 전혀 다른 시간 속을 머물러 있었다. 숨이 막힐 정도로 아름다운 신비함이 쏟아져내렸다. 마음마저도 다시 솟아오르는 것 같았다. 일행은 모두 어안이 벙벙하여 한참 동안 카메라로 히말라야를 따라다니면서 셔터만 눌러댔다.

히말라야는 찬란한 햇빛을 등지고 서 있었다. 원시의 모습 그대로 보여주는 것 같았다. 히말라야는 이미 나의 상상을 넘어섰다. 마치 눈 덮인 거대한 피라미드처럼 보였다. 어쩌다 발밑을 보았다. 길은 천길 만길의 낭떠러지 위였다.

이윽고 수평선 너머에 수직으로 우뚝 솟은 설산이 가까이 다가왔다. 순백의 솟대 그 자체였다. 히말라야는 하늘을 찌르고 있었다. 우리는 한동안 말문을 닫았다. 털털거리는 승합차의 지루함이 일거에 해소되었다. 흥분이 가시지 않아 서로를 쳐다보기만 했다. 그리고는 곧 히말라야가 무엇인가를 서로에게 물었다. 우리가 히말라야를 찾은 것이 정말 잘된 일이라고 스스로에게 다독였다.

왜 이렇게 히말라야가 감동적일까! 스스로에게 되물으면서 줄곧 창밖을 바라다보았다. 끊임없이 이어지는 계곡을 지나면서 빛을 받는 곳과 그림자가 지는 곳이 극과 극의 모습을 보였다. 삶의 안과 겉처럼 너무나 달랐다. 한쪽은 식물군이 다양하게 자라고 있으나 다른 쪽은 사막처럼 척박한 풍경이었다.

네팔의 자연은 엄하고 모질었다. 그토록 혹독함이 아름다운 자연을 만들어냈나 싶었다. 사람들은 가혹한 환경 속에서 살고 있다. 그들은 압도적인 자연에 순응하면서 생존 방식을 배운다. 그러나 하늘은 놀라울 정도로 맑고 푸르다. 그들은 청명한 빛을 마음 가득 채울 수 있다. 빛이 땅에 가득 차면 그것으로 좋다. 빵을 찾는 것도 그리 힘겹지만은 않다.

여기가 천국이다

이 나라 사람들의 모습은 소박하다. 사람들의 모습이 바르고 진솔해 보인다. 얼굴 모양은 124개 종족이 공존하는 만큼 각양각색이다. 여자들은 또렷한 콧날과 갈색 피부, 새카만 눈썹을 가지고 있다. 남자들은 선명한 눈썹과 선한 눈을 갖고 있다. 남자들은 토피라는 전통 모자를 갖춘 사람들이 많다.

젊은이들은 대개 털모자와 카디건을 갖추어 입고 있다. 아이들은 감청색 제복과 흰색 블라우스를 입고 있어 볼 때마다 마음이 밝아진다. 아이들이 엄마 손을 잡고 앙증맞게 달리는 모습은 보기에도 정겹다. 나도 모르게 손을 내밀게 된다.

멀리서 남자 한 명과 여자 대여섯 명이 벼를 탈곡하고 있다. 가게 앞에서 맨발의 여인이 장딴지를 내놓고 햇볕을 즐기고 있다. 남로Namlo를 이마에 멘 여인들이 짚단을 나르고 있다. '도꼬Doko'는 대나무 광주리를 말하고, 이것을 끈으로 이어 머리에 메는데 그 머리 끈이 남로이다.

아이들은 오자미 놀이를 하고 있다. 여자들은 일하고 그 옆에서 지켜보는 아이들도 있다. 햇볕 속에서 흙을 의지하고, 바람을 받고, 시간 밖에서 살고 있는 것처럼 보인다.

여기서도 어머니들은 아이들 손을 잡고 어디론가 가고 있다. 젊은 엄마는 가슴을 드러내놓고 아기에게 젖을 먹인다. 젊은 부부가 사내아이를 사이에 두고 흥겹게 놀이를 하고 있다. 마을 사람들은 색색이 옷을 갖춰 입고 둘러서서 파안대소한다. 이것은 원시적 순수함이었다. 나는 따뜻하고 건강한 마음들을 넋을 잃고 바라보았다.

웃음소리 속에 네팔의 건강한 숨결이 전해져 온다. 저 밀리 아이 하나

네팔의 모정 네팔은 모정이 따뜻하다. 어디를 가도 아이와 엄마는 손을 잡고 걷는 모습을 볼 수 있다. 이들에게서 소망과 희망을 본다. 그래서 행복했다.

가 어머니 품속에 안겨 천진난만하게 미소를 짓는다. 그 시간이 다사롭다. 소들은 한 발 한 발 움직이며 탈곡을 돕고 있다. 볏짚을 태우는 연기도 평화롭게 하늘로 올라가고 있다. 무슨 까닭인 줄을 모르겠다. 이상한 해방감이 몰려왔다. 나도 모르게 행복한 평화 속에 빠져들었다. 어느덧 마음이 격한 뿌듯함으로 가득 찼다. 가슴이 얼얼해지면서 울컥거렸다. 먹먹함이 올라왔다. 눈시울이 축축해졌다. 삶의 결이 가슴에 닿았다.

  행복이란 주어진 여건을 그대로 받아들이고 누군가에게 끝없이 관심을 기울이는 것이다. 내가 밟고 있는 현재가 바로 나이다. 그런 나의 존재를 그대로 인정하고 사는 것이다. 부끄러움도 어색함도 없다. 있는 모습 그대로 나이면 되었다.

  그곳이 천국이었다. 나도 모르는 행복감에 사로잡혔다. 그들의 환한 얼굴을 보기만 했는데도 마음의 문이 열렸다. 마음이 이렇게 편안해본 적이 얼마나 오랜만이던가! 잊어버렸던 기억 하나가 되살아났다.

세상을 넘어서는 행복은 없다

어린 시절 홍역을 앓았다. 온 얼굴에 열꽃이 피었다. 당시 홍역은 시간이 해결해주는 역병이었다. 저녁 무렵 열에 들떠서 집 앞의 양지 바른 마당에 쪼그려 앉아 햇볕을 쪼인 기억이 있다. 시골은 예나 지금이나 의료 시설이 부족하다. 어머니가 나를 둘러업으셨다. 한의사가 있는 이웃 마을로 가시는 길이었다.

뜨거운 뙤약볕이 내리쬐는 날이었다. 힘이 드셨는지 풀밭 위에 나를 누이셨다. 내게 "힘드니?" 하시며 눈물을 지으셨다. 어머니는 풀밭을 여기저기 뒤적이셨다. 잠시 후 환한 얼굴 표정을 지으셨다.

풀숲에서 방아깨비 한 마리를 잡으셨다. 녀석의 뒷다리를 잡고 방아를 찧는 것처럼 위아래로 움직여서 나를 재미있게 해주셨다. 그래, 그 어린 시절 우리에게도 이와 같은 아스라한 추억이 있다. 그 생각만 하면 마음속에 뭔가 가득 차는 느낌을 지울 수가 없다. 먹고 살기에 바빠 우리가 잃어버린 어린 시절 풍경화이다. 여기 네팔에 나의 어린 시절이 모자이크처럼 새겨져 있다. 오래된 흑백 필름처럼 돌아가고 있다.

네팔을 찾아오면서 행복이라는 말을 되뇌었다. 문득 행복이란 사람살이에 있음을 알겠다. 행복은 추상적이지 않았다. 구체적인 일상의 모습이었다. 사람을 넘어서는 행복이 아니었다. 사람 사이의 행복이었다.

세상을 넘어서는 행복은 없다. 사람 사이에서 부대끼는 진실들만이 행복이었다. 행복은 사람과 연결되어 있었다. 어찌 보면 행복은 작은 일상이었다. 세상 밖의 이상적 행복이 아니라 사람의 진실 속에서 묻어나는 행복이었다. 저 너머의 행복이 아니라 지금 이 자리의 행복이다.

옆으로 강을 끼고 한참을 달린다. 다랑이 계단밭들이 층층이 이어져 있다. 저지대를 중심으로 마을이 자리를 잡고 실개천도 흐른다. 산은 첩첩이 둘러싸여 있다. 가까이는 다갈색이다. 멀어질수록 흑갈색을 넘어 검은 산들이 찍혀 있다. 그 위를 푸른 하늘이 가로지른다. 검은 산들 때문에 이국적으로 보인다. 저녁 무렵 멀리 베시사하르가 신기루처럼 나타났다. 베시사하르는 안나푸르나 트레킹 코스의 시작점이다.

베시사하르는 안나푸르나의 서늘한 기운이 완연했다. 마음이 차분히 가라앉았다. 긴장이 풀린 몸으로 안나푸르나의 능선 밑을 거닐어보았다. 난간에 기대어 앉았다. 해가 저물어가면서 물들고 있는 안나푸르나 등줄기를 고즈넉이 바라보았다. 막연한 불안감 속에 휩싸였다.

그래도 아이들은 딴 세상을 뛰놀고 있다. 여기서도 아이들은 들풀처럼 삶의 고통은 없는 것 같다. 삶으로부터 떠나지 않고 머물러 있다. 얼굴은 검게 그을렸으나 표정은 살아 있다. 궁극적으로 현실을 긍정하고 있다. 안나푸르나가 주는 여유로움이 묻어났다.

버스 정류장 옆에는 과일 노점상 여인들이 자리를 잡고 있다. 사과는 앙증맞을 정도로 작았다. 사과는 안나푸르나의 만만찮은 자연환경을 보여주는 듯했다. 그림자가 길게 드리워졌다. 바람소리는 낯선 적막감을 더하게 했다. 하늘에는 안나푸르나의 저녁달이 이슥하게 떠 있었다. 카트만두에서 여기까지 7시간을 차로 달려왔다.

5

말해다오, 이 생의 비밀을

베시사하르의 밤

> 모든 것은 지나간다.
> 남는 것은 추억이다.
> 그래, 죽음은 추억이다.

나는 나를 떠돌던 나그네

안나푸르나의 저물녘은 어디에서도 볼 수 없는 노을이다. 저녁놀은 마지막 생명을 태우는 듯 환하다. 안나푸르나는 황금색이다. 하늘은 짙은 군청색이다. 담벼락은 오랜 세월이 묻어나는 갈색의 담쟁이넝쿨이 그물처럼 얽혀 있다. 별안간 황금빛 태양과 함께 모든 것이 사라지면서 맑디맑은 하늘에는 달빛이 안나푸르나 연봉에 흘러넘친다. 이어 별들이 분수처럼 쏟아지는 광막한 밤이다.

밤의 장막이 내려오고 있었다. 안나푸르나도 잠들기 전에 깊은 숨을 토해내는 듯했다. 바람이 문틈 사이로 들어와 내게 말을 걸었다. 전등이 켜

안나푸르나의 저물녘 언덕 위의 집이었다. 어디를 봐도 안나푸르나의 적막과 차가움만이 내려앉아 있었다. 나는 담벼락에 기대어 안나푸르나를 말없이 바라보았다. 힘겹게 서 있는 깃발도….

저 있었으나 밤의 깊이는 눈에 들어오는 어둠과도 달랐다. 담장 위로 보이는 용마루의 선이 어둠보다 짙었다. 카트만두와 달리 날씨가 수상했다.

표고 820m 베시사하르는 예상보다 낯설었다. 명색이 호텔인데 시골 여인숙 같았다. 방은 옹색하고 을씨년스러웠다. 슬리핑백은 이집트의 미라를 빼고 난 거푸집처럼 보였다. 전구는 외진 항구의 백열등보다 어두웠다. '안나푸르나는 신비스럽고 외경스럽다'고 하는데 여기는 왜 이럴까? 이것이 신비와 세속의 차이일까?

캡틴이 서울에 엽서를 쓰자고 하여 모두 모였다. 엽서를 10장씩 받았다. 안나푸르나의 설산 배경과 에베레스트의 정상과 카트만두의 스와얌부나트 제3의 눈(붓다의 눈)을 촬영한 사진들이 박혀 있었다. 참으로 오랜만에 쓰는 엽서였다.

가족과 친구들에게 한 자 한 자 쓰다보니 묘한 낭만적 감정에 휩싸였다. 가족들에게 미안하고 사랑하고 고맙고 부족했다. 안나푸르나에서 드는 감상을 적었다. 막상 글을 마주 대하니 쓸 말이 서투르다. 나만 그런가 하고 보니 선배들 모두 서투른 글을 만드느라 고심하고 있다. 말로는 쉬운데 글로 마음을 담기는 참 어렵다. 그런데 어려운 것은 나보다 네팔의 시스템에 있었다. 그렇게 공들여 쓴 엽서가 이 이야기를 적는 지금까지 오지 않고 있다. 그래도 한순간 가족와 친구에게 몇 자나마 쓰려고 머리를 맞대고 서 있던 모습을 잊을 수가 없다.

두서없이 엽서를 마무리하고 저녁을 먹었다. 현지 요리사를 고용한 덕에 네팔식 상차림을 받았다. 푸짐하지는 않았으나 정갈스러웠다. 반찬 하나하나를 솜씨 있게 만들었다. 어깨너머로 한식을 배웠다고 했다. 그는 가이드 일을 하면서 한국인들이 먹는 음식을 유심히 보았다. 한국 요리책을 보고 독학을 했단다. 요리를 하면서 한국 여행객으로부터 자기만의 비법을 터득했다.

이제 네팔에서 한국 음식에 대해 이런저런 이야기를 할 수 있을 정도로 실력을 쌓았다. 궁하면 통한다고 했다. 네팔에서 한국 음식을 맛있게 먹게 될 줄은 몰랐다. 누구는 여행을 가면 현지 음식을 먹어야 한다. 그래도 우리는 한식이 좋았다. 트레킹 내내 한식과 네팔 음식을 갈아 맛보는 호사를 누렸다.

좋은 음식에는 술이 으뜸이라고 했다. 고도가 높아지면 술은 언감생심이라는 조언을 들었다. 이때 아니면 네팔 술을 맛보기 어렵겠다 싶었다.

이구동성으로 네팔의 전통술을 맛보자고 했다. 네와르 족이 빚은 전통술 락시Raksi를 마셨다. 락시는 술을 빚는 집마다 그 맛과 등급이 다르단다. 우리가 마신 락시는 전형적인 남방계 맛이었으나 증류주의 격에서는 떨어진다고 고수가 말했다. 네와르 족은 몽골계의 소수민족이나 네팔을 읽을 수 있는 이 사회의 거울이다. 시신을 강가에서 화장하는 관습이 있으며, 어린 소녀를 엄격한 심사 과정을 거쳐 신의 화신인 쿠마리로 정하고 이를 숭배한다.

맥주는 품격을 갖추었다. 뚜벅Tuborg, 에베레스트Everest, 고르카Gorkha는 대표적인 네팔 맥주다. 네팔은 화강암 지대가 많아 물맛이 그리 좋지 않다. 현지인들도 물을 끓여 먹는다. 그래서인지 맥주 맛은 락시보다 좋다. 짙은 보리 향과 목 넘김이 부드럽고 감칠맛이 있다.

우리 막걸리와 비슷한 창이라는 술은 없어 맛보지 못했다. 그러나 라스란 보드카는 프랑스 밀로 증유한 히말라야 산이었다. 라스란은 히말라야 보드카다웠다. 어쨌든 술은 사람을 즐겁게 한다.

가만히 생각해보니 오늘 거리를 지날 때 무수한 간판들이 라스란·더스크 등 보드카와 질마리·올드바바 등 위스키와 뚜벅·칼스버그 등 맥주 광고 일색이었다. 원색적인 붉은색과 흑백 사진을 조합한 광고판이었다. 이 나라는 주류 광고만 있나? 의아할 정도로 많아도 너무 많았다. 하루 종일 술 광고 간판만 본 것 같다. 거기에다 하나 더 생각나는 것은 세계 어디에나 있는 코카콜라 광고판 정도이다.

이 나라 사람들은 술과 음료만 먹고 산다는 말인가? 자동차는 고사하고 흔한 휴대폰 광고 하나 없다. 물론 광고 메시지는 단순한 것이 좋다. 하나의 메시지에 집중되어야 사람들도 신뢰하고, 그 메시지를 최대한 온전히 전달할 수 있다. 광고주들은 오늘 소기의 성과를 달성했다. 이역만

네팔의 어린아이 아이는 우리에게 "나마스테" 하면서 손을 내밀었다. 아이의 눈길이 참으로 맑았다. 문득 아이의 눈에서 또 다른 말을 읽을 수 있었다.

리에서 온 우리조차도 라스란을 먹게 했을 정도니까!

　네팔은 가난하나 행복지수가 높은 나라로 알려져 있다. 이들은 내일에 대한 걱정이 없다. 세상사보다는 자신의 오늘에 최선을 다하며 살고 있다. 그래서 행복지수가 높은 것일까? 광고판이 모두 술인데도 아무 문제가 없는 것일까?

　문득 네팔의 국민 시인 두르카 랄 쉬레스타가 생각났다. 시인은 부자나 지위가 높은 사람보다 가난한 사람, 무지한 농부에게서 세상을 배웠다. 살아 있는 것도 죽은 것도 아닌 무거운 생을 지고 있는 자신에게서 현실을 보았다. 그는 불에 덴 상처는 시간이 해결해주나 꽃을 밟은 상처는 아직도 아프다고 절규했다. 낮 동안 본 광고판에서 역설적으로 네팔인들의 고단한 생애가 묻어났다. '나는 나를 떠돌던 나그네! 지금까지 살아온 것은 누구였을까? 누군가 말해달라 이 생의 비밀'이라고 노래한 시인의 뜻을 알겠다. 생의 비밀은 무엇일까?

네팔의 민요인 〈레샴 피리리(Resham firiri, 비단 스카프가 바람에 날리네)〉는 이렇게 답한다.

> 비단 스카프가 바람에 날리네. 우리의 사랑은 교차로에 서 있네.

하늘을 향해 날아가는 새의 모습을 표현한 노래라고 한다. 인생은 바람에 날리나 우리의 행복은 어딘가에 서 있다. 생의 비밀은 없다. 어딘가에 서 있을 뿐이다. 모든 것을 다 잊고, 기다리고 또 기다려야 한다.

누구나 죽음을 만난다

저녁을 먹으면서 이국적이고 낭만적인 정경에 마음이 풀어졌다. 시간이라는 우물에서 두레박으로 순간순간들을 길어올렸다. 책갈피 속에 넣어둔 낙엽들을 끄집어냈다. 스쳐 지나가던 길이 아니라 우리가 살아온 길을 되돌아본 것이었다.

단순하나 진실하고 인간적인 모습들이 그렇게 수은 방울처럼 미끄러져 들어왔다. 인생은 해와 함께 떠올라 해와 함께 져가는 것이라는 말을 실감했다. 누구나 살아온 인생이고 살아갈 인생이다. 어떤 인생도 특별함을 또다시 깨달았다.

먼저 캡틴이 "산이 내 인생을 망쳤어!" 하며 화두를 던지듯 이야기 보따리를 풀었다. 중학교 2학년 시절 매형을 따라 관악산 야간 등반을 했단다. 소년에게 산은 너무나 충격적이고 매력적이었다. 산은 그를 빨아들이는 매력 자체였다.

산은 세상과 다른 특별한 영역이 되어주었다. 직접 만난 산은 세상의

안나푸르나의 아침 안나푸르나의 아침이 참으로 아름답다. 하루가 새로 열리고 안나푸르나는 스스로 존재한다. 안나푸르나는 빛과 함께 늘 다시 태어난다.

어떤 것과도 바꿀 수 없었다. 새벽의 여명과 일몰의 아름다움에 빠져들었다. 그리고 인생이 바뀌었다. 그날 이후 산을 떨쳐버린다는 것은 생각할 수 없었다. 캡틴이 힘주어 말했다.

"산 그리고 나! 그것이 모든 것이었다."

사람이 누구를, 무엇을 만나느냐가 그 인생을 좌우한다. 지난 인생을 돌아보면 설악산 용아장성 등반이 일생의 전환점이었다.

캡틴은 그 순간을 지금도 잊지 못하고 있다. 용아장성 암벽등반을 했다. 중간 지점에서 발을 잘못 디뎠다. 한 발을 잘못 디뎠다가 아니라 생각을 잘못했다가 더 맞다. 어느 정도 암벽에 익숙해졌다는 것이 실수의 시작이었다. 아주 사소한 절차를 무시한 것이 발을 헛딛게 했다. 순간 절벽 아래로 추락했다. 머리가 백짓장처럼 되었다는 말을 실감했다. 숨을 쉬려 해도 쉴 수가 없었다. 호흡이 멈추어졌다. 캡틴은 마지막 숨을 쉬는 사

안나푸르나의 나무들 안나푸르나의 초입은 나무들 천국이다. 세상에 그렇게 커다란 나무들이 어울려 있는 것을 처음 보았다. 안나푸르나의 험한 환경을 견딘 나무들에게서 강인한 생명력을 느꼈다. 고통을 이긴 생명은 처절한 아름다움을 얻는다.

람의 숨결을 느꼈다. 모든 것이 정지되었다. 검은 바위벽이 파노라마처럼 지나갔다.

 캡틴의 몸이 공중에 떠 있었다. 어떻게 그 순간을 표현해야 좋을까? 1초, 아니 2초 정도였을 것이다. 찰나였다. 그런데 별안간 캡틴의 인생이 압축파일처럼 지나갔다. 인생의 모든 것이 지나갔다. 어머니의 눈빛과 아버지의 자애로운 표정과 관악산 밤하늘의 별이 다시 보였다. 소중한 순간들이 파노라마처럼 지나갔다. 캡틴은 '시간이 흘러도 한참이나 흘렀겠구나'라고 생각했다. 그런데 눈을 떠보니 살아 있었다. 내가 왜 살아 있지? 스스로 물었다. 이것이 죽음인가?

 고개를 돌렸다. 하늘이 보였다. 서늘함이 볼을 스쳐갔다. 숨을 토해냈다. 캡틴의 옷이 기적적으로 나뭇가지에 걸렸음을 알았다. 거짓말 같은 사실이었다. 나뭇가지를 흔들어보았다. 맞았다. 낭떠러지의 나뭇가지였다. 그 순간 캡틴은 눈물을 쏟았다고 했다.

이어 C형이 말을 받았다. 형은 매사 예의 바르다. 자태마저 올곧은 삶을 보여준다. 젊은 시절 군에 입대하여 통신병으로 근무했다. 10·26이 일어났다. 10·26 당일 비상 출동을 했다. 당시 비상 출동은 전투를 의미했다. 전투 상황이라는 소문이 무성했다. 지프 K111를 탔다. 어딘가로 가고 있었다. 강변을 따라 끊임없이 달렸다. 차 안은 소름 돋는 침묵만이 흘렀다. 긴장감에 사로잡혔다. 누구도 한마디 말이 없었다. 이따금 아스팔트에 바퀴가 끌리는 소리만 들렸다.

세상의 사건은 머릿속에서부터 일어난다. 오만 가지 생각이 스쳐지나갔다. 별안간 말이 무섭다는 생각이 들었다. '비상 출동'이란 말 한마디에 적막감이 멈추지 않았다. 이 말을 피해 달아날 수가 없다. 모두가 묘하게 눈동자만 빛났다. C형은 지금도 그 낯선 기운을 느낄 수 있다. 체험해본 자만이 알 수 있는 감각이다. 머릿속에서는 계속 '비상 출동'이 사라지지 않았다. 마치 불길 속을 걷는 느낌처럼 화급했다.

이런 생각 속을 거닐다가 별안간 C형의 지프 K111은 하늘로 솟구쳐 올랐다. 왜 하늘이 가까이 다가설까? 의아했다. 하늘을 뚫어져라 바라보았다. 문득 이것은 세상이 아닌 것만 같다는 생각이 들었다. 적막감에다 끝없이 무너져가는 시간의 무게가 엄습했다. 너무나 뚜렷하게 형의 몸이 서늘한 감각에 휩싸였다. 표현하기 어려운 낯선 감정이 지나갔다. C형은 지프가 곤두박질을 치기 전 순간을 잊을 수가 없다. 순간의 정적을 말로 표현기 어렵단다. 차가 뒤집히는 광경이 눈에 선하단다. 지프가 뒤집혀 있었다. C형은 "내가 죽는구나!" 하고 생각했다.

별안간 기억의 문이 열렸다. 제일 먼저 어린 시절 어머니가 떠올랐다.

어머니의 애정 어린 손길이 사무치도록 마음을 아프게 했다. 눈을 질끈 감아버렸다. 어린 시절 기억의 조각들이 주마등처럼 지나갔다. 젊은 시절 읽었던 책들, 깊고 아름다웠던 숲들, 형제들과 살았던 집들이 떠올랐다. C형은 순간 되물었다. "나는 어디로 가는 것일까? 이렇게 나는 무너지는 것일까? 너무 멀리 가는 것은 아닐까?" 기억은 흐려지고 있으나 시간의 흐름만은 그 짧은 순간임에도 또렷했다. 잊을 수 없는 그 순간이 살아가면서 낙인이 찍히듯 삶에 묻어 있다.

C형은 현대그룹을 19년 동안 다니다 그만두었다. 막막했다. 그런데 길을 가듯 자신의 길을 찾아갔다. 자기도 창업을 할 줄은 몰랐단다. C형은 17년간 중소기업을 운영하고 있다. "내 팔자 정말 모르겠다." 자신이 살아온 길을 돌이킬 때마다 되묻곤 한다. 어디로 가고 있을까?

S형도 말했다.

"나도 죽음의 기억이 있다. 그날 이후 그 순간을 잊을 수가 없다."

상처가 아물어도 상흔만 보면 아픔이 되살아나듯 떠오른다. 호사다마가 인생사다. S형은 그날을 돌이켜보면 아직도 전율이 스며든다.

S형은 차를 타고 고속도로를 달렸다. 왠지 마음이 부풀어 올라 있었다. 인생의 조짐은 순간 속으로 들어와 있는 듯했다. 아차! 하는 순간이었다. 140km로 달리던 속도를 주체할 수 없었다. 바퀴 끌리는 소리가 아련했다. 차가 뒤집히는 광경이 슬로우비디오였다.

S형은 "그래 죽는구나!"고 생각했다. 무엇인가 부딪쳤다. 시간과 함께 뒹굴었다. 기억도 달아났다. 꿈을 꾸고 있는 것일까? 막다른 골목을 걷는 기분이었다. 생각이 토막토막 사라져가고 있었다. 그러다 불빛 같은 것을 보았다. 알 수 없는 향기가 몸을 감싸고 있었다. 꿈을 꾼 듯이 아련했다. 희미한 소리를 들었다. 무엇인가에 이끌려 일어났다.

사람에게 죽음은 한 번뿐인 경험이다. 죽음만은 모두가 바라보면서도 진정으로 체험하지 못한다. 우두커니 바라볼 수밖에 없다. 죽음에 들어갔다 올 수만 있다면, 88올림픽 개막식 때의 다듬이질 소리처럼 들을 수만 있어도 그토록 버티지 않았을 것이다.

어쨌든 사람뿐만 아니라 모든 생명은 그 속에 아픔이 숨겨져 있다. 야생화 하나를 피어내기 위해서도 고통의 시간을 견디어낸다. 사람은 누구든 자기만의 고유한 색채가 있다. 이 색채를 갖게 만든 상처가 있다. 인생은 자기만의 비밀한 아름다움을 간직하고 이를 보듬고 사는 것이다.

죽음을 만나면 다시 태어난다

여기는 네팔이다. 불교와 힌두교의 나라다. 붓다, 고타마 싯다르타는 네팔 태생이다. 힌두교 신자들은 붓다를 비슈누(Vishnu, 유지의 신)의 화신으로 여긴다. 비슈누는 힌두교의 3위 일체인 브라마(Brahma, 창조의 신), 그리고 시바(Shiva, 파괴의 신)와 동급의 신이다. 네팔 왕은 비슈누의 화신으로 여겨진다.

지배 계급인 브라만은 유지의 신인 비슈누를 선호하나 서민과 하층민들은 파괴의 신인 시바신을 숭배한다. 지배 계층은 현상 유지를, 하층민은 세상이 다시 열리기를 바람은 여기도 우리와 같이 인내천人乃天이다.

이곳에서는 죽음의 순간에 갖는 마지막 생각이 그 다음 환생을 결정한다고 믿는다. 힌두교 경전은 '인간은 육신을 버릴 때 마지막으로 생각하는 것에 따라 다음의 삶을 얻는다. 그가 몰두해 있는 그 상태를 그는 얻게 된다'고 가르친다. 〈바가바드기타〉에서 크리슈나는 제자인 아르주나에게 말했다. 부처도 '우리의 모든 것은 우리가 생각한 결과이다. 그것은 모두

네팔의 가면 네팔에는 가면이 많다. 가면은 액운을 막아주고 복을 부른다는 믿음을 갖고 있다. 붓다가 네팔 태생이어서 그런지 붓다의 형상이 많다. 네팔에서 인기 있는 시바신과 그의 아들 가네시 형상인 코끼리 가면이 많다.

우리의 생각에서 나온다. 그것은 모두 우리의 생각으로 이루어져 있다'라고 했다. 잠언 23장 7절에도 '대저 그 마음의 생각이 어떠하면 그 사람도 그렇다'고 가르친다. 예수도 '가라, 네 믿음대로 될지어다'라고 했다. 우리가 살아온 것이 우리의 현재이다. 사람은 사람이 살아온 대로 된다.

형들은 30~40년 전에 만났다. 오래된 지기들이다. 오랜 친구들의 모습을 보는 것은 아름답다. 세월의 흔적 속에서 잃어버린 또 다른 나를 찾는다. 그리고 자신을 되돌아본다. 그러고보니 만났어도 깊은 이야기는 없었다. 서로들 살기 바쁘다는 이유로 외면하고 있었다. 세월과 함께 살아오고 있었다. 동창이라는 같은 울타리 안이지만 누구도 가까이 다가설 수 없었다.

서로의 울타리는 빌딩처럼 높았다. 우리는 그동안 누구의 시간도 묻지 않았다. 우리는 서로를 말없이 응시할 뿐이었다. 아파도 아프다고 할 수 없었다. 우리는 서로를 기댈 수가 없었다. 낯선 도시처럼 서로를 두려워하고 있었다. 안나푸르나라는 적막한 절벽 앞에서야 서로의 날들을 더듬었다.

모든 것은 지나간다. 남는 것은 추억이다. 그래, 죽음은 추억이다. 인생의 시간들이 그대로 묻어났다. 죽음은 어딘가로 가는 것이다. 인생에서 죽음을 만나는 그때 나는 다시 태어난다.

그날 이후 새로운 인생이 시작된다. 나는 어디서부터 새로운 인생이 시작되었을까? 여전히 세상에 질질 끌려 다니면서 여기까지 열심히 걸어왔다. 별안간 로마의 공동묘지 입구에 새겨진 '오늘은 나에게, 내일은 너에게[Hodie mihi, Cras tibi]'라는 글이 생각났다.

6

왜 안나푸르나에 왔는가?

우리는 서로 다르다

안나푸르나는 영원히 존재할 것이다.
세상은 내게 세상만을 이야기하고 있다.
안나푸르나가 나를 부를 때까지 기다려야 한다.

기다리다보면 시간 밖에서 나를 만난다

왜 안나푸르나에 왔는가? 안나푸르나가 있기 때문에 왔으나 자신을 붙들고 있는 무엇인가에서 벗어나고 싶었다는 말이 더 맞을 것이다. 우리가 진정으로 함께 걷고 있다고 실감하면서 두려움과 낯설음을 극복하고 자신을 붙들고 있는 인생의 실마리를 풀기 위해 왔다. 어찌 보면 통과의례일 수도 있겠다. 안나푸르나를 걷고 나면 또 다른 세상을 볼 수 있고 또 다른 내면의 나를 만날 수 있을 것이라고 기대했다.

캡틴은 산에 오면 알 수 없는 영감을 받는다. 지리산의 L형은 무엇인가 답답하고 벽을 만나면 산에 가는 과정을 반복한다. S형은 산의 높고 낮음

네팔의 민속 길가에 좌판을 벌여놓고 동전으로 미래를 점치고 있다. 어디서나 인생은 궁금하다. 그러나 조금만 기다리면 답은 저절로 나온다.

보다 산을 올라가는 의지를 만나면 살아 있다는 절실함을 배운다. M형은 사람과 사람이 서로 소통하듯이 산을 만나면 산과 소통하는 자신을 본다. C형은 산을 가면 산을 만나고, 산을 통해 자신을 만난다. J형은 '나와 정상은 하나이다. 그러나 우리는 서로 다르다'라는 말처럼 산에 오면 새로운 세계를 만나는 계기가 된다.

내게 걷기는 무엇인가? 산은 무엇인가? 스스로 질문해본다. 생각해보니 산에는 걷지 않은 길이 있다. 길이 있어 걸을 수 있다. 무엇보다 나 홀로 갈 수도 있다. 그리고 유목민처럼 새로운 초지를 찾아 떠난다. 새로운 세계를 향해 떠난다. 길을 잃었을 때는 기다려야 함을 깨우치면서 서두르지 않는 법도 배운다. 어려운 일을 만나면 기다려야 한다. 모든 것은 기다리다보면 시간이 해결해준다. 기다리다보면 역설적이게도 시간 밖에서 나를 만날 수 있다. 아니, 시간을 잃어버리게 된다.

모든 길은 누군가 이미 걸은 길이다. 우리가 사는 세상도 이미 누군가 살아간 길을 걷고 있는 것이다. 걷다보면 풀섶을 지나고, 나무를 만나고, 하늘을 만나고, 시간에 몰입한다. 시간과 하나가 된다. 시간의 흐름에 나를 내맡겨버리면서 시간의 무게를 깨닫게 된다.

결국 걷기란, 그리고 여행이란 사람들을 만나면서 자신을 이해하고 자신을 찾는 일이다. 세상을 살다보면 어느새 자기만의 세계 속에서, 울타리 속에서 수인처럼 살아가게 된다. 그런 감옥 속의 인생을 깨달았을 때 이미 모든 것은 너무 지나가 있다.

그런데 사람들과 교감하면서 타인이 쌓은 거대한 성들과 인생의 담벼락 같은 견고한 세계를 만난다. 여행은 도서관에서 만나는 새로운 진실의 세계처럼 찾아온다.

이 세상 밖 어디론가 날아가자

우리 일행은 어떤 면에서 부족함이 없는 인생을 마무리하고 있다. 지금껏 성장해 오고 있다함이 맞을 것이다. 과일의 열매가 맺기까지 많은 시련을 겪는 것처럼 성장이 무엇인가를 알 수 있는 나이가 되었다.

나이 60에도 불구하고 무엇인가에 부대끼고 있다. 바닥과는 다른 느낌이 있다. 한계는 더욱 아닌 자신을 혹독하게 몰아세우는 무엇인가의 강박이 아직도 있다. 이때 우리는 안나푸르나를 만났다. 무심결에 우리는 서로에게 물었다.

"어떻게 우리가 여기까지 왔지?"

M형이 46년 만에 캡틴에게 추석 산행을 제의했다. M형은 캡틴에게 전화를 하고 나서도 반신반의했다. 고교 시절 이후 못 만났는데 서먹서먹하지 않을까? 어렴풋이 고교 시절 산을 좋아했던 캡틴을 그렸다. 캡틴은 산이 아름답다고 했다. "산은 안식을 주고, 스스로 결정한다는 자족감을 준다"는 대화를 기억했다. 고교 시절 산을 사랑하고, 산 속에 있기를 좋아하는 캡틴의 젊은 날이 스치듯 지나갔다.

우선 몇 사람이 만나 추석 산행을 하면서 자신들이 보낸 46년에 대해 이야기했다. 46년의 생애 속에서 며칠 동안이라도 우리를 위한 시간을 내보자! 오로지 걷는 일을 해보자! 인생의 남은 욕망과 아쉬움을 버리는 시간을 내보자! 걷는 것이 최선이다. 걸으면 버릴 수 있다. 버릴 수 있는 것과 없는 것을 찾는 것이다. 걸으면 만날 수 있다. 걸으면 갈 수 있다. 인생의 쳇바퀴를 떨쳐버리고 자신만의 길을 가보자! 가야만 할 길을 가보자! 이것이 안나푸르나의 시작이었다.

어디로 갈까? 캡틴이 느닷없이 황지우 시인의 시 〈새들도 세상을 뜨는구나〉를 꺼냈다.

    삼천리 화려강산의
    을숙도에서 일정한 군을 이루며
    갈대 숲을 이룩하는 흰 새 떼들이
    자기들끼리 끼룩거리면서
    자기들끼리 낄낄대면서
    일렬 이열 삼렬 횡대로 자기들의 세상을
    이 세상에서 떼어메고
    이 세상 밖 어디론가 날아간다.

마낭의 까마귀 마낭은 고산병 예방을 위해 숨을 고르는 곳이다. 척박한 땅 위에서 까마귀가 무엇인가를 찾고 있다. 우리 인생이 아무리 팍팍해도 무엇인가를 찾아야만 한다.

    우리도 우리들끼리
    낄낄대면서
    낄죽대면서
    우리의 대열을 이루며
    한세상 떼어 메고
    이 세상 밖 어디론가 날아갔으면
    …

  그렇게 이 세상 밖 어디론가 날아가자고 했다. 안나푸르나로 날아가자! 이렇게 안나푸르나 산행이 결정되었다.
  안나푸르나는 캡틴에게는 추억이 서린 또 다른 고향이다. 네팔은 캡틴에게 영혼의 고향처럼 느껴지는 회한이 서린 곳이다. 산악인으로 부대껴 온 아름다운 동행을 했던 지역이다. 미국에서 10여 년을 살면서 그렇게 그리던 안나푸르나였다.

캡틴은 산악인으로서 안나푸르나를 꼭 밟고 싶었다. '등산은 무상의 행위'라고 말한 리오넬 테레이가 밟은 안나푸르나를 직접 밟고 싶은 꿈이 있었다. 산과의 싸움은 자기 자신과의 싸움임을 실천적으로 보여준 리오넬 테레이를 만나야 했다. 산악인으로 살아오면서 알피니즘●을 발자국으로 보여준 테레이가 제일 먼저 밟은 안나푸르나를 걸어야 했다.

나는 내 길을 간다

그러던 차에 캡틴은 40년 만에 L형을 만났다. L형과는 두산그룹에 다니던 시절까지 만나다 헤어졌단다. 40여 년의 세월이 지났는데도 두산 시절 도와주지 않은 서운함을 토로했다. 인간이란 동물이 가진 기억의 모질음을 새삼 느꼈다. 정작 L형은 만남의 기억조차도 못하고 있었다. 세상살이 기억의 체계는 나의 문제를 중심으로 돌아가 있음을 다시 한 번 깨달았다.

사람이라는 존재 이면에는 비극적인 것이 숨겨져 있음을 알았다. 인생의 색깔과 아름다움, 기쁨이 남아 있듯이 사람의 인생에 걸쳐 가는 상처와 고통도 그냥 지나가는 것이 아니었다. 사람은 역시 자기를 속일 수가 없다. 자신의 인생이 가장 소중한 자산이었다.

● 알피니즘은 높은 산, 새로운 산, 험난한 산에 오른다든지 등산하는 자체에서 기쁨과 즐거움을 찾으며 전인격적으로 산에 도전하는 태도를 말한다.

네팔의 마니차 마니차를 돌리고 스투파를 돌며 기도를 하거나 티베트 불교 특유의 전통인 오체투지 의식을 행하면서 기도한다. 마니차는 글을 모르는 사람들을 위한 배려다. 이것을 돌리면 불경 한 번 읽는 효과가 있다.

L형은 두산에 다니다가 어느 순간 그냥 세상이 싫어졌다. 무엇으로도 표현할 수가 없었다. 누군가는 그것을 허무로, 누군가는 그것을 무기력으로, 누군가는 그것을 사회적 부적응으로 돌렸다. 도저히 적응할 수가 없었다. 생활이 낯설어졌다. 사람들의 시선이 그렇게 부담스러워졌다. 어쩔 수 없이 사회를 등졌다. 그동안 번 돈을 아내에게 주고 지리산으로 들어갔다.

적어도 20년은 버티려고 했다. L형은 모질게 결심했다. "나 스스로 나 자신을 구해야 했다. 나를 버려두라"고 했다. 그러나 정작 선택을 해야 할 시간은 생활이 결정해주었다. 5년 만에 돈이 고갈되었다. 돈은 현실이었다. 피할 수가 없었다. 그래도 시간은 조금씩 흘러갔다. 현실을 견딘다는 것은 정말 힘들었다. 쌓고 쌓아도 한 번 파도가 치면 모든 것이 무너지는 그런 인생을 20년 동안 버텨왔다.

L형은 인생이 무엇인가를 스스로 물으면서 지리산에 들어갔다. 무엇인가를 찾고 싶어 지리산에 들어갔다. 그런데 60이 넘어도 무엇을 찾았는지도 모르겠다. 아무것도 없다. 무無라! 있는 것이 없다. 무 자체도 없다. 아무것도 말할 수 없다. 모든 것이 허무하다. 비었다. 공空이라! 부질없다. 왜 그런 소리를 이 자리에서 하는지 모르겠다. 인생은 어쨌든 한 번 꿰어지면 평생을 간다.

어디에 가느냐보다도 누구와 가느냐가 더 중요하다. 자신이 살아온 60여 년 세월의 충돌, 그 인생의 충돌이 어디로 향하는가를 보고 싶었다. 안나푸르나에서 어떻게 갈까? 이 길은 나에게 무엇을 보여줄까? 이 화두를 잡고 걷고 있다. 그것이 이번 안나푸르나 트레킹 동행 중에서 가장 심각하다.

그런데 놀라운 것은 안나푸르나 트레킹 기간 중에 L형은 끊임없이 무엇인가를 특별히 찾았다는 점이다. 새벽에는 늘 일찍 일어나 어딘가를 다녀왔다. 걸을 때도 하늘의 문 앞에서 걸었다. 밤에도 어딘가를 다녀왔다. 무엇인가를 찾고 있었다. 무엇을 찾고 있는지도 모르겠다. L형은 트레킹을 하면서 말없이 바빴다. 도는 자신을 드러내기보다는 더 철저히 감추는 모습으로 보였다.

이러한 L형의 인생살이에 대해 S형이 "나는 그런 용기가 없다"고 응대했다. 사회라는 기본적 틀을 따라가면 되는데 이해가 안 된단다. C형은

안나푸르나 풍경 길을 가다가 카메라 셔터를 누르면 한 폭의 풍경화가 된다. 구름 한 점 없는 하늘과 설산이 신비롭기만 하다. 차가운 바람은 안나푸르나의 색다른 맛이다.

"나는 사회가 싫은 것은 없다. 미치도록 하고 싶은 것이 없다. 찾으면 무엇이라도 하겠다. 지금 그만두면 무엇을 할 것인지 모르겠다. 나는 용기가 없다"고 했다. 그러자 L형이 "나는 산 생활을 해서 그런지 모르겠으나 처자식 문제는 떠났다. 나는 내가 원하면 내 길을 간다. 나는 내가 정말 원하면 눈에 보이는 것이 없다. 오직 그것만 보인다. 그것뿐이다. 아무것도 없다"라고 말했다.

죽음과 삶은 함께 있다

안나푸르나는 지금 우리에게 절벽 같은 현실로 다가와 있다. 내일부터는 한 발 한 발 걸을 수밖에 없다. 가야만 한다. 자신을 드러내놓고 살기에는 너무도 버거운 세상이다. 함께 가야 한다. 이제 우리는 함께 걸어야 한다. 지친 삶을 벗어버리고 일어서야 한다.

창밖으로 보이는 어둠이 점점 짙어간다. 바람이 캄캄한 골목길을 따라 분다. 바람이 불어도 내일은 온다. 서쪽으로 떨어지는 달은 핼쑥하다. 먼 먼 훗날 지금을 간직할 모습들이 남아 추억이라는 이름으로 함께할 수 있을까?

안나푸르나의 새로운 경계에 마주 서서 새로운 시간을 바라보고 있다. 어찌 보면 죽음과 삶은 함께 있다. 마치 밤과 낮처럼 양면성을 갖고 있다. 그러나 삶의 마지막은 언제나 현재다. 죽음은 마지막 키스다. 호흡이다. 한 호흡을 멈추면 마지막이다.

나의 첫째 동생도 고교 시절 장腸파열로 10시간 가까이 수술을 하면서 죽을 고비를 넘겼다. 마취에서 깨어난 뒤 동생이 말했다.

"나 살았네! 무슨 터널을 들어가는 줄 알았어! 가도 가도 끝이 없는 터널이었는데 정말 무서웠어. 그렇게 가다가 죽는 건가봐! 아버지가 고마워, 형!"

어린 동생의 말도 죽음을 만나본 자의 목소리로 들렸다. 막내 동생은 돼지고기 알레르기가 있었다. 중국집에서 탕수육을 먹고 나오다 길에서 그대로 쓰러졌다. 넘어지면서 그때 동생이 한 말이 있다.

"주여! 준비되었나이다."

깜짝 놀랐다. 사지가 널브러지면서 하나님을 찾았다. 사태를 수습하는 모습을 보면서 한 호흡이 바뀌면 삶이 바뀜을 목격했다. 그리고 이때 아버지가 보여주신 부성애는 지금도 가슴이 저리도록 생각난다. 수술비가 없자 전세를 월세로 바꾸고, 병원의 병실이 없자 병원장에게 사정사정하시면서 자식들을 살리신 애틋함을 잊지 못한다.

동생들은 요즘도 아버지의 가업을 이어 가면서 농담처럼 이야기한다. 용광로로 쇠를 녹여 팔아서 삶의 기운이 남아 있나보다. 그러면서 아버지가 그토록 애지중지했던 사업을 이어 가고 있다.

세상은 내게 세상만을 이야기한다

　죽음은 홀로 만날 수밖에 없는 진실이다. 죽음뿐이 아니다. 모든 것을 홀로 만난다. 혼자라는 사실을 깨닫는 것에서부터 철학이, 인생이 시작된다. 그것이 진실이다. 여기서부터 우리는 진실을 향해 사는 법을 배워가는 것이다. 또 다른 현실을 볼 수 있는 눈을 뜨는 것이다.

　그것이 자기 구원이다. 죽음의 체험 이후 평정한 마음으로 살려 하나 결국은 현실이라는 굴레 속에서 살아갈 수밖에 없다. 세상은 욕망이다. 욕망을 버리면 그것은 세속과 한 발짝 떨어지는 것이다. 세속과 한 발짝 떨어지려면 변해야 한다. 내가 변하지 않는다면 결국 '나는 나'일 뿐이다. 스스로 변해야 나를 바꿀 수 있다. 나를 부정해야 한다.

　안나푸르나는 나에게 무엇인가? 이번 안나푸르나의 목표를 나의 부정으로 삼아야겠다. 이곳에서 나는 무엇을 볼 수 있을까? 이곳은 신성한 땅일까? 걷는 자들이 새로운 길을 찾는 순례지일까? 안나푸르나는 지금 내게 유령과 같다. 낯설게만 보인다. 오래된 흑백사진을 펼쳐 보는 것 같다. 태어나서 한 번도 밟아보지 못한 땅이다. 좀처럼 내게 무엇인가를 열어줄 것 같지 않다. 이럴 때 내가 읊조리는 글귀가 있다.

　　이제 너희들은 망한 집의 자손이다. 폐족廢族으로 잘 처신하는 방법은 오직 독서하는 것 한 가지밖에 없다.

네팔의 남로 남로는 네팔을 상징하는 중요한 운반 도구이다. 장작이나 볏짚 등도 남로로 나른다. 남로는 네팔 사람들의 정체성을 말해준다. 이들은 허리가 굽은 사람이 거의 없다. 아마도 남로의 힘이 아닐까 생각된다.

다산 정약용의 유배지에서 보낸 편지의 일부다. 아무리 어려운 책이라도 한 장 한 장 넘기면 어느 순간 이야기가 된다. 아무리 암울한 현실도 한 발 한 발 내딛으면서 역경을 딛고 일어서게 된다. 오직 독서하는 것, 무엇인가를 하는 것이 새로운 문을 열어준다.

그래도 현실은 모든 것이 무겁게만 보인다. 그러나 가장 위대한 가르침은 자연 속에 있다고 했다. 비트켄슈타인이 〈논리 철학 논고〉에서 이야기한 것처럼 '말할 수 없는 것에 대해서는 침묵해야 한다.' 누구에게나 다가오는 죽음도 똑같다. 우리가 가야할 곳이다. 그래도 죽음이 다음 생으로 가는 또 다른 걸음이라는 것을 이해할 수가 없다.

다만 안나푸르나는 내가 여기를 떠나도 여전히, 아니 영원히 존재할 것이다. 세상은 내게 세상만을 이야기하고 있다. 안나푸르나가 나를 부를 때까지 기다려야 한다.

7

포인세티아가 피면 한 해가 온다

베시사하르

베시사하르, 히말라야 여행이 시작되는 곳

베시사하르(Besisahar, 820m)는 '산 밑에 있는 시장'이라는 뜻이다. 여기서부터 안나푸르나 트레킹이 시작된다. 우리처럼 지프형 사륜구동 차를 이용해 출발하는 시작점이다.

나디(Ngadi, 930m), 바훈단다(Bahundanda, 1310m), 자갓(Jagat, 1310m)을 거쳐 다라파니(Dharapani, 1860m)에서 마나슬루(Manaslu, 8163m)를 조망하고 고토(Goto, 2640m)를 거쳐 차메(Chame, 2670m)까지 56km를 자동차로 7시간 만에 도착했다.

베시사하르는 진정한 히말라야 여행이 시작되는 곳이다. 한 발을 내디디면 돌이킬 수 없는 시작점이다. 시간도 멈출 수 없는 곳이다. 그러나 베시사하르는 운명처럼 시간을 멈추게 하는 마법의 지점이다.

내일이 되면 무엇인가 달라질 것이다. 안나푸르나에서 내일이라는 말은 마법처럼 느껴졌다. 오늘이 어제의 내일이었다. 그런데 달라진 것은 별로 느껴지지 않았다. 오늘 아침도 어제와 장소는 달랐으나 많은 날들의 하루였다.

안나푸르나는 빛나는 하늘과 맞닿아 있다

눈을 뜨니 이른 새벽이었다. 방 안의 한기가 카트만두와는 사뭇 달랐다. 손끝이 시릴 정도로 차가웠다. 어둠도 매섭게 깔려 있었다. '꼬끼오오오' 하는 수탉 울음소리가 먹먹한 새벽을 깨웠다. 이육사의 시 〈광야〉의 첫 구절처럼 '까마득한 날에 어데 닭 우는 소리 들렸으랴'처럼 아득했다. 별안간 아침은 멈추어버린 것만 같다. 멎어버린 심장이 다시 뛰기 시작하는 것처럼 새로운 하루가 시작되고 있었다. 안나푸르나의 아침이었다.

묘한 감정이 되살아났다. 어젯밤도 안나푸르나라고 하는 특별함이 우리 마음의 문을 열었다. 참으로 오랜만에 이야기들이 숨겨진 그리움으로 이어졌다. 밤이 깊도록 가슴속 깊이 묻어둔 이야기들을 털어놓았다. 스스럼이 없었다. 진실이 담뿍 담긴 마음이었다. 그때 문을 두드리는 소리가 들렸다.

쿡이 모닝 차인 '찌아'를 끓여 들고 왔다. 쿡에게서는 네팔의 향기인 마살라 냄새가 났다. 네팔은 손님을 대접할 때 귀한 차를 내놓는다는 이 나라의 풍습이 생각났다. 찌아를 한 잔씩 마시면서 어스름에 감싸인 먼 산을 바라보았다. 따스한 차가 얼얼한 몸을 녹여주었다.

네팔의 정신, 히말라야 네팔의 산들은 신비롭다. 마치 거대한 피라미드처럼 하늘을 이고 바람과 싸우며 자신을 새롭게 하고 있다. 바람의 칼날로 빚은 능선이 장엄하다.

밖에서는 캡틴이 네팔 개와 끙끙거리면서 대화를 하고 있다. 답답하신지 "야! 이놈아, 그게 아니고"라면서 혀를 끌끌 찬다. 네팔 개는 저렇게 귀찮게 해도 짓지 않는다. 네팔 사람들처럼 참 선해 보인다. 캡틴 또한 소박하다는 인상이 강렬하게 다가온다.

베시사하르의 아침이 밝았다. 세계의 첫날처럼 신비스러운 의미를 부여하고 싶었다. 물론 모든 출발점은 새로운 의미를 담고 있다. 그러나 안나푸르나의 아침 빛은 남다르게 충만감을 주는 것처럼 보인다. 오늘 주어진 이 날이 이렇게 운명처럼 느껴졌다. 스스로 안나푸르나에 일체감을 느끼고 싶었다.

안나푸르나의 입구다. 멀리 보이는 연봉을 바라보면서 가벼운 몰입감에 젖어든다. 봉우리들은 검푸르면서도 누런 색조였다. 산맥은 절벽처럼 솟구쳐 있다. 원경은 빛나는 하늘과 맞닿아 있다. 안나푸르나의 아름다움과 외경스러움, 위대함을 보면서 나를 다시 돌아다보았다.

베시사하르는 힌두교와 불교 문화가 겹치는 지역이다. 람중Lam Jung 지역에서는 비교적 큰 마을이나, 우리로 말하자면 읍면 소재지 정도다. 트레킹 용품점과 호텔 이름을 내건 로지라는 숙소와 잡화점 등이 정갈하다. 인구밀도도 조밀해 보인다.

네팔의 상징, 기도깃발

오늘은 차메까지 56km를 지프형 사륜구동 차로 달린다. 트레커들은 통상 3일에서 4일간 걷는다. 우리는 7시간에 걸쳐 차량으로 이동한다.

우리 차에는 '스와라지Swaraji'라고 새겨져 있다. 힌디어로 '자치'를 뜻하는 말이다. 1906년 인도에서 일어난 반영·자치운동이다. 영국의 지배를 벗어나서 독립을 획득하려는 목적으로 일으켰던 운동이다. 아이러니하게 네팔에서 스와라지다. 아마 인도 차를 수입하여 쓰면서 아무 생각 없이 달고 다니는 것 같다.

가이드에게 물어보니 '네팔은 인도의 작은집'이라고 한다. 인도처럼 영국에 지배당하지 않고 영국을 거부했다. 네팔은 한 번도 다른 민족의 지배를 받지 않은 데 자부심을 갖고 있다. 그러나 가이드 치렁은 영국인들이 지배했더라면 인도처럼 사회 기반 시설과 효율적인 행정 체계를 갖출 수 있었을 것이라고 아쉬워했다.

네팔 시골의 가옥 구조는 단순하다. 대개는 콘크리트와 회반죽을 사용한 단층이다. 간혹 나무와 시멘트, 벽돌을 사용한 이층집도 있다. 집들은

네팔의 문 네팔의 겨울은 춥고 건조하다. 대부분의 집들이 대문과 방이 멀리 떨어져 있다. 집은 마치 토굴처럼 깊다.

하나같이 고풍스럽고 단출하다. 창도 작게 빼꼼히 나 있다. 네팔의 자연환경을 보여주는 창문이다. 건기의 추운 밤과 겨울의 혹한 때문이다. 집들은 주위 풍경과 자연스럽게 어울려 있다. 사람살이의 숨결이 묻어난다. 땅의 기운을 잘 받을 수 있도록 땅에 바짝 붙여져 지었다.

주택의 규모도 아담하다. 집에 들어가면 어둡다. 전기 사정이 안 좋아 대부분 집들이 촛불을 사용한다. 어린 시절 나의 집도 그랬다. 아주 작은 집이었는데, 덧문도 없는 콧구멍만 한 골방에서 뒹굴었던 기억이 있다. 낮에도 등잔불을 밝혀야 주위를 볼 수 있었다. 나의 은밀하고 조용한 다락방이었다. 나만이 숨을 쉴 수 있는 나의 장소였다. 내 작은 꿈들이 자랐던 공간이었다.

또 하나, 네팔 집들은 깃발 천지이다. '타르초tarcho'와 '룽타lung ta'라고 하는데, 룽타는 황·청·백·적·흑의 오색 깃발이다. 이 다섯 가지 색은 각각 하늘·땅·바람·바다·해를 상징한다. 만국기와 함께 줄에 매달아놓는다. 이 천에 기도문이나 불교 경전을 새겨 넣는다. 기도문은 바람에 실려 기도의 염원을 하늘로 올려 보낸다. 깃발을 단 사람에게도 공덕이 쌓여 극락에 가게 해준다. 타르초는 깃대에 하나씩 매단다. '바람의 말[風馬]'이 그려져 있다. 말은 상서로운 기운을 갖고 있다고 믿는다. '바람의 말' 옆에는 용과 사자 등이 그려져 있다. 이 깃발은 영험이 뚜렷한 부적이다. 이 단순한 깃발은 그야말로 신성하다. 이들은 기도깃발이 나부끼면 서방정토의 극락왕생을 꿈꾸기 시작한다.

안나푸르나는 네팔의 어머니

베시사하르는 아침 8시인데도 새벽의 한기와는 달리 햇볕이 따갑다. 태양은 다시 움직이기 시작했다. 오늘도 저 태양이 나를 안나푸르나의 자락으로 데려다줄 것이다.

 햇빛을 받으면서 지프형 사륜구동 차를 타고 베시사하르를 출발했다. 마을을 벗어나자 이내 안나푸르나로 접어들었다. 안나푸르나는 두 강이 휘돌아 감고 있다. 동부 지역은 마르상디강이, 서부 지역은 칼리간다키강이 흐른다.

 마르상디강은 카트만두를 거쳐 인도의 갠지스강까지 흘러간다. 네팔 사람들은 안나푸르나 만년설이 녹아 흘러내리는 이 강물을 어머니의 젖줄로 받아들이고 신성하게 여긴다. 건기인데도 강줄기는 도도하다. 우기에는 강물이 힘차서 소리도 요란하단다. 네팔 사람들의 삶의 터를 풍요롭게 이어주는 뿌리다.

 안나푸르나 서부 지역은 구룽족의 터전이고, 히말라야 동부 지역은 유명한 셰르파족이 거주한다. 구룽족은 라이족·림부족·마가르족과 함께

마르샹디강 안나푸르나가 강의 발원지다. 물은 푸른빛이 돌 정도로 맑다. 여름이 되면 물살의 힘이 더 거세진다. 카트만두를 거쳐 인도의 갠지스강까지 흘러간다.

구르카족으로 불린다. 셰르파란 '동쪽 사람'이라는 뜻으로, 티베트계 네팔인을 부르는 말인데 등산대의 짐을 나르고 길을 안내하는 인부로서 유명하다. 이들은 몽골리안에 속하는 티베트계다. 우리와 사는 모습과 얼굴 모습도 비슷하다. 대부분 불교 신자들이다. 전사의 전통을 자랑스럽게 생각한다. 남자들은 전통 칼인 쿠쿠리Khukuri를 소중히 여긴다.

마을은 산허리나 산꼭대기에 있다. 경작지는 계단식 논밭이 촘촘히 이어진다. 이들은 고산 지대가 많아 감자·보리·메밀을 주식으로 한다. 양·야크·염소 등 가축으로 생계를 유지한다.

가이드 치링은 구룽족이다. 구룽족은 안나푸르나에 의지하여 살아가고 있다. 안나푸르나는 신성하나 역설적이게도 구룽족이 살기에는 가혹한 환경이다. 우선 땅이 척박하고, 우기인 여름 3개월을 제외하면 모든 것이 부족하다.

쿠쿠리 단검 구르카족 전사가 사용하는 단검이다. 구르카족 전사는 용맹하기로 유명하다. 이들은 쿠쿠리 단검을 사용하여 백병전을 수행한다.

구룽족은 자부심이 대단하다. 자신들이 네팔의 중심이라고 믿고 있다. 이렇게 척박한 지역에 살다보니 이들의 체격은 왜소하나 정신은 강인하다. 어디서도 잘 견딘다. 영국이 1816년 네팔을 침공했을 당시 구르카족 전사*들이 네팔을 지켰다. 쿠쿠리 단검 하나로 영국군을 괴롭혔다. 이후 이들은 전설이 되었다.

네팔과 영국은 1816년 평화 협정을 맺었고 용병을 제도화했다. 1947년에는 영국군에 배속되었다. 이들은 1·2차 세계대전과 포클랜드전쟁, 걸프전쟁에서 탁월한 백병전 능력을 보여주었다. 그리고 구르카 병사들은 한국전쟁 당시 영국군으로 참전하여 강원도 양구의 수리봉 고지전에서 중공군을 격퇴했다. 이들은 고산 지역 부족을 상징하는 희망이고 네팔의

• 2015년 6월 영국 정부는 구르카Gurkha 용병 창설 200주년을 기념해 구르카 부대 전사 26명에게 영국 최고 훈장인 빅토리아 대십자훈장을 수여했다.

자부심이다.

  지프형 사륜구동 차는 먼지를 일으키며 달리고 있다. 길은 최악이다. 이런 길이 있다는 것이 신기하게 여겨질 따름이다. 이 길을 걸어야 한다고 생각하니 눈앞이 깜깜하다. 트레킹이 아니라 먼지 지옥과의 싸움이다. 우리뿐 아니라 자동차로 이동하는 팀이 여럿 있다. 간혹 걷는 사람도 있는데 먼지 구덩이 그 자체였다. '사륜구동 차로 이동하길 참 잘했다'고 스스로 위로했다.

우리가 먼지다, 먼지가 우리다

길을 따라 새로운 경치가 이어졌다. 신들의 산이 지닌 위엄은 과연 달랐다. 햇볕은 사륜구동 차의 유리창을 통해 전율처럼 몸에 닿았다. 무엇인가 알 수 없는 힘이 나를 압도하고 있다. 안나푸르나의 위대함이 그대로 느껴졌다. 세상에서 가장 아름다운 풍경을 지나고 있음을 깨달았다. 그것은 세월과 바람과 자연이 빚어놓은 위대함이었다. 나는 안나푸르나가 토해내는 숨을 조심조심 깊게 들이마셨다.

  마르샹디강은 담록색으로 시원하게 뻗어 있으면서도 끝이 없는 낭떠러지는 막연한 두려움으로 다가왔다. 사람들은 두려움을 만나면 자신의 또 다른 모습을 본다. 안나푸르나가 아니었다면 나 자신을 이렇게까지 가깝게, 아니 멀리 볼 수 없다는 생각이 들었다.

  마살라 향을 머금은 길은 나무 그림자만 뚜렷했다. 이러한 침묵의 냄새 속으로 점점 깊이 들어갔다. 마르샹디강을 막은 수력발전소가 아담했다. 중국이 만들어주었단다. 우기에는 그래도 전기량이 충족되나 건기에는 어림없다. 그래도 계곡의 사람들은 전기가 부족한 세상에 자기를 잘 맞추어 살고 있다. 겨울이면 20촉 전등불 아래서 화롯불을 쬐어가며 서로를 보듬는다. 네팔의 행복은 화롯불 정담부터 시작된다고 한다.

물소 네 마리가 길을 막아섰다. 아주머니가 물소를 몰고 있었다. 카리스마가 얼굴에 작열하게 꽂혀 있었다. 아주머니는 물소 한 마리만 느릿느릿 몰았다. 희한하게도 나머지는 그 뒤를 따라갔다. 물소들도 사람과 똑같이 앞서 간 발자국을 쫓고 있었다. 길가의 물소 한 마리가 벼 타작하는 일을 거들고 있었다. 길 양쪽으로 모든 것이 흰 먼지를 뒤집어쓰고 있다. 사람들은 먼지투성이다. 옷이며 신발 모두 뿌옇다. 우리가 먼지다. 먼지가 우리다.

나디와 바훈단다를 지나면서 고도가 높아지고 있었다. 어느새 마나슬루 영봉이 계곡 너머로 자태를 드러냈다. 만년설의 마나슬루는 강렬하고 날카로운 모습이었다. 하늘은 푸른 물이 떨어질 것만 같았다. "어떻게 저렇게 파랄 수가 있을까?" 하고 탄식했다. 세상이 온통 파란색으로 물들어 있었다. 그래서 이들은 국기에도 파란색으로 테두리를 둘렀다. 하늘을 상징한다. 바탕의 붉은색은 태양을 의미한다. 그리고 초승달이 도안되어 있다. 달이나 태양과 같이 국가가 길이 번영하라는 염원을 담고 있다.

파란색의 원형이 여기 있다. 파랑은 영혼·신성·순수·진실·젊음을 상징하는 색임을 알 것 같다. 슬픔에 잠긴 성모마리아가 새파란 망토를 걸치고 기도하는 모습을 그린 성화가 이해가 되었다. 너무도 푸르기 때문에 슬프고 우울함을 나타내는 색임을, 같은 파란색이어도 같지 않은 파란색임을 알았다.

이러한 깨달음 속에서도 현실은 엄연했다. 세상은 한계가 없이 공평하게 이어지고 있었다. 여기서도 노점이 보였다. 파란 하늘에 물든 계란을 두 개씩 사 먹었다. 세상에 삶은 계란이 이렇게 맛있다니! 우리 모두 놀라

네팔 국기 테두리 청색 선은 하늘과 바다를, 안쪽의 빨간색은 행운을 상징한다. 흰색의 초승달과 태양은 그것처럼 국가가 길이 번영하라는 염원을 나타낸다.

고 말았다. 안나푸르나의 푸른 정기를 받은 유정란임을 실감했다.

저 멀리 탈(Tal, 1700m)이 보였다. 강가 마을인데 강을 사이에 두고 절묘하게 들어서 있었다. 사륜구동 차는 낭떠러지 길도 아랑곳없이 잘도 달리고 있다. 내내 오르막 내리막을 반복했다. 덜컹거리는 마차보다 못했으나 저 길을 걷지 않는다는 것으로 만족했다.

포인세티아가 피면 한 해가 온다

12시를 조금 넘겨 자갓에 도착했다. 규모가 꽤나 큰 마을이었다. 티베트와 소금 거래를 했던 시절 통행료를 받던 지역이다. 마을 풍경이 이색적이어서 영화도 찍었다고 하나 별다른 감흥은 일지 않았다.

여기서 볶음밥으로 점심을 먹었다. 안남미와 우리 쌀의 차이를 알았다. 안남미는 오래 씹으면 씹을수록 고소하다. 우리 쌀은 처음에는 씹으면 맛있으나 이내 단맛에 가려진다.

포인세티아와 설산 포인세티아는 네팔 사람들에게 특별한 꽃이다. 이들은 붉은색을 유난히 좋아한다. 붉은색은 액운을 막아주고 복을 불러준다고 믿는다.

    네팔의 자연산 꿀인 석청 차를 후식으로 먹었다. 맛이 깊다. 석청은 바위에서 따기 때문에 점점 진품을 찾기가 어렵다. 네팔에서도 몸에 좋은 것은 가짜가 판을 친단다. 역시 지구촌은 한 가족이다.

    길가에는 여기저기 붉은 꽃 포인세티아가 자리를 지키고 있다. 멕시코 작은 마을의 한 가난한 소녀가 크리스마스 때 예수께 바칠 마땅한 선물이 없어 슬퍼하다가 포인세티아를 바쳤다. 신기하게도 그 꽃잎이 붉게 변했다. 꽃은 제자리를 지키고만 있어도 눈부시다. 그렇게 자기 자리를 지키면서 세월을 이기고 있다. 포인세티아가 피면 한 해가 온다. 포인세티아가 지면 한 해가 간다. 하늘은 구름 한 점 없이 푸르다.

    이들은 포인세티아의 붉은색과 태양의 강렬한 색을 좋아한다. 그러고 보니 어디를 가도 붉은색 옷을 입는 여자들이 압도적으로 많다. 같은 빨강이어도 현란하고 짙은 자줏빛에 가까운 색상을 선호한다. 집요할 정도로 빨강을 선호한다. 이들의 축제 때에도 붉은색 꽃과 피가 빠지지 않는다. 이들에게 빨강색은 풍족함과 간절한 염원을 담고 있다.

이마에 찍는 티카도 붉은색이다. 빨강은 정열과 사랑을 상징한다. 액운을 미리 막아준다는 민간신앙이 강하다. 이들은 빨강의 놀라운 힘을 믿고 있다. 빨강은 네팔 사회 곳곳에 영향력을 끼치고 있다. 빨강의 힘을 알면 네팔의 상당 부분을 이해할 수 있다.

특히 힌두교 여신을 기리는 '가디마이 축제'는 물소 5000마리가 태양 아래서 격렬한 죽음을 맞는다. 염소·비둘기·돼지 수십만 마리의 피도 뿌려진다. 검붉은 선혈이 낭자하는 피의 제전이 된다. 역설적으로 짐승들은 죽음으로서 영원한 자유의 세계로 들어간다. 피는 풍요를 주고 재앙을 막아준다고 강하게 믿고 있다. 그런데 아이러니하게도 물소의 가죽과 살은 종교 재단의 자금원이 된다. 어디서나 돈은 중요하다.

길은 자갈이 쌓인 언덕을 넘어갔다. 아리랑 고개가 따로 없다. 그러다 곧 마낭Manang 지역이었다. 람중을 벗어났다. 이제부터 안나푸르나의 절정을 관통하게 된다. 힌두교보다 티베트 불교가 강하게 영향을 끼치는 지역이다. 여기서부터는 산이 험하다. 협곡이 시작된다. 낭떠러지 길이 부지기수다. 암반을 뚫어 아슬아슬하게 길을 만들었다. 오르막이 거세게 이어지고 있었다.

평화롭다, 여유롭다, 아름답다

다라파니에 안나푸르나 체크포인트가 있다. 영혼의 산인 마나슬루 조망이 일품이다. 히말라야 산맥의 중앙부, 카트만두 북서쪽 약 110km 지점

마낭 가는 길 안나푸르나 트레킹에서 만난 표지석이다. 붉은색은 태양을, 흰색은 안나푸르나를 상징한다.

에 있는 높이 8163m의 산이다. 이어 바가르차프(Bagarchhap, 2160m)이다.

2000m만큼 공기도 점점 차가워진다. 공포심을 느낄 정도의 오르막을 침엽수림과 함께 올랐다. 태연한 척 손잡이를 잡고 창밖을 보고 있었으나 누구나 느끼는 두려움은 비슷해 보였다.

우리 모두는 탄성을 지르면서 침묵 속에서 입술을 다물었다. 험악한 숲을 오르자 새로운 천지가 전개되었다. 안나푸르나 2봉과 4봉, 람중히말이 시시각각 다른 모습을 드러냈다. 때로는 불을 머금고, 때로는 검은 숯덩이처럼 흙갈색으로, 또 찬란한 황금색으로 다가왔다. 이들은 우리를 압도하기에 충분했다.

네팔 사람들은 히말라야를 신과 인간의 경계로 본다. 안나푸르나는 자신을 대면하기보다는 비껴 보게 서 있다. 아직은 바로 볼 수 없다고 말하는 듯하다. 앞쪽으로 넓고 커다란 암벽이 치솟아 있다.

또다시 오르막이다. 다시 깊은 산속으로 들어간다. 올라가면 올라갈수록 점점 새로운 세계가 펼쳐졌다. 어떤 말로도 그것을 표현해내기 어렵다. 깊은 골짜기는 짙푸른 하늘을 닮았다. 담청색의 물을 품고 있었다.

안나푸르나 계곡은 갖가지 비경을 그리고 있다. 경사진 좁은 밭과 작은 가옥들이 있다. 이따금 오두막도 보인다. 이윽고 주변 전체가 좁아졌다. 가파른 경사면이 신비롭다.

길옆 숲에서 젊은 부부가 사람 키 정도의 톱을 갖고 나무를 자르고 있다. 엄청난 굵기의 통나무다. 어떻게 저런 나무를 자를 수 있을까? 여인들의 노동력이 경이롭다. 주변을 둘러보니 모두가 아름드리 나무다. 원시가 따로 없다.

해 뜨면 일하고, 해 지면 쉬고, 밭 갈아 먹고, 우물 파서 마시니 황제의 힘이 나에게 무슨 소용인가! 노인이 나무 그늘에 누워 배를 두드리고 발로 땅을 구르며 부른 노래다. 요임금 시대의 〈고복격양가鼓腹擊壤歌〉가 생각났다. 이것이 천국인가? 스스로에게 물어보았다. 그래 천국이야! 옆에서 까마귀 한 마리가 까옥까옥거리며 날아들었다. 이제 까마귀조차 정겨웠다.

또다시 오르막과 아리랑 고개다. 기암절벽의 산허리를 돌아가고 있었다. 만약 여기를 걷는다면…. 생각만 해도 숨이 턱에 차는 듯했다. 길은 좋았으나 고도는 깎아지른 산자락이었다.

가까스로 티망(Timang, 2750m)에 닿았다. 이제부터는 나무도 작아졌다. 관목 숲이었다. 고도차가 확연히 느껴졌다. 나귀 몇 마리가 주인과 함께 육중한 등짐을 지고 터덕터덕 걷고 있다. 무거운 그림자가 꼬불꼬불하고 깊은 계곡을 넘고 있었다.

이어 200여 마리 양무리가 물결 치듯 느릿느릿 지나갔다. 한참 동안 양떼를 쫓아갔다. 속수무책이었다. 우리는 양들의 속도로 따라가면서 양들

티망의 양 무리 양은 네팔 산악 지역 사람들에게 중요한 생활 수단이다. 우유와 요거트, 버터 같은 단백질을 공급해준다. 양들이 걷는 속도로 한참을 갔다. 이 많은 양들이 무엇을 먹고 살까? 궁금했다. 산악 지대는 사진에서 보이는 것처럼 돌과 흙뿐이다.

의 움직임을 호기심을 갖고 바라보았다. 살아 움직이는 생명이었다. 평화롭다. 여유롭다. 아름답다. 이제야 지금까지의 나에다 또 다른 나를 더하게 된 것 같다. 이것이 여행이었다.

여행은 섬과 섬이 만나는 것이었다. 그래, 서로 다름을 보는 것이었다. 네팔의 또 다른 풍요로움이었다. 2700m에서 보는 낯선 광경이 우리 모두에게 생기를 불어넣어주었다. 골짜기에는 만년설이 녹아 내린 물길이 거세게 바위를 때리면서 세월을 새겨 넣고 있었다.

산을 돌아가면서 이름 모를 연봉들이 끝없이 이어졌다. 가까이 있는 것은 짙은 푸른색이었으나 멀리 갈수록 검은색에 가까운 갈색이었다. 시간이 지나가면서 은색의 햇빛은 황금색으로 변해갔다. 이윽고 안나푸르나 연봉들은 노을 속에 잠겨갔다.

서풍이 일어나면서 바람이 차가워졌다. 서풍과 더불어 황혼녘은 휘장이 갈라지듯 세상을 갈라놓았다. 곧게 뻗은 소나무들이 분수처럼 햇살을 받아냈다. 사륜구동 차가 뿌리는 안개 같은 먼지도 점점 사그라들었다. 차메에 도착했다. 트레킹으로 4일 거리를 8시간 만에 도착했다.

안나푸르나를 어떤 형태로 가느냐는 중요하지 않다. 그냥 그대로 우리의 안나푸르나면 된다. 여기가 시작이다. 나는 지금 안나푸르나에 있다. 네팔의 마살라 향이 어둠 속에 짙게 배어 있다. 나는 지금 무심하게 행복하다. 내가 원해서 왔고, 여기서 안나푸르나의 냄새를 맡고 있다.

진정한 산악인은 산에서 죽는다

로지는 삼나무로 만든 통나무집이었다. 삼나무 향 냄새가 코끝을 감돌았다. 쿡은 수육과 푸짐한 쌈과 네팔 고추를 내놓았다. 옆에는 이스라엘 젊은이들이 수다를 떨고 있다. 한국에서 왔다고 하자 곧바로 북핵에 대해 물었다. 그 짧은 몇 마디 중에 북핵을 이야기했다. 우리 젊은이들이었다면 어땠을까?

어쨌든 우리는 우리에게 집중했다. M형은 공직자 출신으로 늘 준비성이 있는 사람이다. 어제 저녁에도 산소통을 구하려고 베시사하르를 다 뒤졌다. 산소통은 3.5kg 정도이고 보통 6000m 이상의 고산 지역에서 사용한다. 고산병은 알 수 없는 불안이었다. M형이 말했다.

"누구든 고산병이 왔을 때를 대비해야 한다. 고산병은 초자연적 상태다. 산소통만이 우리의 구원이 될 수 있다. 산소통은 삶의 의지였다. 공직 생활을 하면서 늘 준비해왔다. 그래서 산소통을 찾으러 다녔다. 비록 산

기도깃발 가로 깃발 룽타는 한자로 '풍마風馬'라고 한다. '바람의 말'이다. 룽타가 바람에 펄럭이면 거기에 적힌 경전이 서방정토에 전해진다고 믿는다. 룽타의 다섯 가지 색은 청색·백색·적색·녹색·황색이다. 세로 깃발은 타르초이다.

소통을 구하지는 못했으나 이곳에서 세상을 찾으러 다녔음을 깨달았다. 우리는 산소통이라는 필터를 통해 불안을 이기려는 힘을 충분히 공감할 수 있다."

이어 J형이 말했다.

"죽음이 삶이다. 까짓것 여기서 죽자. 직진이다. 지난 이삼 일 동안 카트만두를 거쳐 오면서 불교 최초의 경전인 〈숫타니파타〉를 읽었다. 부처는 '무소의 뿔처럼 혼자서 가라'였다. 어디로 가는지 모르더라도 그냥 '가라'였다. 석가는 '가장 건너기 어려운 죽음의 영토를 건넜다'고 했다. 그런데 나는 그런 사람이 아니다. 죽음의 땅을 건너기보다는 죽음은 돌아감이다. 죽음이 축복 같은 잠이었으면 좋겠다. 눈이 멀어가고 있다. 황반변성을 앓고 있다. 그동안 신문기자로 여기저기를 돌아다녔다. 명예를 좇았다. 출세를 구했다. 그렇게 해서 죽지 않으면 산다고 나름대로 성공 아닌 성공을 했다. 그러나 열두 가지 재주에 저녁거리가 없다더니 이제 돌아보니 아무것도 아니었다. 돌이켜보니 남는 것이 없다. '모든 것을 잃고 나서야 잃었다'는 사실을 알았다. 허탈하다. 여기서 나를 죽이자!"

J형의 일장 웅변에 좌중이 숙연해졌다.

C형은 신중한 인생을 살아왔다. 우리도 그를 '국제 신사'라고 부른다. 몸에 고스란히 삶이 배어나는 분이다.

"나는 지금도 벅차다. 죽음은 팔자다. 살기도 이렇게 힘든데 어떻게 죽음을 규정할 수 있는가를 모르겠다. 우리는 언젠가 죽는다. 기다리자. 생명이 다하는 그날까지 지금 이 자리를 살겠다. 인생을 소중히 하라! 그게 답이다. 살아 있다는 것은 죽을 수 있다. 그렇게 들렸다."

S형이 받았다.

"사람의 인생은 모두 동일하다. 한 세상 왔다 간다. 참 간단한 법칙이

안나푸르나의 장작 더미 안나푸르나를 따라가다보면 여지없이 장작 더미를 만난다. 한겨울을 나기 위해 장작은 이들에게 없어서는 안 될 필수품이다. 무엇보다 여성들이 톱질을 하면서 장작을 쌓는 모습이 인상적이었다. 울타리 같은 장작 더미가 이미 겨울을 이기고 있었다.

다. 너무 간단해서 공기처럼 잊고 산다. 그러다 어느 날 내가 가야 함을 맞닥뜨린다. 그럴 때 나는 내가 여기 왜 존재하는 것을 모르겠다. 막막하다. 죽음은 당연하나 아직은 이상하다. 쉽게 말할 수가 없다."

거기에 대해 캡틴은 죽음은 별개 아니란다. 산악인답게 늘 일도양단一刀兩斷이다. 자기 답이 언제나 분명하다.

"산악인은 산에서 죽지 않으려고 늘 훈련에 훈련을 거듭한다. 그런데 진정한 산악인은 산에서 죽는다. 안나푸르나에서 동료 6명이 죽었다. 나도 벌써 낡은 흙벽이 되었다. 문지방 넘으면 죽음이다. 한 순간이다. 한 호흡이다."

이에 질세라 지리산 도사 L형이 거들었다.

"그러면 마나슬루 가서 죽을까? 아니, K2 가서 죽자! 나는 무엇을 하고 싶은가를 몰랐던 적이 많다. 가만히 있는 것이 세상 편하게 사는 것이다. 산은 인생을 꿰뚫어 볼 수 있는 곳이다. 끈질기게 나와 대화하면서 나를 찾는 곳이다. 세상에 변하지 않는 진실은 없다. 인생을 깊게 보려면 면벽구년面壁九年이다. 달마는 중국 쑹산嵩山의 소림사에서 9년 동안 벽을 보고 좌선하여 도를 깨달았다. 자기를 악착스럽게 뚫어야 한다. 인생에서 긴장의 끈을 놓치면 나락이다."

오늘도 이상할 정도로 죽음이다. 형들의 이야기가 생생하면서도 실감나게 다가왔다. 인생의 밑바닥을 벗어나지 않으면서 자기다움을 잃지 않고 있다. 대충대충 가지 않는다. 거드름을 피우거나 지름길을 이야기하지도 않는다.

그러나 거리낌도 없다. 따뜻하고 깊은 마음이 전해진다. 이야기들의 감촉을 느낄 수 있겠다. 마음속으로 깊이 파고든다. 죽음, 그렇지, 어느새 죽음에 가까이 와 있지!

벌써 나이 예순이다. 물론 새로운 죽음은 어디에도 없다. 누구에게나 죽음은 이미 들어와 있다. 모든 것은 끝이 있다. 끝까지 살겠다는 집착만이 있을 뿐이다. 죽음을 두려워하는 것은 바로 삶을 두려워하는 것이다. 죽음에 어떤 의미를 담느냐이다. 죽음은 결국 내가 살아온 시간이다.

8

길이 길을 만든다

차메 — 피상

차메에서 첫걸음을 내딛다

차메에서 본격적으로 트레킹을 시작했다. 브라탕(Bhratang, 2850m)을 거쳐 피상(Pisang, 3200m)까지 14.5km의 길을 8시간 동안 걸었다. 넓고 평탄한 숲길과 계곡을 지나 출루 연봉과 '천국의 문gate to heaven'을 보았다.

천국의 문을 지나가면서 살아감은 어쩔 수 없이 만물의 마지막을 향해 걷는 길임을 절감했다. 한 발을 내딛는 것이 사는 것인데 천국의 문은 시간을 멈춰 서게 하는 곳이다. 시간이 멈춰 서면 전혀 다른 세계를 만난다. 천국의 문은 또 다른 현실을 만나는 통로이다.

사륜구동 차를 타고 오면서 많은 사람의 걷는 모습을 보았다. 아니, 이미 많은 사람이 안나푸르나를 다녀갔다. 그래도 나는 처음 보는 풍경이었다. 어떻게든 나를 남겨보고 싶었다. 안나푸르나의 아름다움 속에서, 이 같은 장엄함 속에서 무엇인가를 찾으려 끊임없이 눈을 돌렸다.

안나푸르나가 내게 가르쳐주는 진실은 나는 참으로 작은 존재라는 것이었다. 이 무한한 공간 속에서 나는 정신도 마음도 영혼도 아무것도 아니라는 것을 새삼 깨달았다. 그래도 안나푸르나 속에서 나의 존재를 남기려고 차메의 골목 여기저기를 기웃거렸다.

첫걸음을 내디뎠다 생각하니 마음이 조마조마했나보다. 설친 잠 속에서 안 꾸던 꿈도 꾸었다. 잠에서 깨어나기 직전 꿈속에서 설산을 걷는 내 모습을 보았다. 그런데 걸어도 걸어도 제자리였다. 갑자기 황폐한 들판을 빙빙 돌고 있었다. 눈보라가 휘몰아치면서 절벽 같은 어둠이 막아섰다.

사람들은 걸으면서 자신을 만난다

새벽 6시, 쿡의 아침 노크로 잠을 깼다. 침낭 안이 누에 집처럼 따스하게 느껴졌다. 잠에 대한 집착을 끊기 어려웠다. 침낭 밖 한기가 으시시했다. 백열구도 전압이 낮은지 어둡기만 했다. 깨갱깨갱 개 짖는 소리가 났다. 공동 화장실의 물 붓는 소리가 또록또록 들렸다. 화장실을 가야 하는데 썩 내키지 않았다. 그래도 어쩔 수 없이 화장실로 향했다.

화장실의 비리비리한 냄새가 몸으로 스며들었다. 방풍을 했는데도 차가운 바람이 가득 차 있었다. 덜커덩거리는 문짝이 흉물스러웠다. 고리를 벗기고 들어가 앉았다. 냄새보다 한기가 더 독했다. 이제야 네팔이다.

로지의 문을 밀고 나갔다. 골목을 두리번거리면서 목을 길게 내뻗었다. 새벽 하늘이 희미하게 밝아오고 있었다. 푸른 이끼가 앉은 돌담을 끼고 돌면서 하늘을 올려다보았다. 거대한 안나푸르나가 까마득하게 솟아 있었다. 햇살을 받아 황금빛으로 일렁거렸다. 그 위로 하늘은 푸르고 높았다. 새벽의 침묵이 흘렀다. 침묵은 안나푸르나와 교감하고 있었다. 어느새 침묵은 포인세티아 위로 내려왔다. 시간이 가는 것도 몰랐다. 시간은 로지의 지붕 위에 앉았다. 지붕도 골목도 환해졌다. 건물들은 마법의 상자처럼 신기했다. 집들은 나무 위에 얹은 것처럼 장작 더미 숲이었다.

길은 박석으로 얼기설기 포장되어 있었다. 어떤 것도 이 길을 대신할 수 없었다. 길은 한순간에 만들어지지 않는다. 세월과 함께 만들어진다. 길은 세상의 모든 것보다 많은 것을 알려준다. 그리고 사람들은 길을 걸으면서 비로소 자신을 만난다.

아침으로 황태 해장국을 먹었다. 캡틴은 오늘부터 본격적인 트레킹이 시작된다면서 주의 사항을 알려주었다.

"피상까지 8시간 정도 걸을 것이다. 우리는 낮은 곳을 사륜구동 차로 왔기 때문에 고산병에 노출될 가능성이 더 많다. 표고 차가 530m 정도 높은 지역으로 이동한다. 3000m부터 고산병 증세가 나타난다. 입안에 침이 마르지 않도록 수시로 물과 간식을 먹어라. 말을 많이 하면 입이 마른다. 가자, 쉬자, 두 마디만 한다. 필요한 말만 한다. 한 발짝에 들숨, 또 한 발짝에 날숨, 고도가 더 높아지면 한 발짝에 들숨과 날숨을 한다. 천천히, 천천히, 또 천천히 걷는다. 스틱은 엄지와 검지로 가볍게 잡는다."

우리는 서서히 움직이기 시작했다

8시에 차메를 나섰다. 마을은 한적했다. 남루하고 퇴락해 보였다. 중세의 어느 마을을 걷는 것 같다. 돌집들은 바람의 때가 무겁게 묻은 채로 늘어

차메의 하늘 차메는 안나푸르나를 몸으로 만나는 현실이었다. 차메의 하늘은 스카이블루 그 자체였다. 고사목 하나가 솟대처럼 하늘을 향하고 있다.

서 있다. 세월이 빚어놓은 우중충한 색깔로 뒤덮여 있다. 유리창 하나 없는 판자 창만이 삐걱거렸다. 낯선 곳에서 느끼는 이질감과 흥분감에 휩싸였다. 가슴이 두근거렸다. 서늘한 아침 바람이 볼을 때렸다.

  불현듯 낯선 정적과 마주쳤다. 개들만이 한가하게 어슬렁거렸다. 다시 한 번 깨달았다. 안나푸르나의 무대가 이제 열렸다. 안나푸르나가 나를 향해 다가오고 있었다. 여태껏 경험해보지 못했던 새로운 현실이었다. 우리는 서서히 움직이기 시작했다. 축사에서 가축들의 방울 소리가 바람결에 실려 왔다.

  마을 입구를 벗어나는데 티베트 불교당인 곰파다. 전나무 한 그루가 잘 자라 있다. 건조한 바람에도 불구하고 올곧게 서 있다. 히말라야의 그림자를 받으면서도 잘도 견디고 있다.

달과 새와 하늘 안나푸르나를 걸으면서 알았다. 한낮에도 태양과 달이 함께 떠 있다는 사실을. 네팔의 국기에 초승달과 태양이 함께 그려져 있는 이유를 깨달았다.

    전나무는 응달에서도 잘 자라는 음수陰樹다. 전나무는 그늘 속에서도 오래도록 자신을 지킨다. 그러다 어느 순간 빛을 받으면 곧게 뻗어 나간다. 전나무처럼 응달을 잘 참을 수 있으면 좋겠다. 이 나이가 되었어도 참는 것이 제일 힘들다. 얼마나 더 속세의 거친 현실을 살아야 전나무처럼 설 수 있을까? 전나무에 내 마음의 기도깃발을 달면 나의 염원이 이루어질 수 있을까? 네팔은 나무들을 소중히 여기는 것 같다. 전나무에도 형형색색의 헝겊을 달아두어 자신들의 염원을 기원한다.

    북유럽에서는 전나무를 크리스마스트리로 많이 사용한다. 크리스마스트리는 길 잃은 사람의 길을 찾아주기 위해 숲의 요정들이 불을 밝혀놓은 거라는 전설을 갖고 있다. 어디나 사람 사는 이야기는 비슷하다는 것을 알겠다. 길을 잃거나 잃을 수 있을 때를 대비해 무엇인가를 준비해두어야

겠다.

　우리나라의 사찰 가는 길은 조막만한 논밭을 지나 꼬불거리는 아리랑 길이다. 바람소리, 새소리, 물소리로 고즈넉함이 넉넉한 길을 걷게 된다. 걷다보면 마음이 편안해지는 길이다. 그런데 네팔의 사찰인 곰파는 마을의 입구나 안에 있다. 곰파는 덩그러니 살림집 같은 시멘트 단층집이다. 우리와 다르게 낯설지만 사람들 곁에서 길흉화복을 건사해준다.

옴마니밧메훔은 세상의 문이다

오방색 룽타는 기도깃발이다. 푸른 하늘을 배경으로 나부끼고 있다. 히말라야의 숨결을 전해주고 있다. 수평의 줄에 매단 것을 룽타라 하고, 수직 장대에 매단 것은 타르초라 한다.

　가슴 가득 숨을 들이마셔본다. 흔들리는 기도깃발 소리에 히말라야의 숨결이 마음속에 전해진다. 기도깃발은 헤질 대로 헤져 있다. 그러고도 히말라야의 거센 바람을 받아내고 있다. 아니, 서방정토에 세상의 아우성을 전해주고 있다. 스님은 옆의 돌담 집에서 주무시는 모양이다. 깃발에 쓰인 불경만이 부서질 듯 나부끼고 있다. 불경이 하늘에 닿아 있어 그런가보다.

　다리를 건너자 돌무더기가 나왔다. 기도깃발은 여전히 피안을 향해 달려가고 있다. 돌무더기 위에 마니석(Mani stone, 嘛呢石)이 있다. 마니석은 길가나 언덕 위에 쌓여 있는 티베트 문자가 새겨진 돌을 말한다. 넓적하고 둥글고 제멋대로다. 거기에 그림 같은 문자가 새겨져 있다. '옴마니밧메훔'이다. '연꽃 속의 보석이여'란 뜻으로, 인도·네팔·티베트에서는 만사형통을 뜻한다. 옴마니밧메훔은 지옥·아귀·축생·인간·아수라 그리고

마니석의 '옴마니밧메훔' 마니석은 마을 입구나 마을 안에 있다. 기단의 박석에 오랜 세월을 이긴 검은 이끼가 앉아 있다. 티베트 문자로 '옴마니밧메훔'을 오색으로 적어놓는다. 해탈은 이들에게 영원한 숙제다.

천상의 육도六道를 벗어나게 한다. 티베트 불교는 남녀 합환상으로 형상화하는데 손의 연꽃에다 보석 봉을 박은 모양이다.

  이 주문을 암송하면 모든 죄악이 소멸되고, 모든 공덕이 생겨난다고 한다. 우주의 지혜와 자비가 마음에 깃들기를 소원하는 진언이다. '옴'은 산스크리트어. 승낙을 나타내는 경어이다.

  불교에서는 '옴'을 태초의 소리로 신성시한다. 부처에게 귀의하는 자세를 상징한다. '옴'을 내내 반복하면 몰아 경지에 들어간다. 이때 마음을 정화하는 힘을 얻는다고 믿는다. '옴'은 기독교의 '아멘'과 같이 '그리 되게 하소서' 정도의 뜻이라고 한다.

  이어 초르텐Chorten 불탑이 나왔다. '스투파'라고도 하는 석탑이다. 모든 마을의 입구에 다소곳하게 서 있다. 일종의 마을 수호 탑이다. 통상 석회석과 진흙을 섞어 만든다. 세상의 원리와 붓다의 일생, 깨달음의 경지 등 불교 교리의 기본을 상징적으로 압축해놓았다. 좀 어설프게 돌과 진흙으로 쌓았는데 그 투박함과 소박함이 우리의 정교한 탑과는 달라 인상적이었다.

기단은 희게 칠해져 있다. 중앙에는 황금색 사슴 두 마리가 법륜을 돌리고 있는 그림이 그려져 있다. 배경은 빛바랜 분홍색이다. 연꽃과 용이 부조되어 있다. 사각 둘레에 '옴마니밧메훔'이 새겨져 있다. 탑 꼭대기는 코끼리와 용·말·양이 붉은 바탕 속에 그려져 있다. 상륜부는 13개의 원뿔이 있다. 꼭대기는 태양을 안고 있는 초승달인데 세상의 모든 생명은 하나임을 상징한다. 태양과 초승달은 네팔의 국기에도 있다.

벽감 안에는 특이하게 북이 담겨 있다. 탑 내부는 영락없이 사천왕상과 부처의 일생을 담은 탱화가 그려져 있다. 내부 천장에는 우주를 나타내는 만다라가 자리하고 있다. 만다라는 신성한 단에 부처와 보살을 배치하여 우주의 진리를 표현하고 깨달음의 경지를 도형화한 것이다. 탑에 네팔 불교의 모든 것이 응축되어 있다.

부처의 뼈는 8만4000개로 나누어져 빛을 발하고 있다. 불탑은 당초 돌로 쌓은 봉분이었다. 부처가 열반에 들자 화장을 한 뒤 그 뼈를 8개 부족에게 나눠주었다. 봉분 형태로 8개의 무덤을 만들었다. 200년 정도 흐른 뒤 인도를 통일한 아소카 왕이 8개의 스투파를 해체했다. 부처님의 사리舍利를 수습하여 가루를 내서 8만4000개의 스투파를 만들었다. 일설에는 그 8만4000개가 팔만대장경의 원형이 되었다고 한다.

현존하는 부처의 진신사리 탑의 원형이 스투파다. 산스크리트어인 스투파가 중국에 가서 축약·음역되어 탑이 되었다. 우리나라도 진신사리 5

기도바퀴 기도바퀴는 마니차라고 하며 보통 청동으로 만든다. 마니차는 불교 경전을 넣은 경통이다. 마니차가 돌아가면 경전의 불도가 퍼진다고 믿는다. 특이하게 나무를 깎아 여러 형태로 만든 것도 있다. 헝겊을 두른 것은 축복의 표시다.

개를 모시고 있다. 그러고보니 우리는 팔만대장경을 갖고 있다는 사실이 새롭게 느껴졌다.

   기도깃발 옆에는 어김없이 기도바퀴가 삐걱거리면서 돌아가고 있다. 이들은 기도가 삶이다. 성황당과 진배없는 모습이다. 성황당처럼 울긋불긋하다. 청색·백색·적색·녹색·황색의 순으로 불경을 날리기 위해 기도깃발을 달아놓았다. 세월과 싸운 기도깃발은 다 헤졌어도 나풀대면서 하늘 위로 펄럭이고 있다.

   누군가 지금 걷는 것은 등산이 아니라 입산入山이라고 규정했다. 주어진 여건을 그대로 받아들이면서 걷는 것이다. 사진을 찍는다는 핑계로 뒤처져서 걸었다. 그러면서 보니 그림자가 남아 있다. 누구나 자기 그림자

광야의 향나무 이 나무를 보고 경이롭다는 생각이 들었다. 꾸불꾸불한 가지는 세월과 싸우며 의연하게 버티고 있음을 말해주는 듯했다.

를 이끌고 갈 수밖에 없다. 그림자를 밟으면서 혼자 걷고 있는 나를 보았다. 이곳저곳을 둘러본다. 문득 외로움이란 이런 것일까? 스스로에게 물어본다. 여기저기 나만의 여백과 공간이 느껴진다. 지금 이 자리를 걷고 있는 것이 신비롭다.

안나푸르나! 여기서도 칡넝쿨은 소나무를 휘둘러 올라가고 있다. 어디를 가도 자연은 예외가 없다. 낯설지 않다. 옆에는 죽은 나무가 쓰러져 있다. 자연 속에서 죽음은 새로운 준비이다. 산다는 것이 죽음과의 동행처럼 보인다. 살아 있는 나무는 죽은 나무를 양분으로 생존만을 향해 나가고 있다.

생존은 단순하나 너무도 힘겹다. 안나푸르나의 가혹한 환경은 더없이 힘든 토양이다. 소나무는 빛이 있으면 어디든 자란다. 소나무를 찬찬히 둘러보면 히말라야를 속 깊게 알 수 있게 된다. 어떤 소나무는 전나무처럼 올곧게 자라고, 어떤 소나무는 바위틈에서 분재처럼 자라고 있다. 소나무는 안나푸르나처럼 강인한 생명력을 그대로 담아내고 있다. 그렇게 세월을 보듬고 있다.

한참을 걸었다. 사륜구동 차를 타고 오면서 보던 산과는 많이 달랐다. 내가 만나고 있는 안나푸르나는 원색적이었다. 선글라스부터 챙겨 썼다. 선글라스를 써도 거침없는 햇빛을 막을 수 없었다. 해는 11월의 가을 날씨인데도 한여름 못지않게 쩌렁쩌렁했다. 처다볼 수조차 없었다.

하늘은 푸르름을 넘어섰다. 차가운 기운을 띠어서인지 차마 글로 표현할 수 없는 울트라마린 계통의 군청색이었다. 네팔의 하늘은 높을 대로 높아 있었다. 산소가 희박한 공기층을 투사하여 그런가 싶었다. 날씨도 특이했다. 양지는 더웠다. 그러나 그늘에 들어가는 순간 한기가 온몸을 감싸고 돌았다.

브라탕 찻집 브라탕 찻집은 누구나 쉬어 가는 만남의 장소이다. 이들은 글자마저도 빨간색을 선호한다. 생활 그 자체가 곧 복을 부르는 일이다.

길이 길을 만든다

그럭저럭 브라탕이었다. 트레커들의 쉼터다. 어디서 왔는지 모르는 20여 명의 사람들이 쉬고 있다. 40대 한국 여성 한 사람이 안양에서 왔다며 반갑게 인사를 한다. 자신은 마나슬루 트레킹을 마쳤다면서 남자 일행 2명은 고산병 증세로 카트만두에서 여행 중이라고 했다. 안나푸르나 트레킹을 차메에서부터 시작했단다. 발걸음도 가볍다. 휭하니 가버렸다.

우리는 사과 한 광주리를 샀다. 12개였다. 안나푸르나의 자연환경을 이겨낸 사과는 맛이 일품이었다. M형이 "열두 개네" 하면서 수數 이야기를 했다. 불교는 108로 시작하는 종교다. 그러면서 수의 신비와 미덕을 풀어놓았다. 수는 참 신비롭다.

피타고라스도 자신이 수의 비比를 통해 우주의 질서 및 조화의 원리를 발견했다고 믿었다. 우주 전체가 하모니이자 수였다. 수는 모든 존재 아래에 있는 근원적인 원리를 발견하기 위한 열쇠였다. 다른 것과의 관계에 대해 명백한 원리를 만들어준다.

0은 시작의 수다. 그런데 가장 마지막에 발견되었다. 수를 헤아리고서야 아무것도 없음을 깨달았다. 인간의 한계를 보여주는 사건이었다.

1은 만물의 시작을 나타낸다. 그것은 빅뱅이자 나누어지기 전의 유일한 대륙이다. 2는 안정 상태를 나타낸다. 3도 시작과 중간과 종말을 상징한다. 삼위일체에 쓰였다.

5자도 특이하다. 오방색과 오륜기에다 오우가에도 쓰였다. 색도 '오색찬란'이라고 표현한다. 5자는 길한 수이다. 동양에서는 인체나 우주 모두 흙·물·불·바람·하늘 5원소가 균형을 이루고 있다.

10은 완전수다. 1과 2와 3과 4의 합은 10이다. 피타고라스 학파가 소중히 여기는 융합의 수다. 바빌로니아 사람들이 극찬한 12도 특별하다. 1년은 12개월이다. 시간은 12시간을 분기점으로 사용한다. 사주도 12간지를 사용한다. 예수도 12제자를 두었다. 천도도 12궁도로 표현한다. 12진법에 12는 완벽한 수다.

13의 경우 서양에서는 불길한 수다. 그러나 네팔에서는 탑 둘레 모서리를 13개로 할 정도로 13을 소중히 여긴다. 세상은 환경에 따라 서로 다른 믿음을 갖고 있다.

사실 숫자뿐만 아니라 우리 인생도 신비롭다. 이번에 안나푸르나에 오게 된 것 자체가, 이곳을 걷고 있다는 지금이 기적처럼 느껴진다. 세상은 조금만 눈여겨보면 새로운 진실을 배울 수 있다. 생각하기에 따라 세상은

마르상디강의 외나무다리 길을 가다보면 멈추어 설 때가 있다. 외나무다리에 걸터앉아 있는 것을 보면 '너도 그곳에서 견디고 있구나' 하는 생각이 들면서 세상을 돌아보게 된다.

얼마든지 나의 세상으로 바꾸어 나갈 수 있다.

길은 세상처럼 신비하다. 길이 길을 만든다. 길은 커다란 바위를 깎아 만들어져 있다. 밑은 깎아지른 낭떠러지다. 아니, 결국 모든 길은 낭떠러지임을 알았다. 그동안 길이 낭떠러지인 줄도 모르고 걸었다. 계곡 밑으로 세찬 물결이 넘실댄다. 계곡을 벗어나자 철사 줄로 이어 만든 구름다리다. 어김없이 기도깃발이 나풀대면서 하늘을 가르고 있다. 세상의 낭떠러지를 넘은 것이 기도깃발의 힘이 아닐까?

다리를 건너자 완만한 오르막이었다. 솔향이 그윽했다. 오르막 고개를 넘어서자 나무의자와 함께 토산품 노점상이 있었다. 옥돌 목걸이, 은팔찌, 나무 염주, 반지 등 장신구와 사과와 과자, 콜라, 맥주 따위가 놓여 있

마르상디강을 건너는 현수교 룽타가 허공을 가르고 있다. 바람이 거세어 다리가 흔들린다. 해발 3000m에 떠 있는 바람의 다리다. 하늘로 올라가는 것처럼 산으로 간다.

었다. 좁다란 오솔길을 지나면서 안나푸르나 2봉과 피상피크(6901m)가 보였다. 오르막이 끝나가자 형들의 걷는 뒷모습이 안나푸르나에 푹 안겨 가는 것만 같았다.

문득 뒤돌아보니 거대한 암산이 웅장하게 버티고 서 있었다. 커다란 벽이었다. 주상절리와는 다른 판상형으로 깔끔하게 처리된 암벽이었다. 햇빛에 반사된 암벽은 환상과도 같은 풍경이었다. 정상이 치솟아 있어서 현실 세계 같지 않았다. 마치 하늘정원처럼 공중에 붕 떠 있었다.

표고 차가 1800m나 되는데도 하늘이 맑아 가까워 보였다. 하늘은 짙은 에메랄드빛으로 물들어 있었다. 산의 측면은 물고기 비늘처럼 하얗게 빛났다. 티베트 사람들이 신성시 여기는 '천국의 문'이 하늘로 치솟아 있었다.

천국의 문 티베트 사람들이 양을 둘러메고 가서 제사를 지내는 장소다. 정상의 도톰하게 나온 부분이 천국의 문이다. 이 문을 지나야 천국에 이를 수 있다. 나무들도 잎을 떨구고 천국의 문을 바라보고 있다. 천국답지 않게 황량하다.

    태양도 천국의 문을 중천에서 비추어주었다. 하늘은 얼음처럼 차가운 푸른빛이었다. 강렬한 빛이 산의 경사면을 따라 꽂혔다. 점점이 박힌 소나무들이 태양을 이고 있었다. 천국의 문을 따라 아지랑이가 피어올랐다. 누군가 천국을 올라가기 위해 하늘이 준비하는 의례처럼 보였다.

    고개를 젖히고 올려다보니 정상에 제단이 두 개 있었다. 구룽족은 제단에서 하늘에 제사를 지낸다고 한다. 제사를 지내면 천국에 갈 수 있단다. 그런데 양의 피를 드려야 한다. 양을 저곳까지 몰고 올라가기가 너무 힘들어 보인다. 천국 가기는 애초에 어디서나 힘이 드는가보다. 여기서는 죽음을 자주 만난다.

두드리고, 두드리고, 그리고 두드린다

오후 1시쯤 두크레 포카리(Dhukure Pokhari, 3060m)에 도착했다. 3000m를 넘어섰다. 여기서는 천국의 문과 안나푸르나 2봉을 한눈에 볼 수 있다. 어디서 보아도 안나푸르나 천국이다. 햇볕은 따갑게 내리쬐고 있다. 형들은 통나무 의자에 아예 누워버렸다. 어느 순간 나도 병든 닭처럼 졸고 있다. 햇볕은 사람을 편안하게 한다. 참으로 오랜만에 햇볕 속에서 시간을 보냈다.

점심으로 짜장밥이 나왔다. 안나푸르나에서 짜장밥은 상상 불가인데…. S형이 밥에 대해 이야기했다. 늑대는 제 마음대로 먹고 산다. 먹고 싶으면 잡아먹으면 된다. 고양이의 경우 야생에서는 제 힘으로 사나 길들여지면 얻어먹고도 품위를 지킨다. 개는 주인에게 꼬리를 흔들면서 먹고산다. 늑대처럼 살고 싶으나 능력이 안 되고, 개처럼 살자니 자존심이 상한다.

밥 하나에도 냉혹한 진실이 숨어 있다. 나는 어떻게 살면서 먹었나 생각해보니 화만 난다. 그렇다. 공부와 아부는 평상시에 하라고 했다. 공부와 아부는 벼락치기가 안 되기 때문이다.

오후 2시를 한참 넘겨서 두크레 포카리를 출발했다. 날씨는 벌써 서늘해져 있다. 고도가 높아지면서 나무들의 모습이 뚜렷이 달라지고 있다. 올라감에 따라 나뭇가지의 간격이 넓어짐을 알았다. 잎의 모양도 창처럼 뾰족했다. 오후로 접어들면서부터 칼바람이다. 형들도 말이 없어졌다. 발만 보고 푸석거리는 길을 밟고 있다. 그래도 제법 평탄한 길을 걸었다.

오후 4시가 넘어서야 피상에 접어들었다. 때가 낀 아이들이 우리를 둘러싼 채 별 호기심도 없는 눈초리로 초콜릿을 달라고 했다. 아낙네들은 수돗물을 틀어놓고 빨래와 설거지를 하고 있었다. 노인네들은 자기 집 대

피상의 아이들 아이들은 여행객이 낯설지 않다. 짙게 드리워진 그림자 속에서 "나마스테" 하며 손을 내민다. 옷은 해졌으나 표정은 맑다. 안나푸르나의 자연이 이들에게 자비를 베풀었다.

문 주위를 어슬렁거렸다. 분홍빛 담을 드리운 불교 사원에는 깃발들이 찰랑찰랑 춤추고 있었다.

집들은 작은 요새처럼 앉아 있다. 기도바퀴들이 50m 폭으로 길게 늘어섰다. 구룽족은 대다수가 티베트 불교 신자다. 가이드와 포터들은 오갈 때마다 기도바퀴를 돌렸다. 로지는 말 그대로 통나무집보다 못한 야전 숙소 같았다. 화장실은 더 황량했다. 목욕도 어림없는 소리다. C형이 머리를 감고 호되게 곤욕을 치렀다. 저체온증에다 어지럼증이 동반되었다.

짐 정리를 마치고 어퍼 피상의 티베트 불교 사원인 곰파로 높이 올라갔다 내려오면 고산병 극복에 도움이 된다는 말을 믿고 묵묵히 걸었다. 몸에 닿는 한기가 차다 못해 춥다. 돌담길을 따라 느릿느릿 걸음을 내디뎠다. 말과 양 목장을 지나 로지 촌을 지났다. 표고 차는 100m인데 시간도 멈추어버린 듯 가도 가도 로지 촌이다. 집도 제법 번듯하다. 이윽고 곰파를 올라섰다.

곰파는 석양과 서풍 속에서도 의연하게 자리를 지키고 있다. 주민 몇 사람이 정성스럽게 탑돌이를 하고 있다. 자기 길만 가고 있다. 이방인인 나에 대해 관심도 별로 없다. 자기 길만 돌고 있다. 모든 사람이 나에게 관심을 갖지 않는다. 나만 남의 길을 보면서 너무 어렵게 산 것은 아닌가? 자문해본다.

재즈 피아니스트의 말이 생각났다.

"새로운 음은 어디에도 없다. 저 건반을 봐. 모든 음은 이미 그 안에 늘어서 있다. 그렇지만 어떤 음에다 확실하게 의미를 담으면 그것이 다르게 울려 퍼진다. 해야 할 일은 진정으로 의미를 담은 음들을 주워 담는 거다."

그래, 어디에도 새로운 세상은 없다. 세상은 지극히 평범하다. 사람은 세상에 새로운 의미를 부여하는 것이다.

세상은 정해진 음이 없다. 나에게 주어진 현실 속에서 나의 길을 찾아가는 것이다. 그 길이 나의 음악이 되고 행복이 되는 것이다. 나는 그 음악과 함께 나만의 길을 찾는 것이다. 여기 안나푸르나도 나만의 길을 새롭게 찾아가는 것이다.

Knock, knock, knocking on haven's door.

그런 노래처럼 나만의 천국의 문을 두드리고, 두드리고, 또 두드리는 것이다.

9

삶은 그림자다

피상 — 마낭

몸으로 만나는 히말라야

피상을 출발하여 틸리초 피크(7134m)를 조망하고 훔데(Humde, 3280m)를 거쳐 마낭(Manang, 3540m)에 도착했다. 마낭은 고산병에 대비해 숨 고르기를 하는 지역이다. 마낭에서 하루 정도를 머무르면서 100~300m를 올라갔다가 내려온다. 19.5km 거리를 가는 데 8시간이 소요되었다.

히말라야다. 히말라야의 속살을 가슴 깊이 느낀 길이다. 걷기는 자신을 세계로 내딛게 하는 것이다. 히말라야만큼 발로, 다리로, 몸으로 만날 수 있는 곳도 드물다. 히말라야의 원시적 숨결을 맞으면서 살아 있음에 감사했다. 나 자신의 실존에 대한 행복한 감정을 되찾았다.

피상 지역의 표고는 3000m다. 3000m부터 고산병 증세가 생기기 시작한다. 아스피린을 한 알씩 먹는다. 그래도 C형은 어지럽다고 한다. S형은 고산병 경험자라 불안감이 얼굴에 배어 있다. 불안감에 잠을 설쳤다. 우리는 묘한 긴장감에 사로잡혔다. 고산병은 해발 3000m에서 누구에게나 나타날 수 있다. 식욕부진·두통·구토·졸음·현기증 등의 증상이다. 하산이 약이다.

멀리서 헬기 한 대가 날고 있다. 고산병 환자를 실어 나르는 헬기다. 헬기 소리가 사라질 때까지 아무 말이 없다. 조금만 움직여도 몸이 어색하다. 이제부터 고도 적응이라며 위안을 한다. 우리 모두 이 상황을 다르게 느끼고 있다. 공기는 차갑게 말라 있었다. 코가 막히고 입술이 바싹바싹 타들어간다. 구름 한 점 없이 맑은 날이다. 하늘과 능선은 맞닿아 있다.

새벽을 가르는 빛이 하늘로 뿌려지고 있다. 안나푸르나 영봉은 빛을 맞을 준비를 하고 있다. 참으로 오랜만에 넋을 놓고 안나푸르나의 하늘을 바라보았다.

그들의 시간은 '내일 아니면 모레쯤'이다

안나푸르나 2봉은 하늘을 가로지르고 있다. 봉우리의 흰빛과 짙푸른 하늘빛은 완벽한 조화를 이룬다. 지금 안나푸르나는 뚜렷하다. 히말라야는 바로 저 빛이다. 우리가 살아 있음을 깨닫게 해주는 원시의 빛이다. 저것이 우리를 신비로움에 젖게 만든다. 눈과 얼음은 빛에 반사되어 환상적인 황금빛이다. 산봉우리에는 독수리 한 마리가 비상하고 있다.

독수리를 보면 프로메테우스가 생각난다. 프로메테우스는 인간을 위해 천상天上의 불을 훔쳐다 주었다. 제우스는 프로메테우스에게 벌을 내린

안나푸르나 2봉의 일출 새벽을 가르는 빛이 하늘로 뿌려진다. 안나푸르나 영봉은 빛을 맞을 준비를 하고 있다. 조금씩 조금씩 하늘이 열리고 있다. 참으로 오랜만에 넋을 놓고 안나푸르나의 하늘을 바라보았다.

다. 프로메테우스는 코카서스의 바위에 묶인 채 제우스의 독수리에게 간을 파먹힌다. 프로메테우스는 고통 속에서 눈을 감지 못하고 현실과 투쟁한다. 독수리는 환상적인 황금빛 속에서 프로메테우스의 살아 있는 간을 생각하는 듯하다. 그러나 이 아름다움 속에서는 쓰라린 고통도 세상의 마지막 악인 판도라의 희망처럼 보인다. 딴 세상에 와 있다.

   길에서 젊은 부부를 만났다. 아이를 앞세우고 걷고 있다. 아이가 재주를 넘더니 우리 주위를 맴돈다. 갈 생각을 않는다. 부모도 아이의 재주넘기를 부추긴다. 어떻게 할까? 50루피를 건네주었다. 아이는 쏜살같이 돌아서서 가던 길을 간다.

   길 앞쪽 너머에서는 노부부가 소젖을 짠다. 냄비에서는 우유가 장작불에 데워지고 있다. 아이는 냄비를 젓는다. 그것을 돌 절구통에 넣고 비빈다. 노란 덩어리의 네팔 버터가 된다. 또다시 우유 항아리에 부으면 하루

어퍼피상(Upper Pisang, 3300m) **전경** 바위산 위에 마을이 있다. 어떻게 저런 높이에서 살고 있는 지 모르겠다. 물은 어떻게 구할까? 그러나 안나푸르나 2봉을 마주보는 천혜의 지역이다. 티베트 불교당이 자리 잡고 있다.

나 이틀 뒤 요구르트가 된다.

안나푸르나는 토지가 삶의 터전이다. 이들은 토지를 통해 삶을 영위해 나간다. 신들이 정해준 대로 일한다. 타인의 희생을 발판으로 삼지 않고 땀 흘리는 명예를 택한다. 땅이 주는 산물들을 느긋하게 기다리면서 살고 있다. 시간에 쫓기지 않고 살아간다. 그들의 시간은 '저녁때쯤, 내일 아니면 모레쯤'이다. 이 말은 네팔 사람들에게는 너무도 친숙한 말이다. 무엇을 물으면 '저녁때쯤, 내일 아니면 모레쯤'이라고 대답한다.

대부분 사람들은 농작물과 염소와 물소, 양을 기른다. 그러다보니 해 기울기나 배고픔에 따라 시간을 말한다. 이들의 시간은 자극받는 일이 없어 무덤덤하다. 호기심도 별로 없다. 정보 수용 용량이 많으면 시간이 더디다. 그래서 어린아이의 시간은 잘 안 간다. 우리도 이들과 같아졌다. 내일에 대한 걱정이 없다. 우리도 3박 4일밖에 안 왔는데 광야처럼 까마득하다. 오늘은 걷기만 하면 된다. 오늘 못 걸으면 내일 걸으면 된다. 세상은 산과 하늘뿐이다. 이것들은 우리에게 이상한 평안을 주고 있다.

살아보니 편견밖에 없다

캡틴은 중학교 2학년 때 처음 산을 올랐다. 관악산이었다. 그날의 경험이 인생을 지배했다. 산을 통해 삶과 죽음을 알았다. 무서움과 두려움이 무엇인가를 배웠다. 두려움은 스스로를 무서워하는 것이었다. 두려움은 마음에서 오는 것임을 깨달았다. 그 순간 두려움이 사라졌다. 그 두려움이 세상을 헤쳐 나가는 힘이 되었다.

산을 타면 세상과 멀어지면서 내 세계가 된다. 세상을 등지면서 산을 오르는데 역설적으로 산은 세상의 일부가 된다. 산과 하나가 된다. 살아있다는 사실을 감사한다. 산을 완벽히 느끼고 싶어 숨도 나누어 쉰다. 그리고 마냥 하늘을 본다. 하늘을 보면 아무것도 내 것이 없음을 느낀다. 말없는 하늘이 답임을 깨닫는다. 그러면 집착이 없어진다. 캡틴은 그때마다 늘 새로 태어난다고 한다.

피상 지역을 벗어난다. 고도가 높아지면서 캡틴의 목소리도 가파르다.
"사뿐사뿐 걸어라. 짐은 가볍게 하고 꼭 필요한 것만 그날그날 챙겨라. 일행에 대해 신경 쓰지 마라. 나만 어떻게 할지 생각하라. 팀별로 걸을 때는 앞사람과 10m 이상 떨어지지 마라. 선두는 뒷사람 오는 것을 확인하면서 가라. 쉴 때는 배낭을 벗고 서서 쉬어라. 10분 이상 쉬지 마라."

그러면서 한 마디 덧붙인다.
"살아보니 편견밖에 없다. 산은 목숨을 내놓고 오른다. 떨어져 죽든지 얼어 죽든지 산을 무서워할 줄 알아야 한다."

그런데 왜 나는 그 말이 인생을 무서워할 줄 알아야 한다고 귓전을 두드리고 있는지 모르겠다.

"산은 목숨 걸고 간다."

산을 평생 타도 채울 수 없는 것이 있나보다. 사람은 무엇으로도 채울 수 없는 게 있다. 그것이 사람이다. 자신을 가두는 것은 자신이다. 삶은 누구나 자신의 감옥에서 산다. 캡틴은 "산이라는 감옥에서 평생 허우적대고 있다"고 한다. 역시 사는 것은 누구에게나 무거운 짐이다.

죽음은 환상이며 삶도 그림자일 뿐

피상계곡은 그늘져 있었으나 봉우리들은 햇빛을 받아 환하게 빛났다. 목동들도 양 무리를 이끌고 아침 비탈길을 느릿느릿 올라갔다. 햇볕은 아침인데도 머리 위에서 강렬했다. 햇살은 마른 흙 속으로 스며들었다. 평화로웠다. 길옆에 노천 화장터가 있었다. 시멘트 토대 위에 철골 구조를 얼기설기 잇고 붉은색을 칠했다. 그 위에 장작을 놓고 화장을 한다. 옆에는 유족과 친지, 동리 사람들이 머물 가옥이 한 채 오롯이 서 있다.

이들은 티베트 불교 관습을 지킨다. 승려들이 장례를 주관한다. 승려가 화장 전에 〈티베트 사자의 서〉[•]를 낭독한다. 〈티베트 사자의 서〉는 사후 세계의 중간 상태에서 듣는다. 이것을 듣고 저승에 가야 영원한 자유에 이른다. 망자는 다시 환생하기까지 49일 동안을 이 세계와 저 세계의 틈새에서 머무른다. 저승 길잡이 승려들은 망자에게 속삭인다.

● 원제는 〈바르도 퇴돌〉이다. 바르도bardo는 낮과 밤, 이 세계와 저 세계의 틈새다. 퇴돌thos grol은 듣는 것으로 영원한 자유에 이른다는 뜻이다.

피상계곡의 통나무 집 안나푸르나에 이렇게 양지 바른 터가 있었다. 잠시 쉬었다 가려고 주저앉았다. 바람소리가 귓전을 때리고 따사로운 햇살이 손등을 따갑게 했다. 소나무가 많았다.

"삶도 죽음도 환상이고, 모습도 색깔도 마음까지도 실체가 없는 환상의 세계이다. 삶도 내가 만드는 것이고 세계도 내가 창조하는 것이다."

죽음은 환상에 불과한 것이며 삶까지도 그림자일 뿐이니 서둘러 그것에서 벗어나라고 염불 덕담을 한다. 죽음의 순간에 단 한 번 듣는 것만으로도 생과 사의 굴레를 벗어던질 수 있다. 그러나 사람의 굴레는 생에 대한 집착과 욕망 속에 묶여 있음을 느꼈다. 그래서 이들은 죽음을 배우라고, 그래야 삶을 배울 수 있다고 역설한다. 이들도 우리처럼 초상화 앞에 49재가 끝날 때까지 계속해서 음식을 차려둔다.

"내가 저기에 누워 있으면 어떨까?"

죽음은 누구에게나 찾아오는 주인이다. 내가 그 죽음의 대상이 되었을 때 어떨까? 죽음은 각자에게 아무도 모르게 온다는 것이 문제야! 누군가 화두를 던진다. 아니, 새로운 길에 잠드는 것이 아닐까? 자문해본다.

피상계곡의 화장터 티베트의 화장 문화가 피상계곡까지 스며들어 있었다. 부자들은 대나무 받침대를 사용하나 가난한 자들은 쇠 받침대를 쓴다. 나도 가만히 그림자를 화대 위에 뉘어보았다. 적요의 공간에 하얀 햇살이 내려앉았다.

커다란 느티나무 하나가 멀리 보인다. 나무는 오래 사는 자가 살아남는 자라고 말하고 있는 것 같다. 그러나 브레히트는 〈살아남은 나〉에서 '더 강한 자들이 살아남는다. 그러자 나는 자신이 미워졌다'고 말한다. 그러나 기대하지 마라! 당신 자신의 답변 외에 누구의 답변도….

나도 세상의 바람을 맞고 싶다

계곡을 넘자 산으로 이어지는 급경사 오르막길이다. 해가 높이 뜨자 더워서 얇은 옷으로 갈아입었으나 그늘로 가면 춥다. 능선은 짙은 회갈색으로 기묘한 모습이다. 바위도 듬성듬성 솟아나 있다. 암벽은 기괴한 형상이다. 피상계곡 자체가 이런 식으로 능선 너머 위쪽까지 이어진다.

남쪽은 안나푸르나에 열려 있고, 동쪽은 피상계곡으로 막혀 있다. 마르고 날카로운 바람만 가득 채워져 있다. 새털구름 몇 조각이 하늘 높이 떠 있다. 멀리서 자동차가 지나갈 때마다 일어나는 먼지가 서쪽 하늘로 뿌려지고 있다.

길은 흙먼지로 뒤덮여 있다. 흡사 타고 남은 재가 쌓여 있는 것처럼 보인다. 발을 디딜 때마다 푸석푸석 허연 먼지가 날린다. 온몸이 흙범벅이 된다. 입안도 칼칼해진다. 그래도 발을 내디딜 때마다 푹신푹신한 감촉이 정감 있게 전해져 온다. 마른 먼지가 날릴 때마다 휘적휘적 살아온 세월처럼 보인다.

티베트 불교의 곰파가 형형색색의 깃발을 날리면서 산허리에 붙어 있다. 할머니 한 분이 탑돌이를 하고 있다. 신 앞에서 자신을 만나고 있는 것이다. 할머니는 탑돌이를 하면서 현재의 자신과 죽음 이후의 자신을 만나게 하고 있다. 이들은 매일매일 이승과 저승을 연결하는 사슬을 이어가고 있다. 탑돌이를 하면서 윤회의 신비스러운 섭리를 깨우쳐가고 있다. 가슴이 저릿해진다. 저렇게 늙어도 이승과 저승을 이어줄 기도가 필요하다. 사람은 늙으면 모든 것에서 풀려난다고 하는데, 신에게서만은 멀어지기가 참으로 어려운 것만 같다. 자신의 소중한 삶을 갈무리하려는 몸짓으로 보인다.

할머니는 "옴마니밧메훔" 하더니 손을 내밀어 "초콜릿" 하신다. 연꽃 속의 보석과 초콜릿 속의 아몬드는 같은 것인가! 할머니가 겸연쩍게 웃는다. 아몬드 초콜릿을 내밀자 "포토" 하면서 사진을 같이 찍자 한다. 남루함에 거리감이 있었으나 웃는 모습이 너무나 다정하다.

당산나무 한 그루가 기운차게 하늘을 향해 뻗어 있다. 기세가 당당하다. 계곡 어디를 둘러봐도 나처럼 키 작은 관목뿐이다. 어떻게 이 나무는

티베트 곰파의 당산나무 3000m가 넘는 고산 지대에 이렇게 큰 나무가 자라고 있다. 벌어진 틈새로 세월을 차곡차곡 재어놓은 것만 같다. 나무를 올려다보니 감동이 묻어나고, 계곡을 내려다보니 서방정토가 따로 없다.

이토록 당당한 거목이 되었을까? 무심결에 나를 되돌아본다. 나도 이렇게 당당한 나일까?

다시 한 번 당산나무를 쳐다본다. 마른 가지로 오방색 기도깃발을 안고, 세상의 수고와 운명을 서방정토에 전해주고 있다. 한쪽 나뭇가지는 다 헤졌다. 거친 세월을 이겨냄으로써 자기의 온몸으로 진정한 나무가 되었다. 그래 나도 또다시 세상의 바람을 맞고 싶다는 생각이 일어섰다. 이렇게 높은 절벽에 마을이 게딱지처럼 붙어 있다.

벽면 한쪽에 보상금이 걸린 찢어진 전단지가 붙어 있다. '러시아인 세르게이 50세, 180cm, 2016. 3. 5. 피상피크에서 실종, 100만 루피'라고 적혀 있다. 피상계곡은 가파르다. 그는 아마도 어딘가에서 발을 헛디뎌 미끄러졌을 것이다. 3월이면 겨울의 막바지다. 아마 피상계곡 정상에서 미끄러져 낭떠러지로 추락했을 가능성이 가장 높다. 홀로 남지 않으려면 10m거리를 두고 따라가야 한다면서도 내 마음에 전율이 일었다.

슬픔은 나누고 일손은 보탠다

산기슭 언덕은 물소와 야크 들이 방울 소리를 내며 먹이를 찾고 있다. 물소와 야크는 몸집이 크고 힘이 세다. 농번기에는 쟁기질도 한다. 야크 뿔은 신성하여 기도바퀴나 동네 입구에 전시하여 액운을 쫓는 데 사용한다. 특히 야크 꼬리털은 축제 때 귀신을 쫓는 무기로 쓰인다. 뼈는 공예품을 만들어 재앙을 막는 부적처럼 달고 다닌다. 네팔 사람들의 세상살이는 어디를 가도 불행과의 싸움이었다. 역시 행복과 불행은 연결되어 있다.

네팔 사람들은 야크와 물소 고기는 먹는다. 피는 제단에 놓고 희생제를 올리는 데 사용한다. 야크와 물소는 풀도 거의 없는 척박한 땅속에 머리

피상계곡의 보상금 피상계곡은 바람의 계곡이다. 그래도 가만히 앉아보면 한없이 편안해지는 곳이다. 거기에 사람을 찾는 전단지가 붙어 있었다. 이 사람은 어쩌다 실종되었을까?

를 박고 무엇인가 뜯어 먹고 있다. 높은 사면을 따라 점점이 움직이고 있다. 공기도 더 부족할 텐데 유유히 걷고 있다. 생명을 유지하기 위해 언제나 자기 자신을 거는 모험을 한다. 여기서 생명은 더욱 강렬하고 한층 아름답다. 걷고 먹고 하는 모습이 꼭 우리네 현실과 똑같다. 야크와 물소 떼가 보이면 여인네 한둘이 무엇인가를 줍고 있다. 야크와 물소 똥을 줍고 있다. 야크와 물소 똥뿐만이 아니다. 사람들이 싸놓은 똥마저도 손으로 줍는다. 다행히 물소와 야크는 똥을 참 많이 싼다. 야크와 물소 똥을 얼마나 갖고 있느냐가 그 집의 재력을 가늠할 수 있다.

야크와 물소 똥은 겨울에 취사용이나 방한용 연료로 사용한다. 사람의 똥과 외양간의 배설물은 퇴비로 사용한다. 안나푸르나의 척박한 환경 속에서 살아가기 위해서는 모든 것을 이용해야 한다. 실제로 난로를 피우기 위해 종이를 사용하다가 야크 똥을 사용해보니 냄새도 없고 불씨 살리기

물소 똥과 야생화 고산 지대의 11월은 정말 추웠다. 조그만 빈터에 물소 똥이 있고, 야생화가 피어 있었다. 네팔의 풍경은 누추하지도 공허하지도 답답하지도 않았다.

도 편했다. 다만 연기가 많이 난다. 안나푸르나의 식당 내부는 대부분 검게 그을려 칙칙하다.

이들의 삶을 가만히 들여다본다. 문은 물론 굳게 닫혀 있고, 여행자들에게 마음의 문도 잘 열지 않는다. 지나치면서 스쳐 볼 뿐이다. 그러나 이들을 보면서 묻게 된다. 최선의 삶이란 무엇인가? 인생의 진정한 가치란 무엇인가? 정말 중요한 것은 무엇인가? 그렇다. 그 사람이 어떤 사람이냐다. 무엇을 바라보느냐 하는 것보다 무엇을 하고 있느냐가 중요하다.

안나푸르나의 혹독한 환경 속에서 묵묵히 자신의 길을 가고 있는 사람들을 보면서 경외감을 느꼈다. 지나가면서 보는 세상이지만 숙연함이 전해온다. 일찍 자고 일찍 일어난다. 있으면 먹고 없으면 안 먹는다. 함께 모여 즐긴다. 슬픔은 나누고 일손은 보탠다. 그냥 오늘을 잘 살면 된다.

어떤 상황에서도 자신이 감당할 수 있는 최선의 일을 하고 있다. 자신

안나푸르나의 기원석 안나푸르나에도 우리와 같은 무사 완주를 기원하는 돌탑들이 꽤 많다. '옴 마니밧메훔'의 마니석과 지나는 이들이 쌓은 것으로 보이는 돌탑이 잘 어우러져 있다.

의 길을 뚜벅뚜벅 가고 있다. 이들은 이번 생이 유일한 것이 아니다. 다음 생으로 연결되어 있다. 더 나은 생으로 가기 위한 징검다리일 뿐이다. 정말 중요한 것은 내가 누구인가를 아는 것, 어디로 가는 것을 믿는 것, 함께 가고 있다는 것, 그것이다. 그래서 이들은 행복하다.

가족과 삶에 대한 지혜를 나눈다

골목에서 아이들이 정겹게 뛰놀고 있다. 아이와 눈이 마주쳤다. 아이가 또렷이 내 눈을 쳐다보았다. 아이의 맑은 눈빛에서 알 수 없는 간절함이 묻어났다. 아이와 묘한 연대감이 살아났다. 아이의 눈망울 속에서 나와 같은 뿌리를 느낄 수 있는 정감이 일었다. 이것이 정녕 몽골리안의 DNA인가? 저 아이는 무슨 생각을 하고 있을까?

아이가 손을 펴고 예쁜 돌 하나를 붙임성 있게 내놓는다. 반들반들한 공깃돌이다. 묘한 호기심이 발동한다. 돈을 달라는 몸짓은 아니다. 여기 저기를 둘러보았다. 어디서 왔는지 아이 하나가 옆에 섰다. 누나인 듯하다. 아이의 손을 잡더니 "나마스테" 한다. '나마스테'라는 말은 정말 마법적인 언어다. 꼭 몇 년 만에 다시 만난 아이 같다. 그 짧은 눈 맞춤으로 마음을 나누고 정을 나누었나보다. 사람과의 관계도 이렇게 진실한 눈 맞춤을 한다면 단절된 관계를 회복할 수 있겠다. 하나님과도 마찬가지일 것 같다. '진실로, 진정으로' 한다면….

아이들은 티베트 불교로부터 배운다고 한다. 이어 할아버지, 할머니, 가족과 이웃 들로부터 삶에 필요한 지혜를 서로 나눈다. 양을 치고, 보리를 심고, 야생식물과 동물들에 대해 배운다. 아이들은 가족을 통해 동질감과 이웃을 통해 유대감을 공유하고 있다. 이들은 어쩌면 종교적 의미와는 다른 가족에 대한 경건함이 있다. 그런 경건함은 가족을 운명처럼 받아들인다.

이들의 가족은 오래된 것들을 토대로 이어지고 있다. 오래된 것들은 새로움의 기초가 된다. 그래서 네팔 시인은 '사는 동안 무엇을 성취했느냐고 사람들이 물으면 슬픔이라고, 그러나 보다 위대한 것은 어쨌든 나는 살아남았다는 것'이라고 했나보다. 이들을 보면서 가난함 속에 또 다른 아름다움이 있음을 배웠다.

10

모든 것은 시간이 필요하다

마낭 고소 적응

뒤에 볼 나무는 뿌리를 높이 잘라라고 했다.
잠깐의 아픔을 겪은 뒤 크게 성장하는 것은 사람도 마찬가지다.
뒤에 다시 볼 수 있도록 오늘을 깊이 살아야겠다.

여기서도 현실을 바라보기는 어렵다

마낭 지역 표고는 3540m다. 파출소와 우체국, 행정 관청도 있는 작은 도시이다. 파리의 개선문을 닮은 게이트까지 있다. 거기에는 'Welcome & Tashidelek'라고 쓰여 있다. 타시텔레는 영어의 'Good luck'처럼 티베트 사람들이 쓰는 인사말이다. 네팔의 '나마스테'와 같다. 산간 지역은 티베트의 영향을 많이 받고 있음을 보여주고 있다.

대부분 트레커들은 마낭에서 만난다. 마낭은 고산병 예방을 위해 하루를 쉬는 곳이다. 이른바 고소 적응 훈련을 한다. 마낭을 베이스캠프로 300~400m 정도 올라갔다가 내려와 마낭에서 하루를 더 보낸다.

네팔 노인의 초상화 네팔 사람들은 방 안에 노인의 초상화를 걸어둔다. 초상화는 집안의 어른일 수도 있고 존경받는 사람일 수도 있다. 어느 집에나 노인 그림이 걸려 있다.

고산병은 높이 올라갔다 내려오면 완화된다. 실제로 고산병이 오면 200~300m 정도를 내려가 1시간 정도 휴식을 취하면 다시 걸을 수 있다고 한다. 그러나 사람의 관성은 쉬지 않고 올라가다가 한계에 다다르면 대부분 헬기를 탄다. 사람들은 헬기를 타고 나서야 멈출 수 없는 욕망을 다시 한 번 깨닫는다.

진정으로 여기서도 현실을 바라보기는 어렵다. 넘어져야 깨닫는다. 되돌아보니 나의 인생 골목골목마다 멈추기 어려웠던 현실을 다시 생각해 본다. 그래서 수행이, 아니 만행萬行이 필요하다.

마낭은 그동안 지나온 지역과는 달리 아름다웠다. 도로도 박석으로 포장되어 있었다. 돌들이 닳은 데다 사이사이로 검푸른 이끼가 끼어 있었다. 한눈에 보아도 오래된 거리였다. 길가에는 괜찮은 호텔들이 눈에 띄었다. 호텔에는 네팔의 옛 국왕 부부 사진과 티베트 노인으로 보이는 초상화가 걸려 있었다. 사진과 초상화는 도시든 농촌이든 곰파든 어디에나 걸려 있다. 네팔 노인 초상화 옆에 가족사진이 걸려 있다. 왜 그럴까, 되뇌어보았다. 문득 어린 시절에 들었던 큰 바위 얼굴 이야기가 생각났다. 큰 바위 얼굴을 보면서 닮아가듯 국왕과 달라이라마를 보면서 삶을 완성해가고 있는 무심한 열정은 아닐까? 집들은 먼지를 막기 위해서인지 무거운 커튼이 처져 있었다.

난데없이 광장에서 버섯구름이 일어났다. 헬기 한 대가 내려앉고 있었다. 서양인 한 사람이 올라탔다. 고산병 환자를 실어 나르는 헬기이다. 비용은 1000달러이다. 우리도 고산병 보험금으로 1000달러를 준비하고 있다. 저녁은 고산병에 좋다는 마늘 수프와 생마늘·오이·당근·양배추에 닭볶음탕이다. 안나푸르나의 닭은 정말 일품이다. 어릴 적 먹었던 토종닭 맛 그대로다. 히말라야 지역은 티베트계 몽골리안들이 거주하고 있다. 이를 실감할 수 있는 것이 닭이다.

히말라야 장닭은 우리 닭과 똑같다. 수탉의 벼슬과 의젓한 자태, 당당한 걸음걸이, 영락없이 우리의 1960년대다. 누군가 '오늘 낮닭 우는 소리 들으니 장부의 할 일 이미 끝났다'고 했는데, 닭고기를 먹었으니 오늘 할 일이 끝난 듯했다.

잠은 모든 것의 해결책

네팔을 떠나기 전 안나푸르나 종주자들로부터 목욕 불가론을 귀가 따갑게 들었다. 그러나 경험하기 전에는 알 수가 없다. S형이 하루 종일 먼지를 뒤집어썼다면서 샤워를 했다. 안나푸르나의 밤은 살기가 느껴지는 날씨였다.

S형은 순식간에 정말로 눈 깜짝할 사이에 입술이 파래졌다. 으스스한 오한을 느끼기 시작했다. 온몸에 닭살이 돋을 정도로 기력이 떨어졌다. 아직 밤이 안 되어 난로도 피워져 있지 않았다. 일단 꿀물을 마시게 했으나 난감했다. 침낭 속에 들어가는 것 말고는 할 수 있는 것이 없었다. 인간이 육체적 한계를 넘어서면 통제 불능의 상황이 오는 것을 눈으로 봤다. 한순간이었다. 한 호흡 차이를 느낄 수 있었다. 식은땀도 없었다. 오한으로 침낭을 뒤집어쓰고 끊임없이 덜덜덜 떠는 모습을 볼 수밖에 없었다. 모든 것은 시간이 필요했다. 그렇게 얼마를 지나자 S형은 잠이 들었다. 잠은 모든 것의 해결책이었다.

마낭은 안나푸르나의 인종 전시장 같다. 소롱라 고개의 길목이다. 마낭은 소롱라 패스의 베이스캠프이다. 그러다보니 자주 얼굴을 부딪치게 된다. "어디서 왔니? 언제 왔니? 어느 나라서 왔니?" 그러면 금세 친해진다. 그리고 "나마스테" 한마디면 된다. 처음 만났는데도 쉽게 말이 통한다. 안나푸르나 때문이다. 네팔의 시간은 천천히 흘렀으나 우리는 여전히 '빨리빨리'이다.

미국인 탐은 삼성 핸드폰을 자랑했다. 존은 자기 할아버지가 6·25 참전 용사라고 했다. 이스라엘 대학생들은 북핵 문제를 알고 있었다. 캐나다의 퇴직자들은 안나푸르나가 버킷리스트였다. 독일 여성은 혼자 안나푸르나 라운드를 완주하고 있었다.

아이슬란드 젊은이들은 아이슬란드와 안나푸르나의 지형이 비슷하다면서 각별한 관심을 보였다. 네덜란드 사람들은 지적이면서 자유분방했다. 여행할 때마다 느끼는 점이 있다. 민족마다, 혈통마다 DNA가 다르다는 점을 뚜렷이 깨달을 수 있다. 그들은 우리를 어떻게 보았을까?

마낭의 새벽은 날카롭게 파고드는 바람결이 깨운다. 바람결에 소가 먼저 일어난다. 소 울음소리가 정겹다. 눈을 들어 창밖을 보았다. 말 그대로 놀라운 광경이 눈앞에 펼쳐져 있었다. 안나푸르나를 뚫어지게 바라보았다. 빛의 반사가 어찌나 눈부신지 눈을 깜박이지 않을 수 없다. 웅장했다. 찬란했다. 영롱했다. 그렇게 아름다운 산을 본 적이 없었다. 아침 햇살이 살금살금 퍼지고 있었다.

지금 낯선 지방에 와 있음을 피부로 느꼈다. 사람들은 모두 태평스러웠다. 문에는 자물쇠가 없었다. 걱정이 없었다. 창은 나무로 이어져 있었다. 그러면서도 사람들은 활기가 넘쳤다. 남자들은 아침 일찍 양을 몰고 나간다. 땅은 황폐해 보이는데 양들은 무엇인가를 먹고 있었다. 아낙네들은 말없이 이마에 남로를 메고 걸어다녔다. 할 일이 없는 여인들은 없었다. 아이들은 집 앞에 앉아 놀고 있었다.

나무가 자라는 시간으로 걸었다

대부분 사람들은 고소 적응을 위해 틸리초 호수 방향과 곰파, 강가푸르나 설산을 올라간다. 우리는 반대로 정면의 산등성이에 걸쳐 있는 곰파를 올라가기로 했다. 길은 자갈과 마른 흙이 섞여 있었다. 먼지도 살금살금 날렸다. 저만치 아낙네가 소똥을 줍고 있었다. 바람은 건조한 공기를 가르며 끊임없이 불고 있었다.

햇살은 눈이 부실 정도로 쏟아졌다. 산등성이는 잎을 떨군 나무들과 가시 떨기가 퍼져 있다. 한 발을 조금이라도 빨리 떼면 숨이 차올랐다. 가다 쉬고, 가다 쉬고 그렇게 올라갔다.

한 발 한 발 천천히 디뎠다. 나무가 자라는 시간으로 걸었다. 걷기가 한 달음에 이루어지지 않음을 알았다. 작은 불씨를 조심조심 불면서 불을 피

기도깃발과 안나푸르나 안나푸르나를 배경으로 기도깃발 하나가 꼿꼿이 서 있다. 우리 사찰의 당간 지주처럼 하늘을 향해 휘날리고 있다. 안나푸르나도 깃발도 나무도 바람과 햇살을 거스르지 않는다.

우는 심정이었다. 사람의 변화도 그와 같을 것이다. 끊임없는 변화가 사람을 만든다. 변화를 통해 시간을 경험한다. '어느 날 갑자기'라는 것은 없다. 한순간 한순간 나아가면서 변한다. 사람의 성장도 시간이 필요하다. 우리는 이렇게 한 걸음씩 옮기면서 자기를 변화시키는 것이다. 세월이 가서 돌아보면 우리는 나도 모르는 내가 되어 있을 것이다.

저만치서 빨간 승복을 입은 할머니가 타닥타닥 걸어왔다. 빠른 걸음이 아닌데도 잘도 걷는다. 어느새 우리를 추월해서 저만치 앞서갔다.

옆에서 양들이 풀뿌리를 뜯고 있었다. 하늘에는 까마귀들이 창공을 가르고 있었다. 고원 지대의 풍경은 거칠 것이 없었다. 주변은 영혼을 자극하면서도 놀랍도록 아름다웠다. 거기에 조그마한 곰파가 붙어 있었다.

석굴암이 떠올랐다. 이른 새벽의 수학여행 코스였다. 선생님의 재촉에 일출 시각에 맞추어 깊고 그윽한 숲길을 걸었다. 그 당시 석굴암 가는 길은 고통이었다. 고행 아닌 고행을 통해 석굴암 앞에 다다랐다. 그렇게 오른 석굴암 일출을 지금도 잊지 못한다. 동해 바다에서 떠오르는 태양 빛을 받아 번쩍이는 석굴암이 떠올랐다. 토함산은 해발 745m다. 토함산을 통해 신라인들은 태양을 보았다. 토함산은 신라인에게 신성한 공간이었다. 신라인은 해발 575m에 석굴암을 만들고 부처를 모셨다. 토함산을 오른 고행을 통해 부처를 만나고 서방정토를 체험할 수 있었다.

곰파는 가파른 석벽 위에 석굴암처럼 좋은 자리를 잡고 있었다. 석벽은 북쪽만 다른 언덕과 연결되어 있었다. 나머지 삼면은 전망이 탁 터져 있었다. 더 이상 나갈 수 없었다. 발걸음을 멈출 수밖에 없었다. 곰파는 소박했다. 눈이 닿는 곳까지 마른 풀밭이 계속되었다. 곰파는 바위를 절묘하게 파서 만들었다. 절벽에 붙어 있는 토굴이었다.

티베트 불교는 달라이라마의 토굴 수행을 신성시한다. 토굴은 동굴을 파서 만든 수행처가 아니다. 그저 남루한 거처일 따름이다. 작은 침상과 경전을 놓는 조그만 책상, 간단히 식사를 해결할 부엌이 전부이다. 흙과 돌로 쌓은 벽에 지붕은 슬레이트로 바람과 비를 피하고 있다. 달라이라마는 1000일 동안 석굴 수행 정도는 해야 업과 번뇌의 틀이 깨진다고 했다. 게으른 나는 예수 믿기를 잘했다고 되뇌어본다. 내게 예수는 언제나 이유 있는 피난처가 된다.

파고 또 파면 뿌리를 찾는다

하늘에는 구름 한 점 없었다. 기도깃발은 쉬지 않고 펄럭였다. 돌로 쌓은 토대 위에 야크 뿔을 얹어놓았다. 야크 뿔은 수분이 다 빠져 공기처럼 가

마낭의 티베트 곰파 절벽을 파고 티베트 불교당을 만들었다. 안나푸르나와 마주 서 있는데, 머리를 숙여야 들어갈 수 있는 곰파는 운치가 있었다. 섣불리 들어가지 못하고 한참을 망설였다. 바람은 거칠어도 햇살은 따사로웠다. 이런 절벽에 야생화가 피어 있었다.

벼워 보였으나 신성하게 잡귀를 몰아내고 있는 듯했다. 마치 세상의 모든 집착을 다 털어낸 것처럼 무심하게 자리 잡고 있었다. 척박한 땅 위에 빨간 백일홍이 피어 있었고, 가시나무에 붉은 열매가 달려 있었다. 헤진 장삼자락도 너붓거리고 있었다. 아궁이 속의 장작불에서 불꽃이 후드득 튀었다.

   법당치고는 규모가 무척 작았다. 비구니가 염주를 굴리고 있었다. 비구니는 여염집 할머니 같았다. 우리의 비구니들처럼 삭발은 했으나 도저히 1000일 수행은 하지 않았을 것처럼 보였다. 불상은 벽감 속에 웅크리고 앉아 있었다. 석가모니 불화 한 점이 커다랗게 붙어 있었고, 주변에는 달라이라마 사진이 여러 장 붙어 있었다. C형이 비구니를 만났다. 비구니는 정성스럽게 축복과 함께 안나푸르나 무사 종주를 기원해주었다.

신성한 야크 뿔 야크는 네팔 사람들에게 아주 소중한 동물이다. 야크는 버리는 것이 없다. 털은 집 안에 걸어두어 액운을 막는 역할을 하고, 뿔은 집을 지키는 역할을 한다. 우리네의 부엌신인 셈이다.

    토굴 같은 곰파를 내려오면서 양과 소들이 끊임없이 무엇인가를 뜯고 있는 것을 보았다. 보기에는 아무것도 없는 허허벌판이었다. 안나푸르나는 황무지처럼 거칠고 적막하게 펼쳐져 있었다. 대개 소나 양은 푸른 목초지에서 자란다. 그런데 푸른 풀은 눈을 씻고 찾아봐도 없었다. 자갈과 흙과 밑동만 남은 이름 모를 마른 풀들만이 있었다. 어떻게 저런 곳에서 양과 소 들이 풀을 뜯고 있는가를 이해하기 어려웠다. 하지만 머리를 박고 끊임없이 파헤치고 있었다. 우리가 모르는 먹이를 찾아내어 무엇인가를 씹고 있었다. 내가 아는 세상은 우물 속의 하늘임을 알겠다. 끊임없이 파고 또 파면 깊은 뿌리를 찾을 수 있을 것이다.
    이렇게 모진 자연은 라마승들의 수행법에도 영향을 주었다. 해발 3000~5000m의 고산 지대 동굴 속에서 얇은 옷만 걸치거나 아니면 알몸

마낭의 기도깃발 기도깃발은 수평과 수직 두 가지로 나뉜다. 수직의 타르초 깃발은 바람의 말을 가리키고, 수평의 룽타 깃발은 땅의 기운을 전한다는 의미를 가진다. 타르초와 룽타가 만났을 때 기도는 완벽해진다.

으로 수행한다. 눈 속에서 불도 없이 체온을 유지한다. 자신의 한계를 극복하는 투모(Tumo, 열) 수행이다. 투모 수행은 극단적 인내를 통해 시간을 극복한다.

 고수들은 정말 추운 날을 택해 젖은 담요로 알몸을 감는다. 담요가 마를 때까지 참는다. 이것을 10여 차례 반복한다. 그러면 단전에서부터 열이 발생하여 모든 번뇌를 태워버린다고 한다. 몸이 뜨거워지면 법열 상태가 된다. 아마 소와 양 들도 풀뿌리를 먹으면서 투모 수행을 하고 있을 것이다. 이곳에서 살아남기 위해서는 사람이나 짐승이나 모두 치열해질 수밖에 없나보다.

 풍경은 어제 저녁과 똑같았다. 바라보기만 했던 마르상디강을 건넜다. 자갈길이었다. 계속 길을 따라가면 틸리초 호수(Tilicho lake, 4919m)가 나온다. 세계에서 가장 높은 곳에 있는 호수다. 푸른 하늘을 담고 있어 에메랄드빛이다. 마르샹디강의 발원지이다.

틸리초 호수는 7시간을 가야 도달할 수 있다. 비경은 사람에게 쉽게 길을 내주지 않는다. 나는 측면의 골짜기를 따라 올라갔다. 사면에는 빙하가 걸쳐 있었다. 빙하가 녹아 만든 강가푸르나 연못이 있었다. 길은 외줄기다. 빙하까지 가려면 무리다. 아쉽지만 여기서 멈춘다.

가난 속에는 어떤 고독이 있다

길을 돌아 나오면서 마을에 들어섰다. 거리는 좁고 먼지투성였다. 가옥은 돌 틈을 진흙으로 쌓아 지었는데 낮고 볼품이 없었다. 아낙네들은 너절한 옷에 머리도 봉두난발이다. 카트만두와 달리 얼굴도 거칠었다. 인생의 고달픔을 겪고 있음을 짐작할 수 있었다. 집은 돌을 쌓아 지었는데 마치 허물어진 성 같았다. '가난 속에는 어떤 고독이 있다'는 말처럼 저마다 침묵하고 있다.

역설적이나 네팔은 집 안에도 길에도 밥상에도 이루 헤아릴 수 없을 정도로 많은 3억 3천만의 신들이 살고 있다. 고달픈 삶 속에 나를 돌보아 줄 신이라도 있다니 다행으로 보인다. 네팔 사람들은 천성적으로 자유스럽다. '삶이 있는 곳에 희망이 있다'고 믿고 있다. 이들에게 신은 곧 희망이었다.

참으로 우연히 〈스웨덴 기자 아손, 100년 전 한국을 걷다〉라는 책을 본 적이 있다. 그는 조선을 이렇게 보았다. '가옥은 낮고 볼품이 없었다. 거리는 사방에서 악취가 풍겼으며, 털이 길고 측은한 모습의 개들이 주위에 모여 먹을 만한 것을 찾고 있었다. 그 사이에는 머리가 더펄더펄하는 애

시골의 사릿문 네팔 사람들은 낮에 문을 열어둔다. 문이 닫혀 있으면 그 집에 무슨 일이 있다는 것을 뜻한다.

들이 놀고 있었는데 어제 그제 세수한 얼굴은 결코 아니었다.' 이것이 우리의 옛날 모습이었다. 그러면서 '조선인들은 게으르다'라고 평했다. 당시 우리에게도 많은 신들이 있었다.

　언더우드 부인도 〈조선견문록〉에서 '아일랜드 사람과 조선 사람은 아주 비슷한 점이 많은 것 같다. 두 나라 사람들은 모두 낙천적이고 태평스럽고 감성적이고 인정이 많다'면서 '조선 여자들은 대체로 아름답지가 않다. 힘든 노동·질병·무지 때문에 그들의 눈빛은 흐릿해졌고 얼굴은 까칠까칠해졌다'라고 말했다. 조선은 여전히 시대에 뒤떨어진 '고요한 아침'에 잠들어 있었다. 가난한 사람들은 옷을 한 달에 두 번꼴로도 갈아입지 않았다. 언더우드 부인은 '조선은 캄캄한 어둠이며, 지독한 시끄러움이며,

소름 끼치는 냄새다. 아무튼 번연의 죽음의 계곡에 딱 어울리는 모습이다'라고 묘사했다.

100년 전 우리의 모습을 여기서 보았다면 지나친 역설일까? 그러나 내가 걷고 있는 네팔의 오늘도 100년 전 우리를 본 서양인들처럼 나도 똑같은 감정이 느껴진다. 서양인이 우리를 잘못 보았듯이, 아니 눈에 띄는 그대로를 보았듯이, 나도 오늘 이 자리에서 네팔을 보고 있다. 이방인은 어디서나 이방인일 따름이다.

마낭의 골목은 현실이다. 우리의 역사도 그렇다. 조선도 네팔도 어머니들은 이름이 없다. 그녀는 한 아이의 어머니일 뿐이다. 길을 걸으면서 많은 생각이 들었다. 내 나라 그리고 네팔, 그렇지만 아름다운 삶의 모습들, 사람들이 살아가는 현실은 똑같음을 알겠다.

그래서 '뒤에 볼 나무는 뿌리를 높이 잘라라[後見之木 高斫其根]'고 했다. 앞날에 희망과 기대를 건 대상에 대해서는 뒷일을 미리부터 깊이 생각한다는 말이다. 잠깐의 아픔을 겪은 뒤 더 크게 성장하는 것은 나무뿐 아니라 사람도 마찬가지이다. 나라든, 사람이든 뒤에 다시 볼 수 있도록 오늘을 깊이 살아야겠다.

11

히말라야는 네팔의 심장이다

마낭 — 레다르

그래도 계속 나아갈 거야

마낭에서 고산병 예방을 위한 고소 적응을 한 뒤 야크카르카(Yak kharka, 4018m)를 거쳐 레다르(Letdar, 4200m)에 도착했다. 10km를 7시간에 걸쳐 걸었다. 마낭은 흡사 "나는 계속 나아갈 수 없어, 그래도 계속 나아갈 거야.[I can't go on, I'll go on.]"라는 사뮈엘 베케트의 대사를 생각나게 했다. 위대한 자연과의 교감이었다.

 마낭의 언덕은 흔들리는 사람과는 다르게 언제나 꿋꿋하게 안나푸르나 연봉을 맞대고 의연히 자리하고 있었다.

 소룽라 고개를 준비하는 마낭의 카페였다. 태양이 하늘을 비우기 시작하자 찬란한 영봉들이 기지개를 켰다. 이어 하늘에는 별들이 나타나서 자리를 잡아갔다. 이윽고 밤하늘은 모든 것을 삼켜버렸다. 순간 나의 마음 속 매듭들이 풀어져갔다. 안나푸르나의 밤은 마법이 되었다.

　벽에는 티베트 노인이 근엄한 표정으로 나를 내려다보고 있었다. 여느 집에나 걸려 있는 노인의 검은 초상화다. 벽을 사이에 두고 흐린 백열등 하나가 흔들리고 있었다. 오히려 벽난로의 불빛이 더 밝았다. 네팔 아낙네의 얼굴에 그림자가 어른거렸다. 개는 침침한 어둠 한쪽 구석에 쭈그리고 앉아 있었다. 식탁 위에서 찌아 차의 향이 피어올랐다. 문풍지를 흔드는 바람소리가 거칠었다. 안나푸르나의 커다란 숨결처럼 들렸다.

누군가 뒤에서 지켜보고 있다

4000m 고도를 준비하는 마낭의 밤은 벽난로의 불과 함께 차츰차츰 깊어갔다. 벽난로의 불은 간신히 온기만 가져주었다. 불은 나뭇가지에서 타닥타닥 떨어지고 있으나 일어나지 못했다. 바람은 밤이 되기를 기다리는 듯 어둠의 거리를 어슬렁거리고 있었다.

　어둠은 바람과 함께 세상을 덮고 있었다. 불빛도 어두웠다. '나의 영혼은 검은 페이지가 대부분'이라는 어느 시인의 말처럼 어둠은 검은 정적에 휩싸였다. 잠은 젖은 성냥을 켜듯 꺼져버렸다. 역시 이곳은 삶과 죽음이 하나 되는 땅이다.

　낯설다. 물론 나는 낯선 세상에서도 세상을 익숙하게 살아간다. 이제 꿈도 꾸지 않고 잘 정도로 익숙해지고 있다. 그런데 오늘은 잠들 시간을 넘겨 밤이 깊어도 뒤척이기만 한다. 어둠이 짙어질수록 숨이 턱턱 막히는 듯하다. 내 옆의 S형은 벌써 밤의 정적 속으로 들어갔다.

안나푸르나의 일출 일출은 찬란했다. 안나푸르나를 지척에서 보았다. 봉우리로 솟아오르는 빛이 어둠을 물리치고 있었다. 안나푸르나의 아침은 빛과 바람에 실려 나에게로 들어왔다.

나는 새벽 속으로 터벅터벅 들어간다. 그 형도 잠 못 드는 고통 속에서 끔찍한 두려움과 함께 뒤척였음을 나중에야 알았다. 누구나 한계의 압박을 느끼는 강도는 같았다.

11월 늦가을의 고도 4000m는 밤과 칼바람만이 깨어 있다. 방 안의 물도 얼음의 경계를 넘어섰다. 어제 고소 적응을 하면서 걸어보니 계속 물을 먹어도 입이 말랐다. 발 크림을 발라도 발바닥은 서걱서걱하기만 했다. 빨래도 순식간에 말라버린다.

원주민들은 입은 옷이 두껍다 못해 마치 갑옷을 걸친 전사 같다. 4겹에서 5겹 정도는 입는다. 몸의 수분을 빼앗기지 않으려는 지혜이다. 살기 위한 고육지책의 하나이지 싶다. 세수도 잘 안 한다. 강렬한 햇빛 속을 살아가는 방편이다.

나도 카트만두를 떠난 후 한 번도 세수를 하지 않았다. 몸을 닦으면 고산병 증세가 빨리 온다는 속설을 믿고 있다. 그래도 견딜 만하다. 서울에서 하루 이틀 지나면 배어나는 끈적끈적한 냄새도 없다. 어느덧 스산한 바람이 나를 비웠다.

아침이 되자 S형이 저체온증은 벗어났으나 고산병에 대한 막연한 두려움에 불안해했다. 누군가 뒤에서 지켜보고 있는 느낌이 든다고 했다. 캡틴은 드디어 설사가 멈추었다. 고산병 증후군에서 제일 먼저 벗어났다. 나는 아직 고산병을 시작도 안 했다.

J형은 몸이 무겁다. 지금 이대로 안나푸르나에 안기고 싶다고 한다. C형은 가벼운 두통을 겪고 있다. 산소통을 구하러 다닌 M형은 의외로 담담하다. 평생 공직으로 살아오면서 몸에 밴 습관이 무섭다. '모든 산맥들이 바다를 연모해 휘달릴 때도 차마 이곳을 범하던 못했으리라'라고 이육사의 시 〈광야〉를 읊으면서 안나푸르나는 무구無垢한 원형 그대로의 광야임을 알겠다고 한다.

지리산 토굴 생활을 하는 L형은 여전히 의연하다. 안나푸르나에 조용히 안기고 싶다면서 40년의 꿈을 이루고 있다. L형은 술로 꿈을 자축하고 있다. 네팔 술과 은행주와 고량주를 반주 삼아 매일 마시고 있다.

나는 안나푸르나를 또렷이 담고 있다. 장님은 눈으로 생각한다는 말을 실감한다. 순수한 열정은 눈이 먼다. 그것에 빠져버린다. 사랑의 열병에 빠진 베르테르의 마음으로 본다. 눈먼 자가 세상을 보는 마음으로 집중한다. 이렇게 우리는 같은 길에서 서로 다른 곳을 향해 가고 있다. 안나푸르나의 낯선 불안감이 서서히 지나가고 있다.

마낭의 소 네팔 사람들은 아침마다 소와 양을 이끌고 산으로 간다. 그런데 산을 보면 척박하기 이를 데가 없다. 이들이 도대체 무엇을 먹고 오는가? 그것은 신기한 비밀 같았다.

나를 이끌어주는 것은 발자국이다

마낭의 아침은 떠들썩하다. 집을 떠나는 양들로 야단법석이다. 안나푸르나가 지척에 있는 이곳은 매일 아침이 세상의 첫날처럼 신비롭기만 하다. 안나푸르나는 만나봐야 알 수 있다. 이 자리에 없는 누구와도 나눌 수가 없다. 이 자리에서만 느낄 수 있다. 내가 숨 쉬어야 체득할 수 있다. 이런 위대함은 그 언덕에 앉아봐야 알 수 있다.

어제 도착했다는 우리나라 사람들은 펄펄 살아 있다. 전라도 광주에서 왔다는데 우리와 같은 60대다. 입담이 걸쭉하다. "아따, 죽겠네잉.", "아따, 디져분다잉." 사투리가 구성지게 맞아떨어진다. '산전수전 다 겪어봤다. 눈물도 흘렸다. 원망도 해봤다. 세상에 지쳐 쓰러져도 봤다. 후회를 말자. 더도 말고 덜도 말고 지금이 딱 좋아'라는 〈딱 좋아〉 노래도 장전한다. 노래는 우리에게 공동체의 일원임을 각인시켜준다. 펄럭이는 기도깃발도 우리를 하나로 만들어주는 힘이 된다. 내친김에 "어째 그라요, 밥 먹었소?" 화답했다. 마낭의 어수선한 아침과 걸쭉한 사투리가 정겨웠다. "우리는 여기서 하루 더 있어야제, 낭창낭창 가볼끼여!" 하기에 내가 "나마스테라야!"라고 받자 "날씨 겁나게 조와불구마이!" 한다. 참 차진 전라도 말이 헛헛한 마음을 달래준다.

아이들은 들창문만 빼곡히 열고 천진난만하게 햇볕을 쬐고 있다. 소들은 되새김질을 하면서 문을 지키고 있다. 상점의 야크 꼬리털도 세상을 향해 세차게 휘날린다. 야크는 한 마리에 약 200만 원, 양은 20만 원 한다. 야크는 비쌀 뿐만 아니라 티베트와 안나푸르나 지역에서는 신성한 동물로 숭배한다. 해발 4000~6000m의 고원에 사는 야크는 버릴 것이 없다. 젖과 고기는 소중한 음식이다. 뿔은 신성하여 마을의 경계나 사원 입구에서 액운을 막아주는 부적으로 사용된다. 야크 똥은 화력이 세다. 불쏘시개는 늘 소나 야크 똥이다. 이들은 야크 이빨조차도 목걸이 등 치장용으로 쓴다. 액운을 막기 위해 결혼식 때 반드시 지참한다.

히말라야 고산족은 설맹을 막는 선글라스 대용으로 야크 털을 이용한다. 사방이 눈으로 뒤덮인 곳에서는 설맹 증상이 나타난다. 자외선 때문에 눈앞이 핏빛으로 변해 세상이 시뻘개진다. 야크 털은 얇고 촘촘해서 이것으로 눈을 가리면 자외선을 막을 수 있다. 이것을 알기까지 얼마나 많은 유목민들이 설맹이 되었을까?

신성함이 무엇인가를 알겠다. 사람을 도와주는 것은 동물이건 식물이건 모두 신성하다. 암각화를 봐도 각종 제물에 바쳐진 희생 동물은 신성함을 느끼게 된다. 사람은 자기를 도와주는 자를 경배한다. 안나푸르나는 척박한 황무지가 끝없이 펼쳐져 있다. 이 척박한 땅을 혼자 살기는 너무

야크가르카 가는 길 길을 가다 기다란 산성을 보았다. 산성이 아닌 소와 양들이 나가지 못하도록 만든 돌담이었다. 시작도 끝도 없는 길이 낭떠러지 사이로 나 있었다.

힘겹다. 함께 가야 한다.

 지금까지 새를 별로 보지 못했다. 까마귀와 독수리 정도다. 황량한 벌판이라 먹이가 없다. 하늘이 아무리 아름다워도 새들은 하늘에서 먹이를 구할 수 없다. 새들은 거대한 산을 넘는다. 숨겨진 땅으로 향한다. 구름도 없다. 바람과 함께 강렬한 빛만이 그 길을 점령하고 있다.

 연봉을 따라 무심하게 걸어갔다. 나를 이끌어주고 있는 것은 발자국이었다. 그 발자국을 따라갔다. 내 발 밑은 화산재가 깔려 있는 것처럼 달의 표면과 닮았다. 안나푸르나의 독방에 갇혀 있는 수인 같았다. 공기는 숨이 막힐 정도로 정밀하다. 나는 점점 더 멀리 가고 있었다.

 멀리 토막집에서 햇빛 사이로 피어오르는 가느다란 연기가 인상적이었다. 이렇게 시간은 단조롭고 무겁고 더디게 지나가고 있었다. 안나푸르나 연봉도 점점 멀어져만 갔다.

히말라야는 네팔의 심장이다

어느덧 야크가 사는 집인 야크가르카(Yak Kharka, 4050m)였다. 식물 한계선도 지났다. 식물 한계선을 넘으면 생명력이 강한 풀만 남는다. 땅바닥을 기는 식물들이 자란다. 4000m를 경계로 안나푸르나는 뚜렷하게 달라지고 있다. 키 낮은 가시나무가 빨간 열매를 떨어뜨리지 않고 있었다.

길은 자갈 반, 흙 반이었다. 발을 뗄 때마다 먼지는 여전히 푸석푸석 날렸다. 비탈길의 양 떼는 마른 풀을 뜯고 있었다. 먼 산등성이에는 산양들이 우두커니 우리 쪽을 보고 있었다. 산양은 상서로운 동물이라고 믿는다. 이끼와 눈에 띄지 않을 정도의 작은 풀들을 먹고 산다. 산양을 만나면 행운을 가져다준다고 할 정도로 신성하게 여긴다. 고개를 돌리자 소 한 마리가 겁 없이 내 곁에 와서 풀을 찾고 있었다.

네팔 사람들은 행운을 얻기 위해 마을마다 돌무더기를 쌓고 기도깃발을 꽂아놓는다. 돌에는 예외 없이 '옴마니밧메훔'이 적혀 있다. 이들은 끊임없이 이것을 암송한다. 이 말의 수수께끼를 풀어야 했다. '옴'은 아멘, 또는 예스라고 한다. '마니'는 보석, '밧메'는 연꽃, '훔'은 퍼지다라는 뜻이다. 글자의 뜻은 보석과 연꽃이 퍼지는 것을 긍정한다. 그리고 '연꽃 속의 보석이여'에 대해 불가는 '연꽃 속에서 다시 태어난다蓮華化生'라는 의미를 가진다. 보석도 탄생석으로 상징된다. 결국 '연꽃 속의 보석이여'는 '연꽃 속에서 보석에 의해 다시 태어난다'는 말이다. 아리송했다. 무슨 뜻인가? 수없이 반복했다. 모든 것은 뜻을 알아야 시작할 수 있다. 반복하다 보면 자기의 답을 찾게 된다. 만나는 사람마다 물었다. 가장 확실한 것은 옴이었다. 연꽃과 보석을 널리 퍼뜨려야 한다. 그런대로 어렴풋했다.

나처럼 천성이 어리석은 사람은 바보답게 깨우친다. 어느 날 네팔의 불

암각 이정표 네팔의 신은 도처에 있다. 사발 탑 위에 신이 내려앉았다.

화佛畵를 보면서 알았다. 불상의 남녀 합환상合歡像에서 답을 찾았다. 대부분 티베트와 네팔의 불화를 보면 합환을 하면서 여러 손에 연꽃과 보석창을 들고 있었다. 그리고 그들의 표정은 새로운 창조에 대한 기쁨을 드러내놓고 있다.

연꽃은 여성을, 보석은 남성을 상징한다. 힌두교 시바신의 상징은 링감lingam이다. 링감은 조각된 남근상으로 표현한다. 힌두교도는 링감에 우유를 붓거나 꽃 또는 붉은 가루를 뿌려 경배한다. 이때 이들은 생명과 죽음을 만난다. 힌두교도들은 죽으면 링감에 우유를 뿌려 강물에 흘러들게 한다. 강물을 통해 연꽃과 보석이 만나고, 망자는 다시 태어난다고 믿는다. 다시 태어나기를 소원하는 생명의 그리움이 '옴마니밧메훔'이다.

히말라야는 눈himal이 쌓여 있는laaya 지역이다. 히말라야 봉우리들은 비슈누(유지의 신)가 무에서 최초로 탄생한 곳이라고 믿고 있다. 황금빛 연꽃잎golden lotus 지역이다. 성스러운 갠지스강도 이 꽃잎의 중심부에서 흘러내린다.

<옴마니밧메훔> 탱화 네팔의 탱화와 불상들은 상당수가 '연꽃 속의 보석이여'를 상징하고 있다. 연꽃과 보석이 만나 생명을 이루고 해탈을 이루는 길을 알려준다.

'옴마니밧메훔'은 히말라야가 자신들의 신임을 고백하는 것이다. 히말라야가 젖줄이다. 네팔 사람들은 한순간도 히말라야를 잊지 않는다. 히말라야가 없으면 그들의 삶도 없다. 히말라야는 네팔의 심장이다.

히말라야는 히말라야를 이어주는 삶의 모습들이 있다. 티베트와 인도, 부탄 그리고 네팔 등 히말라야를 안고 살아가는 사람들은 행복이라는 삶의 확신을 갖고 있다. 히말라야를 보면서 삶의 원형을 찾고 있다. 히말라야가 주는 삶에 대한 사랑과 낙관주의를 배우고 있다. 히말라야는 히말라야만이 줄 수 있는 신성함을 간직하고 있다.

행복은 살아 있음을 느끼는 것

점심을 먹으려고 햇볕을 쬐는 시간은 한가롭다. 캡틴이 한국산악회의 역사와 샹그릴라를 이야기했다. 샹그릴라Shangri-La는 1933년 제임스 힐턴의 소설 〈잃어버린 지평선〉에 나오는 숨겨진 낙원의 이름이었다. 영화로 제작되면서 서양인들에게 열풍이 일었고, 지상낙원이나 유토피아를 가리키는 대명사가 되었다.

샹그릴라를 찾는 순례의 여정이 히말라야 정복의 역사가 되었다. 1969년 설악산에서 히말라야 원정을 준비하던 산악인들이 눈사태로 전원 사망한 일이 있었다. 안타까운 소식을 접한 박정희 대통령이 말했다.

"히말라야! 우리도 가야지!"

이 말 한마디가 한국 히말라야 등반 역사의 시작이 되었다. 그렇게 해서 이제 히말라야 14좌 완등을 가장 많이 등반한 산악 강국이 되었다. 마침내 김창호 씨(48세)가 히말라야 8000m 이상 14좌 무산소 등정과 강가푸르나(7455m) 신루트 개척에 대한 공로로 2017년 12월 산악인의 노벨상으로 불리는 '황금피켈상'을 받았다. 황금피켈상을 받은 김창호 씨는 강가푸르나 서봉을 오르면서 정상을 100m 남겨두고 하산했다. 대원 중 한 명의 체력 고갈로 정상 등정 대신 안전한 하산을 택했다. 그는 "등산은 간단하다. 사람과 산의 만남이다. 사람이 자기 자신을 알고 산을 잘 알면 오를 수 있다"라는 평소의 소신을 실천했다. 산을 타다보면 인간의 힘으로 어떻게 할 수 없는 순간이 있음을 스스로 인정했던 것이다. 그리고 살아남으려면 겸손해질 수밖에 없음을 산에서 배웠다. 정상에 오르려면 겸손한 자세로 갈 수밖에 없다. 역설적이게도 낮은 자리로 가야 정상에 갈 수 있다.

안나푸르나를 오르면서 산악 민족인 구룽족을 만났다. 이들의 살아가는 모습이 천천히 스며들었다. 이들의 현실은 아주 단순했다. 갖고 있는 것도 특별한 것이 없어 보였다. 자신들이 누구인가를 잘 알고 있었.

이들은 신문과 TV보다는 안나푸르나의 목소리에 귀를 기울이고, 안나푸르나를 의지하면서 살고 있었다. 이들은 바쁘지 않다. 시간을 쫓아가면서 살지 않고, 시간과 함께 살아가고 있었다. 우리와 달리 사람 사이의 거리가 가깝다.

아이들은 늘 노인과 함께 있다. 어머니가 아이의 손을 잡고 학교까지 바래다주고 또 마중을 간다. 저녁이 되면 모닥불 앞에 마주앉는다. 할아버지와 할머니가 감자를 굽는다. 감자를 먹으면서 옛날이야기를 들려준다. 모닥불처럼 따스한 세상의 지혜들을 나눈다. 모닥불 정담은 이들이 살아가는 힘이다. 늘 함께하면서 힘을 얻는다. 누구도 흔들 수 없는 행복의 샘이다. 누군가 '행복은 살아 있음을 느끼는 것이다'고 했다. 그래, 살아 있음이 모든 것의 시작이다. 살아 있음이 기적이다.

이들은 아무것도 가진 것이 없어 보인다. 오로지 자신의 현실을 산다. 집을 봐도, 계단식으로 만들어진 밭도 소박하기만 하다. 이들은 삶의 터전을 늘리기 위해 조금씩 산비탈을 깎고 돌로 축대를 세웠다. 모든 것에 사람 손길이 배어 있다. 이들의 터전은 인간과 자연의 조화를 보여준다. 자연과 함께 살아온 인간의 터전을 지켜간다. 자연에 순응하여 경계도 본래 모습 그대로다. 시간도 물을 따라 굽이굽이 흐른다.

이들의 터전은 굽어 있다. 나의 욕망처럼 직선이 없다. 등고선의 결을 따라 천천히 내려간다. 이들은 가진 것이 작지만, 그래도 저마다 행복하다. 비가 오면 비가 와서 감사하다. 눈이 오면 안나푸르나 영봉처럼 빛나는 눈을 보고 축복이고 선물이라 여긴다.

구룽족은 한 움큼의 양식을 얻는 것에 만족한다. 자연에 순응하면서 다음 내세를 준비하는 자신들을 대견하게 여긴다. 영혼을 만족시켜줄 양식이면 그만이다. 영혼은 무겁지 않다고 믿고 있다. 영혼은 존재 그 자체로 아름답다.

레다르 가는 길 낭떠러지 길 사이로 이어지는 척박한 땅을 보고 걸었다. 아직 털어내지 못한 세속의 욕망을 내려놓으라고 말하고 있는 것만 같았다.

발이 가는 대로 걷고 있다

레다르를 지나고 있다. 천천히 걷고 있는 모습을 보면서 스스로 놀랐다. 길이 있어 걷고 있다. 시간도 벗어버렸다. 내 몸의 속도가 이것이다. 안나푸르나가 거침없이 내보이는 속살을 보면서 가고 있다.

안나푸르나가 손에 닿을 듯이 가깝게 느껴졌다. '이따금 무언가 탁 부딪치는 소리, 날카로운 비명이 들리곤 한다. 그것은 바로 돌들 사이에 가만히 엎드려 있던 어떤 새 한 마리가 문득 날아오르는 기척이었다' 하고 프랑스 소설가 알베르 카뮈가 고도 로마의 정적을 묘사했다. 나도 오늘 오랜 시간을 엎드려 있던 안나푸르나의 외침이 들리는 것처럼 느껴졌다.

계곡의 처녀 코카콜라와 물, 장신구 등 토산품을 팔고 있었다. 시간의 무게를 떠받치고 있는 석축처럼 굳세게 자신을 지키고 있는 모습이었다.

마치 잠자고 있던 감각마저 일어나고 있는 것 같았다.

내가 내딛는 한 걸음 한 걸음 속에서 이 길을 걷던 사람들이 남긴 추억의 파편들이 가슴에 닿는다. 형들과도 3일밖에 걷지 않았으나 오랜 친구처럼 느껴진다.

발이 가는 대로 걷고 있다. 안나푸르나의 변화무쌍함이 시선에 닿는다. 태양은 우리보다 푸른 하늘에서 거침없이 내리쬐고 있다. 네팔에서만 볼 수 있는 원시적인 날카로움이다. 바람은 차고 건조하다. 별안간 자욱히 소용돌이가 일어난다. '땅이 혼돈하고 공허하며, 어둠이 깊음 위에 있다'를 만나고 있다. 순식간에 시야를 가로막는다.

마르상디강은 하나님의 영이 수면 위에 움직이는 것처럼 고요하기만 하다. 깊은 고요함이 내게 찾아들었다. 텅 빈 충만함이 몰려왔다. 어느새

돌담 안 아이의 눈 아이 하나가 담장 너머로 우리 일행을 빤히 쳐다보고 있었다. 아니, 담 너머의 세상을 바라보고 있었다.

나의 걷기는 영원 속으로 들어간 것만 같았다. 시간이 멈추어버린 것만 같았다. 나의 한계를 딛고 일어서서 내가 안나푸르나의 일부가 되는 것처럼 느껴졌다. 그래 이것이 자유! 나는 자유가 몸으로 느껴짐을 깨달았다. 내 몸 스스로 알았다.

삶의 편린들이 주마등처럼 눈앞을 지나갔다. 한 편의 영화였다. 초등학교 시절 고무신을 끌며 논둑길을 걸었다. 이른 봄철 이삭이 나오자 보리밭을 밟았다. 어린 시절 어머니와 걷던 외가 가는 길은 가도 가도 끝이 없었다. 차비가 없어 집까지 가는 길도 그렇게 길었다.

대학 시절 삶과 죽음이 하나 되는 땅을 찾으려고 무작정 길을 나섰다. 군대 시절 100km 행군을 하면 가도 가도 길이었다. 회사를 그만두던 날, 회사를 나와 어딘지 모르는 길을 걸었다.

네팔의 주방 네팔의 주방은 잘 정돈되어 있었다. 선반 사이로 세월이 차곡차곡 쌓여 있었다.

나는 걸을 때 세상이 내 속으로 들어왔다. 나는 걸을 때 나의 고통을 이해할 수 있었다. 그럴 때 나는 세상을 단지 스치는 것에 그치지 않고 그것을 얻었다. 나를 둘러싸고 있으나 결코 내 것이 아닌 이 세상을 내 것으로 느꼈다. 왜냐하면 걸을 때 나는 그 견고한 세계로 들어가는 문을 열었다. 나는 매번 새로운 세계를 만났다.

우리는 시궁창에 있으나 누군가는 별을 보고 있다

추리레다르의 밤은 쌀쌀함을 넘어 몹시 추웠다. 두꺼운 옷을 입었는데도 입술이 떨렸다. 길을 내려섰다. 그렇게 추운데도 밤하늘은 별빛이 밝게 빛나고 있었다. '우리는 모두 시궁창에 있으나 누군가는 별을 보고 있다'라는 말처럼 오늘 나는 누군가가 되어 있다. 어떻게 저렇게 맑을 수가 있을까? 별은 폭발해 죽을 때 가장 빛난다고 한다. 오늘은 많은 별들이 죽는 날인 것만 같다. 하늘은 별들로 가득 찼다.

밤은 엄청난 힘으로 엄습해오고 있었다. 어둠의 침묵은 깊어만 갔다. 낯선 곳의 고요함이 내 영혼마저도 다독이는 것처럼 보였다. 점점 더 깜깜해졌다. 우주의 나이가 138억 년이라고 한다. 어떤 빛은 138억 광년을 여행한 빛일 것이다. 인공의 불빛이라고는 찾을 수가 없었다.

그러나 보석처럼 박혀 있는 별을 보고 있어도 추웠다. 검은 밤에 홀로 서 있으니 더욱 추워졌다. 차가울수록 별빛은 더욱 영롱하다. 노인성 老人星을 찾고 싶다는 생각이 불현듯 떠올랐다. 카노푸스Canopus라는 별이다. 무병장수의 상징이다. 인간의 수명을 관장하는 신령스러운 별이고 깨달음의 별이다. 석가모니가 음력 12월 8일 바로 이 노인성을 보고 깨달음을 얻었다.

그래서 '어쩌면 밤하늘의 별들이 너의 슬픔을 가져갈지도 몰라'라고 했나보다. 운 좋게도 노인성을 만날 수만 있다면 생노병사의 슬픔과 아픔은 없는 것인가! 견디는 힘만 있다면 될 것이다.

마음도 갈 곳이 없을 정도로 막막해져야 오히려 길을 찾을 수 있는 것인가! 마음의 생각을 멈추어야 마음의 길을 만들 수 있는 것인가! 오늘 깨달음의 별을 만나야 마음의 생각이 멈출 것만 같다. 저 많은 별들 가운데 깨달음의 별을 찾을 수 있을까? 이내 스스로를 돌아본다. 그래, 마음의 별을 찾는 거다. 오늘 내 마음의 별을 폐족처럼 찾는 것이다. 독서하듯 찾고 또 찾는 것이다.

12

처음 생각은 껍질에 지나지 않았다

안나푸르나 단상

안나푸르나 트레킹은 영봉과의 만남

안나푸르나 트레킹은 안나푸르나 영봉과의 만남이다. 차메를 지나면서 람중히말(6988m)를 만난다. 이어 피상을 거치면서 안나푸르나 2봉과 4봉을 마주한다. 마낭에서는 안나푸르나 연봉을 지척에 두고 만날 수 있다. 3봉과 강가푸르나(7454m)와 안나푸르나 1봉을 통해 밤하늘의 별을 바라볼 수 있다.

 안나푸르나 1봉은 프랑스의 에르족이 처음 밟은 신성한 땅이다. 에르족은 왜 걸어야 하는가를 아는 사람이었다. 왜 올라야 하는가를 일찍이 알았다. 산은 참고 견뎌야 오를 수 있음을 체득했다. 그리고 이 세상이 참고 견뎌야 하는 땅임을….

제임스는 미국계 혼혈아다. 어머니가 한국인이다.

"안나푸르나를 5일째 걷는다. 날마다 마주치는 안나푸르나는 신비롭다. 그러나 그만큼 고통도 크다. 오늘도 무사하기를 기도한다."

육신적으로 느끼는 고통보다도 내면에서 자라는 고통을 깨달았다. 고통이 목에 치밀어 오를 때 침묵하고 지켜보는 것이 자신을 한 단계 성장시켜주었다. 제임스는 우리를 만나면서 한국에 대한 동질감을 느꼈다고 했다.

에베레스트 등반을 위해 안나푸르나를 훈련 삼아 걷고 있단다. 그는 등산을 즐긴다. 길을 가다 만나고, 식당에서도 몇 번인가 마주쳤다. 잃어버린 선글라스를 우리 일행이 찾아주면서 많은 이야기를 나누게 되었다. 그도 걷기를 통해 인생을 배운다고 했다. 예수께서 날마다 십자가를 지고 가라 했는데, 날마다 인생을 새롭게 만난다. 산을 탄다는 것은 한 발자국씩 올라가는 일이다. 그러다보면 정상이다. 첫술에 배부르지 않고, 가다보면 닿게 된다. 걷기의 매력이다.

처음 생각은 껍질에 지나지 않았다

사람이 느끼는 감정은 비슷하다. 나도 백두대간을 걸으면서 느꼈다. 한 발자국을 내디디면 어느새 나도 모르는 경계를 넘고 있었다. 백두대간을 종주하고 나서 정말 커다란 변화를 내 스스로 느꼈다. 31일 만에 종주하고 나서 모든 것을 이룬 것만 같았다. 모든 것을 할 수 있을 것만 같았다. 무서울 것이 없어 보였다.

그러다 시간이 지나면서 알았다. 사람은 하루아침에 변하지 않았다. 다

남로 멘 여자들 이른 아침 여자 둘이 남로를 메고 어디론가 가고 있었다. 네팔의 여자들은 아침 일찍 나무를 하고 소똥을 줍는다.

만 변화의 단서를 잡았을 뿐이었다. 내 앞의 시간을 매일매일 밀고 나가면서 작은 일들을 헤쳐 나가는 것임을 깨달았다.

안나푸르나는 이런 신념을 더욱 깊게 해주는 계기가 되었다. 안나푸르나에 얽힌 사람들의 이야기에 귀 기울이면서, 광막한 어둠과 별과 달을 쳐다보면서 나는 거대한 자연의 작은 섬임을 알았다. 안나푸르나 여정은 전혀 새로운 경험이 되어갔다.

동이 틀 때마다 마주하게 되는 안나푸르나는 나날이 새롭다. 안나푸르나야말로 모든 것을 푸는 열쇠가 되었다. '처음에 갖고 있던 생각은 다만 껍질에 지나지 않았다'는 말이 맞았다.

안나푸르나에 오기 전 안나푸르나에 대한 책을 읽었다. 고산병과 소롱라 고개의 눈물이 기억났다. '왜 사람들은 안나푸르나를 걸을까? 나를 뛰

어넘는 공간일까? 히말라야의 신을 만나러 가는 걸까?' 그런 질문들이 생각했다. 아니었다. 내가 만난 안나푸르나는 현실 그것이었다.

잠자리가 그랬다. 하루를 걷고 나면 무엇보다 휴식이 모든 것이다. 안나푸르나의 잠자리는 아무리 좋아도 추웠다. 처음에는 추위에도 불구하고 잘 잤으나 시간이 갈수록 잠들기는 어렵기만 했다. 고도 차이 때문인지 잠을 쉽게 들지 못했다. 잠에 대한 강박관념도 필사적이 되었다. 자야 하는데도 잘 수 없어 뒤척이다가 끝내 새벽을 맞기 일쑤였다.

안나푸르나가 손에 닿을 듯 느껴진다는 하이캠프(High Camp, 4850m)가

추리레다르의 새벽 추리레다르의 바람은 압도적이다. 새벽 어스름 속에 스산한 아침이 오고 있다.

 이제 지척이다. 저기서 하루를 보내고 소롱라 고개를 넘는다. 안나푸르나의 정점이다.
 안나푸르나는 짙푸르게 빛났다. 세상의 모든 바람이 이곳으로 몰려들고 있는 것처럼 압도적이었다. 방 안의 체감온도도 영하 10도는 벌써 넘었다. 어둠이 차곡차곡 쌓여가면서 온몸이 시릴 정도로 차가웠다. 잠이 안 와서 뒤척거리다 별이나 보겠다고 밖으로 나갔다가 죽는 줄 알았다. 세상에 그렇게 추울 수가 없다. 처음 맛보는 추위였다. 채 5분을 못 버텼다. 이 땅을 참고 견디는 사람들에게 예의를 갖추어야 한다는 생각을 해

처음 생각은 껍질에 지나지 않았다

봐도 육체적 한계는 넘을 수 없는 벽이었다.

　온몸으로 다가서는 한기는 참을 수 없는 존재의 가벼움이었다. 사람들은 8000m 고봉을 어떻게 갈까? 몸서리가 처질 정도로 몸에서 힘이 쭉 빠져나갔다. 생각해보니 현기증만 났다. 사람은 태어나면서부터 DNA가 다름을 알았다.

안나푸르나는 바람이 세상을 덮는다

고도가 3000m를 넘어서면서부터 숨 쉬는 것마저 힘들다. 산소 부족 현상이다. 산소 부족으로 고산병이 발생하고, 호흡 장애와 저체온증 현상이 나타난다. 산소가 부족하면 상처가 잘 아물지 않는다. 또한 소화도 잘 안 되고 추위에 체온이 빠져나가면서 잠도 설친다. 발을 내디딜 때마다 숨이 턱에 찬다. 숨이 한 뼘을 못 넘긴다. 가만히 제자리에 선다. 느리게 천천히 해도 관성은 어느새 두 걸음, 세 걸음이다. 또다시 숨이 찬다.

　세상에 숨 쉬는 것이 이렇게 힘이 드는 일인 줄 몰랐다. 침대에 누워서 뒤척이다 숨이 자칫 숨을 놓칠 때는 깜짝깜짝 놀랐다. 가슴부터 먹먹해지면서 호흡이 거칠어질 때면 '여기가 어디인가?' 하고 스스로에게 물었다. '여기는 안나푸르나.' 묘한 불안감이 엄습했다. 나도 알 수 없는 상황에 당황스러웠다.

　화장실은 더욱 가관이었다. 잠금 장치를 찾기가 어려운 데다 용변 후 물을 부어야 하는데 물이 얼어버리는 경우가 다반사였다. 안나푸르나는 가혹한 자연환경 때문인 것은 알겠으나 불편했다. 한번은 자다 일어나서 화장실을 갔다가 기겁을 했다. 수도가 얼었다. 주변을 돌아보니 저수조가 보였다. 저수조 뚜껑을 열어보았으나 얼음 덩어리였다. 주변에 다행히 도끼가 있었다. 도끼를 들고 한밤중에 얼음을 깼다. 얼마나 바람이 거세게 불었는지 도끼질 소리도 어둠 속에 묻혀버렸다.

다시 뒤돌아봐도 신기하다. 안나푸르나는 바람과 함께 일어나서 바람과 함께 잠잔다. 매일 거센 바람과의 싸움이었다. 어디서나 우리를 향해 불어왔다. 집집마다 매단 깃발을 펄럭거려 서방정토의 세계에 소원을 전해준다. 바닥에 깔린 먼지를 날리면서 세상을 온통 황토색으로 만든다. 안나푸르나는 바람이 세상을 덮는 곳이다.

안나푸르나를 걸으면서 크고 작은 문제들과 맞닥뜨려야 했다. 짧은 여정이나 불편했다. 안나푸르나라는 현실을 벗어나는 일이 쉽지 않았다. 나는 왜 이 자리에 있는가를 자주 자문했다. 그래도 이번 안나푸르나 트레킹에서 나는 누군가를 상대로 경쟁심을 가져본 적은 없다. 오로지 걷기에만, 나 자신에게만 집중했다. 그런데 어느 순간 걷다보니 그런 나와 스스로 경쟁하고 있었다. 나는 나 자신과 싸우고 있었다.

나의 삶도 그랬다. 내 인생에 집중하겠다는 열망은 언제든지 나를 옭아매고 있었다. 무엇인가에 잡혀 있지 않으면 불안했다. 하다못해 책이라도 읽고 있어야 했다. 시간에 대한 강박관념은 막을 수가 없었다. 안나푸르나에 와서도 틈만 나면 T. S. 엘리엇을 꺼내 들었다. 그래야 안심이 되었다.

걷기는 상상이다

처음 사륜구동 차를 이용해 안나푸르나 트레킹을 하자고 했을 때 너무 실망스러웠다. 두 발로 걷는 것만이 의미가 있다. 삶터에 의지해 걸어야 한다. 시간을 관통하여 흐르는 현실의 길을 걸어야 한다. 걷고 또 걷는 길만이 길이다. 어떻게 자동차를 이용하나? 트레킹 내내 자신에게 물었던 질

낭떠러지 위의 말 말이 중요한 포터였다. 낭떠러지 위의 아슬아슬한 길을 잘도 다녔다. 말을 이용하는 트레커가 상당수 있었다. 사륜구동 차를 이용하여 안나푸르나에 온 것이 좀 부끄러웠으나 누구나 자기 처지에 맞게 가면 그뿐이라고 생각했다.

문이다.

 그런데 우리보다 더한 사람도 있었다. 사륜구동 차를 타고 와서 말을 타고 소롱라 고개를 넘어가는 사람도 있었다. 뿐만 아니라 비행기를 이용해 에베레스트와 히말라야를 보고 가는 사람도 있었다.

 각자 여건에 맞게 자기 길을 가고 있었다. 안나푸르나 막바지인 타토파니 야외 온천장에서 알았다. 오로지 걷는 자들이라 여겼던 사람들도 사륜구동 차를 많이 이용했다.

 세상은 자기 길을 가면 그만이었다. 그런데도 무엇인가 주어지면 처음부터 끝까지 해야 한다는 의무감이 문제였다. 잠재의식 속에 나의 비교의식이 자리하고 있었다. 늘 세상과 나를 비교해왔다. 그는 어떻게 살고 있

뒷모습 어찌 보면 인생은 타인의 뒷모습을 보면서 그림자와 함께 걷는 것인지 모른다. 안나푸르나를 걸으면서 늘 일렬로 걸었다. 한 걸음에 들숨, 한 걸음에 날숨을 놓치지 않으면서….

는가? 그가 나를 어떻게 보고 있는가? 세상은 내 길만 가면 그뿐이었는데 여기저기 둘러보는 생활이었다. 그러면서 부족하다고 느끼는 나를 늘 채찍질했다.

중요한 것은 무엇이 주어졌느냐가 아니었다. 주어진 것을 어떻게 바라보느냐 하는 것이었다. 걷기도 똑같았다. 그렇게 둘러보면서 서로를 배워갔다. 처음에는 혼자 가다 차츰 서로를 알아갔다.

걷기는 상상이다. 걷기는 때로 세상의 책보다 내게 더 많은 것을 만나게 해준다. 익숙한 일상에서 새로운 세계를 만난다. 대지의 숨결과 하늘의 산책, 바람결, 저물녘의 황금빛 노을은 풍요롭다. 길에서 만나는 모든 것은 흥미롭고 매력적이다. 나를 행복하게 한다.

처음 생각은 껍질에 지나지 않았다

삶의 뒷모습은 거짓이 없다

처음 걷기 시작했을 때, 무심코 형들의 뒷모습을 보았다. 언제나처럼 내 곁을 무심히 지나쳐 가는 낯 모를 타인들의 뒷모습이었다. 형들의 얼굴 표정과 손짓, 몸짓과 발걸음도 생각 없이 보았다. 아니, 형들의 겉모습만 보았다. 그러다 형들과 걸으면서 형들의 진정한 뒷모습을 보게 되었다. 형들의 삶의 진실을 보았다.

그리고 알았다. 늘 겉모습만 보면서 살아왔음을, 삶의 뒷모습을 외면했다는 것을, 우리의 뒷모습이 더 많은 진실을 말하고 있다는 것을 깨닫게 되었다. 사람의 겉모습만 보는 습관을 알게 되었다. 서로의 어려움과 약함을 보면서 서서히 우리의 뒷모습을 보게 되었다.

뒷모습은 거짓이 없음을 알게 되었다. 몸이 극한 상황으로 갈 때 거짓은 자리할 수가 없음을 알았다. 우리 스스로 서로의 뒷모습을 알고 이해했을 때 앞모습보다도 뒷모습이 더 아름답다는 사실을 깨달았다.

상처는 누구에게나 있다. 이란에는 '페르시아의 흠'이라는 말이 있다. 페르시아 양탄자를 짤 때 양탄자에 일부러 흠을 하나 넣어둔다. 의도적이다. 인디언들도 구슬로 목걸이를 만들 때 흠이 있는 구슬을 기술적으로 슬쩍 넣는다고 한다.

삶에서 참으로 소중한 것은 완벽함이 아니라 인간적인 것이 무엇인가를 알려주는 것이다. 인간적이라는 것은 흠이 그와 함께 있는 것이다. 우리에게 있는 흠이 내 인생 속에 녹아들 때 아름다운 시간을 만들어낼 수 있다. 그때 산은 내가 된다.

등반가 남선우 형은 고교 시절 인수봉을 타고 난 뒤 들은 "야! 남선우, 너 정말 잘하던데" 하는 한마디가 불가사의한 힘이 되었다고 한다. 이 말이 그의 인생을 통째로 바꿔버렸다. 태어나서 처음으로 어머니에게도 인정을 받았다. 어머니의 자랑스러운 아들이 되었다. 그는 에베레스트 단독 등반, 국내 최초 8000m 연속 등정 기록을 가진 등정주의 산악인이다. 그 이후로 산은 그에게 종교가 되었다. 종교가 되고 나서부터 산은 인생의 학교가 되었다. 그에게 등산은 불확실성을 극복하기 위한 행위가 되었다. 이를 통해 자신의 가치를 비로소 발견했다.

그에게 등반은 알피니즘의 본질에 접근하기 위한 의식이었다. 알피니즘은 곧 등로登路주의였다. 등산에서 기쁨과 즐거움을 찾고, 산에 도전하는 자세를 가진 이들을 알피니스트라고 한다. 정상의 등정이 목적이 아니라 자기만의 길을 찾는 것이었다. 말이 쉽지, 순수 알피니즘의 추구는 수도승의 길을 가는 것과 같다. 쉽고 편한 길을 거부하고 조금이라도 더 새롭고 도전적인 길을 오르기 위해 고통을 감수했다.

그는 누구도 가지 않은 길이 있어 시간과 함께 자신의 길을 갔다. 목숨이 걸린 위험스런 모험도 피하지 않았다. 산은 그의 존재를 늘 자극했다. 그런 산이 그를 인정해주었다. 그때 세계가 다르게 보였다. 산은 그에게 삶의 새로운 방식이 되었다.

13

바람이 이끌고 간다

레다르 — 하이캠프

길은 자신을 모두 내어준다

레다르(Letdar, 4200m)에서 소롱페디(Thorang Phedi, 4450m)를 거쳐 하이캠프(High Camp, 4850m)에 도착했다. 7km를 7시간 동안 걸었다. 한 걸음 한 걸음이 수도승 같았다. 침묵은 미덕이고, 망각이고, 고통이었다.

조로아스터교의 장례는 조장鳥葬이다. 영혼이 떠난 시신은 신성한 땅을 오염시킨다고 하여 독수리에게 먹이로 내주었다. 이 무덤이 곧 침묵의 탑이다.

흡사 이 길은 침묵의 탑처럼 말을 할 수 없는 길이었다. 숲도 차가운 숨을 토해내고 있었다. 길은 자신을 모두 내어주고 있었다. 가도 가도 말은 없어지고 먼지만 일어났다. 그렇게 걷다보면 아무것도 없으면서 뭔지 모를 충만함으로 가득 찼다.

4200m 추리레다르의 새벽은 혹독하게 추웠다. 침낭에서 나오려 해도 뼈마디가 얼어붙은 듯 움직여지지 않았다. 어둠은 떠날 기색도 없었다. 밤은 지독하게 길었다. 그래도 어둠은 새벽을 준비하는 듯했다. 어둠 속을 들여다보니 오전 5시다. 이리저리 뒤척거리다 문을 열어보았다. 칼바람 속에 달이 숨어 있었다.

안나푸르나의 힘이 내 눈을 가득 채웠다. 내 생명을 일으켜세우고 나를 소생시켰다. 새벽은 열정이 가득했다. '어떠한 인간도 사라지지 않으며, 어떠한 인간도 잊혀지지 않으며, 어떠한 어둠도 투명하지 않다'라는 시인 폴 엘뤼아르의 말이 뜨겁게 느껴졌다. 그는 〈이곳에 살기 위하여〉라는 시에서 생에 대한 뜨거운 열정을 보여주었다. 시들지 않은 젊음의 충동으로 다가섰다. 나는 오늘 어느 때보다 높이 살고 있다.

너와 나는 나눌 수 없다

아직도 어둠은 깊다. 어둠을 향해 가까이 간다. 어둠은 모든 것을 감추고 있으나 바람결을 숨길 수는 없다. 모든 길은 연결되어 있다. 숲 속의 거리를 지나 어둠의 계단에 올라선다. 별안간 깊은 정적을 깨뜨리는 소리가 있다. 섬뜩하다. 누굴까? 한 걸음을 더 내디딘다. 누군가 기도문을 외고 있다. 일정한 운율과 간절함이 전해져 온다. 기도는 바람과 추위를 잠재우고 있다.

기도가 사람을 만들고 있다. 살아 있는 힘이 느껴진다. 그는 모든 존재를 다 바쳐 하늘 속에 쌓아 올리고 있다. 하늘과 땅과 함께 다함 없는 하루를 준비하고 있다. 보다 더 나은 현실을 준비하고 있다. 사람의 열정보다 호소력이 있는 것이 무엇일까?

짙은 여명 속에 들려온다. "옴마니밧메훔", "옴마니밧메훔", "옴마니밧메훔"이다. 이들은 이것을 만트라(Mantra, 진언)라고 한다. 만트라는 영적·물리적 변형을 일으킨다. 만트라는 반복해야 효과가 있다. 반복하면 정신적인 힘과 집중력을 가져다준다. 어느 순간 깜깜한 어둠의 세계에서 깨달음에 이르게 된다. 빛의 세계로 가기 위해 이들은 눈을 뜨면 가장 먼저 붓다의 진언을 묵상한다.

우리네 삶에도 만트라가 있다. 수없이 반복하다 보면 나를 변화시키는 힘을 느낄 수 있다. 회사에 들어가기 위해 면접을 보았을 때 "내게 능력 주시는 자 안에서 내가 모든 것을 할 수 있다"를 수없이 되뇌면서 나를 훈련시켰다. 절벽 같은 업무 지시를 받았을 때, 새로운 업무 환경에서 두려움이 앞섰을 때 "막다른 골목이 진정한 시작이다. 마지막! 여기에 나의 시작이 있다"를 큰 소리로 외쳤다. 그러면 새로운 힘이 솟아났다. 어떠한 터널도 마다 않고 맞섰다. 말들은 벽을 허물고 나를 새롭게 태어나게 했다. 그 말들이 내 몸에 들어왔을 때 기적이 일어났다. 그 기적을 아주 천천히 받아들였다.

가이드 치링에게 만트라에 대해 물었다. 치링은 '인드라의 그물'을 이해해야 한다면서 힌두교 이야기를 해준다. 인드라는 수미산에 있는 궁전이다. 궁정 위에는 거대한 그물이 걸려 있다. 그물코 하나하나에 구슬이 매달려 있다. 구슬들은 서로의 모습을 비춘다. 하나의 구슬 빛이 바뀌면 다른 모든 구슬 모습도 바뀐다.

인드라의 그물은 부처가 세상 곳곳에 머물고 있음을 상징하는 말이다. 세상 만물은 자신이 지은 업과 인연으로 과거, 현재, 미래에 한데 얽혀 거

레다르의 새벽 네팔에서 이렇게 환상적인 풍경을 보았다. 이곳에서만 이런 모습을 만날 수 있다. 사람이든 사물이든 제자리가 있다. 제자리에 있을 때 힘 있는 자신을 드러낸다.

대한 그물을 이루고 있다. 이것은 세상 모든 것들이 서로 연결되어 있음을 말한다. 지금의 인터넷과 같은 인드라 망網이다. 너와 나는 나눌 수 없는 존재가 된다.

네팔 사람들은 모두가 연결되어 있다고 믿는다. 세계는 서로 연결된 사람과 사물로 가득 차 있다. 내가 '옴마니밧메훔' 진언을 읊으면 몸이 아파도 기뻐도 화가 나도 나와 가족의 행복으로 연결된다. 온 우주에 충만하여 있는 지혜와 자비가 지상의 모든 존재에게 그대로 실현된다. 신과 나의 관계를 새롭게 만들어준다.

신神 안에서 죽음은 새로운 삶이다

지금까지 안나푸르나를 걸어오면서 네팔 사람들은 신과 함께 사는 사람들임을 알았다. 삶의 모든 순간이 신의 뜻에 따라 움직였다. 그들은 매일 안나푸르나의 장엄함을 보면서 신에 대한 경이로움을 느낀다. 뿐만 아니라 바람에서도, 부엌에서도, 꽃에서도, 산양에게서도, 히말라야에서도 3억 3000만의 신의 모습을 보고 신을 느낀다.

그들은 어디서도 신의 존재를 느낀다. 이들에게 신은 곧 삶이다. 그래서 죽음을 두려워하지 않는다. 죽음은 삶의 한 부분이다. 신 안에서 죽음은 새로운 현실이다.

추리레다르는 사람이 거주할 수 있는 한계선이다. 이 마을은 세상의 끝에 있지만, 세상이 시작되는 곳이기도 하다. 이들에게 이곳은 낙원이나 다름없다. 평화롭다. 아침 해가 밝아오면서 생기를 띠기 시작한다. 원주민들이 삼삼오오 일터를 향한다.

도대체 일터가 어딘지 궁금했다. 천지사방이 척박한 땅이다. 이들은 무엇을 하는 것일까? 여자는 소똥을 줍는다. 그것은 이해가 된다. 남자들은 무엇을 할까? 어쨌든 그들은 일하러 간다.

남아 있는 아이들은 경사진 얼음판에서 썰매를 탄다. 행상을 하는 사람은 좌판을 들고 나타난다. 여기저기 노인들이 햇볕에 몸과 영혼을 쬐고 있다. 이도 빠지고 머리는 봉두난발이다. 그런데 흥미로운 것은 노인들 누구도 등이 굽은 사람이 없다는 점이다. 머리에 끈을 매고 짐을 운반해서 그런가보다. 남로라는 운반 수단이 이들의 건강을 강하게 만들고 있다고 한다.

거주 한계선에 있는 삶의 모습도 처절하다. 전기가 부족하여 태양열을

거주 한계선의 집 추리레다르는 거주 한계선 지역이다. 집 하나가 하늘 아래 첫 집처럼 창공을 지붕 삼아 외롭게 서 있었다.

이용한다. 밤이 되면 2시간 정도밖에 전깃불이 들어오지 않는다. 이들의 삶은 물과 직결되어 있으나 물이 부족하다.

  우기에 물을 저장해놓고 조금씩 꺼내 쓴다. 동절기에는 눈을 녹여 식수를 해결한다. 겨울에 눈이 많이 오고 바람도 심해서 지붕을 시멘트로 평평하고 견고하게 만들었다. 입구는 길게 뽑아 바람을 차단토록 했다. 방도 작으면 2칸, 크면 4칸이다. 방 안은 낮에도 무척 어둡다. 야크 털과 캐시미어로 추위를 막는다.

  계곡의 삶은 인간에 적대적이다. 하루하루를 버티는 삶처럼 모든 것은 생존에 초점이 맞추어져 있다. 자연에 순응하면서 생존하고 있다. 있는 그대로 산다. 자연 속에서 자기 자신을 알고 자신을 이기며 간다.

생명을 유지하는 모습은 신성하다

길은 안나푸르나의 장엄함과 달리 굽이굽이 꼬부랑길이다. 계곡은 점점 좁아지고 경사면은 낭떠러지다. 발소리도 줄어들면서 고요하다. 스틱 찍는 금속성 소리만이 허공 속으로 흩어진다. 무섭게 펼쳐지는 광막한 공간을 바라본다. 아름답지는 않으나 외면할 수 없는 모습이다. 아무렇게나 걸어도 사진 속의 한 장면이다.

그런데 이 춥고 척박한 땅에 생명이 자라고 있다. 생명력의 힘이란 무엇인가? 식물 한계선을 넘은 땅인데도 땅에 들러붙은 풀꽃이 있다. 생명을 유지하는 모습이 신성해 보인다. 열악한 환경 그 자체다. 이 모진 환경 속에서도 시들지 않고 싹을 틔운다. 들풀의 강함을 본다. 언 땅에 올망졸망 뿌리를 내리고, 발굽에 밟혀도 살아남았다. 직접 땅을 베고 누워서 하늘을 향해 팔을 벌리고 생존하고 있다.

산사태를 대비한 석축도 있다. 돌덩어리들 크기가 제멋대로다. 이 조각 저 조각들이 서로 빈틈없이 기대어 있다. 오랜 세월 겹겹이 쌓인 모습이 대견하다. 산양들은 유유히 능선을 타고 있다. 무엇을 먹고 있는지 머리는 땅바닥을 향하고 있다. 나도 땅바닥을 보고 걷는다. 그런데 누군가 나를 따라 오고 있는 것만 같다. 뒤돌아본다. 아무도 없다. 다시 내처 터덕터덕 걷는다. 꼭 누군가 나를 보고 있는 것 같다.

문득 3년 전 백두대간을 걸었을 때가 생각났다. 그때도 한적한 길을 걷다보면 꼭 누군가 나를 따라오는 것만 같았다. 그러다 어느 순간 침묵과 영혼의 깊이를 본능적으로 느낄 수 있었다. 내 삶의 원망도 분노도 고민도 회한도 불안도 잊어버린 것 같았다. 모든 것이 새로워졌다는 생각이 들었다.

말이 있는 풍경 이곳의 말들은 고단하다. 소롱라 고개를 넘어야 하는 숙명을 지고 태어났다. 그래도 가끔은 이렇게 동료와 함께 쉬기도 한다.

그러나 시간이 지나가면서 끊임없이 정리해도 미련스러울 정도로 과거에 대한 후회와 회한이 밀고 들어왔다. 어떻게든 내 삶을 만회해보려는 생각들이 자리를 잡고 떠나지 않았다. 깊은 외과 수술의 상처처럼 잊을 만하면 내 머릿속을 비집고 똬리를 틀었다. 누가 만들어준 것이 아니었다. 그 수많은 생각의 칼날들을 내가 만들었다. 답은 간단했다. 남에게 어떻게 보이느냐에 그렇게 집착해온 것이다.

사람은 타인으로부터 칭찬을 받을수록 역설적으로 '나는 능력이 없다'는 신념을 갖게 된다고 했다. 인생은 언제나 완결되어 있는데도 나는 누군가에게 평가를 받으려고 애를 써왔다. 내 인생에 의미를 줄 수 있는 사람은 바로 나인데도 나는 누군가를 끊임없이 찾고 있었다.

'내일 일을 위하여 염려하지 말라. 내일 일은 내일 염려하라'라고 했다. 그렇다. 내일 일은 내일 걱정하는 것이다. 내일이 걱정하게 하는 것이다. 나는 지금 이 자리를 살면 되는 것이다. 내가 서 있는 자리를 살면 된다.

나도 모르게 나는 혼자가 되었다

나무다리가 길을 이어주고 있었다. 다리 밑으로 물이 세차게 흘렀다. 마치 세간과 출세간을 이어주는 영겁의 다리처럼 보였다. 다리를 넘으면 속세와는 모든 것이 끊어질 것만 같았다. 다리는 한 사람만이 간신히 지나갈 수 있는 폭이었다. 세간의 응어리와 욕심과 스스로 아등바등 짊어진 짐을 내려놓으라는 뜻일 거라 싶었다.

다리에서 잠시 멈춰 섰다. 물소리, 바람소리가 머무르라고 속삭였다. 안나푸르나는 여전히 말이 없었다. 한 걸음을 내디디면 다리가 자박거리는 소리를 냈다. 하늘을 올려다보았다. 그래, 이 길이 나의 길이다. 마음의 길을 따라 걸어가는 길이다. 내가 걸은 이 길이 나의 추억 속에 남을 것이다. 이 길들이 삶의 의미를 이어줄 것이다.

다리를 건넌 뒤 한참을 걷다가 뒤돌아보았다. 물소 떼가 다리 주변을 맴돌고 있었다. 물소들은 이리저리 둘러보면서 물을 먹기 위해 아래로 내려가려고 기를 쓰고 있었다. 그중에 리더처럼 보이는 덩치 큰 녀석이 이리저리 길을 내려고 애쓰고 있었다. 길은 낭떠러지처럼 가팔랐다. 물을 먹기 위해, 무리들에게 물을 먹이기 위해 필사적으로 움직였다. 시간이 한참이나 걸렸다.

그 녀석은 정말 끈기 있게 도전했다. 마침내 리더가 내려가는 길을 찾아냈다. 물소가 길을 찾을 때까지 눈을 떼지 못했다. 중요한 것은 지도자

물소의 지도자 우두머리 물소가 어린 새끼와 무리를 이끌고 가파른 경사를 애써 내려왔다. 고생의 끝에는 목마름을 해결해주는 물이 있었다.

의 자기 자신에 대한 도전이었다. 무리 가운데 누구도 찾지 못한 길을 찾을 때까지 찾았다.

우리는 매 순간 어디로 갈까? 무엇을 할까? 무엇을 먹을까? 결정하며 산다. 그러기 위해서는 인내심을 갖고 길을 찾아가는 것이다. 누구도 내 길을 찾아주지 않는다. 내 길은 내가 찾아가는 것이다.

고도가 높아질수록 길은 좁아졌다. 높은 산악 지형의 산길은 차마고도茶馬古道˙가 따로 없다. 차마고도, 이름만 들어도 가슴에 전율이 느껴질

• 해발 4000m 이상의 중국 윈난성雲南省·쓰촨성四川省에서 티베트를 넘어 네팔·인도까지 5000여km에 이르는 중국의 차茶와 티베트의 말馬을 교역하던 험준한 옛길이다.

정도로 설레던 말이었다. 영겁의 세월을 다져온 낭떠러지의 길이다. 그 길을 사람들은 야크와 함께 걸었다. 이 길도 차마고도와 닮았다. 차마고도처럼 말들이 짐을 잔뜩 싣고 걸어왔다.

오랜만에 땀을 흘렸다. 입술이 바싹 타들어갈 즈음 소롱페디에 도착했다. 그곳에서 누워버리는 기쁨은 이루 말할 수 없었다. 희박한 공기 속에서도 누우면 공기가 폐 속 깊이 들어왔다. 내 몸의 모든 것을 내려놓았다. 나라는 생각도 잊어버렸다. 어떤 장벽도 없이 사지가 널브러지게 누웠다. 세상에 찌든 몸과 마음이 정화되는 것처럼 자유로웠다.

그러다가 마취 상태에서 깨어나는 것처럼 체력과 의지력과 자제력이 무기력해졌다. 방향 감각이 무뎌졌다. 머리가 멍해졌다. 모든 것에 흥미가 없어졌다. 대화도 의미가 없어졌다. 사고 능력보다는 본능에 충실해져 가고 있었다. 한시라도 빨리 그곳을 벗어나고 싶었다. 나도 모르게 내가 완전히 혼자되는 순간을 맞았다.

바람만이 갈 곳을 안다

주변을 둘러보았다. 맨발로 성큼성큼 걸었던 스위스 사람이 길게 누워 잠들어 있었다. 존 크라카우어의 〈희박한 공기 속으로〉가 얼굴에 덮여 있었다. 존 크라카우어는 산에 미친 해리스(31세), 에베레스트 등정의 꿈을 이루기 위해 밤낮으로 일한 우체국 직원 한센(46세), 에베레스트 정상에 오른 야스코(47세) 등과 함께 에베레스트를 올랐다.

이들은 가장 높은 꿈의 대가로 목숨을 잃었다. 존은 그날 그들과 함께 올랐다. 춥고 희박한 공기 속에서 벌어진 열정과 비탄의 드라마를 썼다. 그들은 기나긴 준비 과정을 거쳤고 힘겨운 행군을 견뎌냈다.

그리고 시리도록 맑은 하늘 아래에서 세계의 지붕을 밟았다. 꿈이 실현되었다. 그러나 한 조각 엷은 구름이 정상을 덮으면서 악몽은 시작되었다. 사고는 늘 작은 잘못들이 쌓여서 생겼다. 캠프에서 400m밖에 떨어지지 않은 사우스콜을 헤매면서 바람 속에 사라져버렸다.

구룽족에게는 '바람이 이끌고 간다'라는 말이 있다. 이들에게 죽음은 존재의 다른 형태일 뿐이다. 바람은 상상의 산인 극락정토 수미산으로 이끌어준다. 수미산은 불교의 우주관에서 세계의 중심에 있다는 상상의 산이다. 바람은 자신의 뿌리인 수미산을 향해 간다. 바람은 모든 것과 연결된 인드라의 그물처럼 이어져 있다.

모든 것을 바람에 맡기고 걸어가면 된다. 좌고우면左顧右眄할 필요가 없다. 바람만이 갈 곳을 알기 때문이다. 바람과 함께 길을 가면 내가 어떤 길을 걸어가야 할지를 알려준다. 그렇게 나만의 길을 갈 수 있다.

누구에게나 길은 험했다. 자갈밭과 절벽길이 이어졌다. 폐광의 입구처럼 황량하고 적막하게 펼쳐져 있었다. 설악산의 너덜지대는 넓은 구릉지대이나 여기는 외길이었다. 다만 크고 작은 돌탑들은 무사 완주의 소원을 똑같이 담고 있었다. 위기가 닥쳐오면 사람은 누군가 함께 있다는 것이 커다란 힘이었다. 돌 하나하나에 앞서간 자들의 마음이 전해져 왔다.

때로 산은 사람에게 적대적이다. 순간순간 생명을 담보로 한 발을 내디딘다. 이것은 싸움이다. 이 싸움은 고통을 싣고 있는 거대한 수레와 같다. 그리고 사람은 고통 속에 서면 자신을 돌아본다. 절제하는 법을 배우고 생존을 위한 싸움을 치른다. 이 싸움을 통해 자신과 만난다. 세상을 있는 그대로 사랑한다. 그리고 자신을 극복한다.

해질녘, 4833m의 하이캠프였다. 안나푸르나 지역에서 사람이 잘 수 있는 가장 높은 지역이었다. 석양에 비친 안나푸르나의 절벽은 부척이나 아름다웠다. 석양은 붉다 못해 황금빛이 찬란했다. 색채의 향연이 따로 없었다. 안나푸르나 너머로 지는 석양을 넋을 잃고 바라보았다.

안나푸르나는 끝없이 펼쳐져 있었다. 안나푸르나의 아름다움은 시간이 오랜 수고 끝에 만들어낸 작품이었다. 작품은 끝없이 변해갔다. 끝없는 시간과 함께 신의 숨결을 토해냈다.

14

생의 경계에 서는 순간 자유롭다

하이캠프 — 묵티나트 고개

나를 넘는 고통만이 나를 이길 수 있다

하이캠프에서 숙박 후 소롱라(Thoronga, 5416m)까지 4km를 걷는데 인간의 한계를 넘어서는 경험을 했다. 이어 묵티나트(3800m)까지 10km의 내리막을 〈잃어버린 지평선〉의 무대로 알려진 무스탕(별천지 혹은 이상향의 땅)을 바라보면서 걸었다. 10시간이 걸렸다.

아무것도 생각할 수 없었다. 그야말로 순례길이었다. 나를 벗어나보려는 길이었다. 새로운 고통을 느낄 수 있는 길이었다. 나를 넘는 고통만이 나를 이길 수 있었고, 나는 새로운 땅을 밟을 수 있었다. 예수께서 오르신 갈보리산의 고통처럼 영혼의 이정표였다. 순례는 역시 초심으로 돌아가는 것이었다.

하이캠프는 소롱라 고개를 올라가는 턱밑이었다. 하이캠프 방면을 화살표로 가리키는 이정표가 서 있었다. 화살표를 볼 때마다 가슴이 설레었다. 마침내 이곳에 서게 되었다. 희박한 공기 속에 있었다. 하이캠프는 상상을 초월하는 경계였다. 그 경계에 서 있었다. 안나푸르나는 눈앞에 거침없이 펼쳐져 있었다. 안나푸르나를 지켜보면서 스스로 생각했다.

'이곳은 세계다. 내가 밟고 있는 땅이다. 신들의 거처다. 영혼의 지성소다. 이곳은 아무것도 소유할 것이 없다. 오로지 나 자신만이 있을 뿐이다. 이곳을 스쳐 지나가는 여행자일 뿐이다.'

그러나 서두르지 않았다.

자신의 한계를 느끼면 새로운 세계를 만난다

시간의 흐름대로 머물러도 보았다. 시간이 바로 인생이라는 사실을 새롭게 깨달았다. 시간과 함께 살아가는 법을 배웠다. 시간을 쫓아가지 않았다. 순간순간을 살았다. 안나푸르나는 시간과 함께 걷는 것이다. 안나푸르나에서 나는 지금 이 순간을 살았다.

마침내 소롱라 고개가 현실이 되어가고 있었다. 숨이 가빠지면 하늘을 보며 걸었다. 땀이 속옷을 적시면 바람을 기다렸다. 안나푸르나를 한 걸음씩 천천히 대면했다. 두려움도 없었다. 신의 세계에 들어와 있다는 생각만으로도 위로가 되었다. 신의 세계에서는 자신의 영혼을 들여다볼 수 있다. 안나푸르나를 만나면 어디서나 마음의 눈이 열린다.

하이캠프도 어둑어둑 밤이 왔다. 삼삼오오 장작불을 사이에 두고 모였다. 동양인·서양인을 막론하고 술이 없어도 목소리는 흥분되어 있었다.

하이캠프 오르는 길 공기가 희박해질수록 하늘은 짙푸르다. 세월과 바람이 깎아놓은 바위가 하늘을 찌르고 있다. 시간이 인생임을 알았다.

기타 하나만으로도 모두가 즐거웠다. 목소리는 천정에 닿아 있었다.

오늘 하루 모두가 고통스럽게 한계를 넘었을 것이다. 한계를 넘은 자는 한계를 두려워하지 않는다. 사람들은 자신의 한계를 넘으면서 새로운 세계를 만난다. 아니, 자신의 한계를 절감할 때 세상의 비밀이 열린다. 그래서 그런지 모닥불 곁에서는 모두가 행복해 보였다. 꿈을 꾸는 것처럼 소롱라에 대한 감탄과 애정이 넘쳤다. 모닥불 밖은 천 길 바람이었다.

하이캠프의 이슥한 밤은 우리로 하여금 하나의 무리임을 알게 해주었다. 우리는 하나였다. 우리는 안나푸르나 계곡을 걸으면서 나보다 위대한 무엇인가를 만나고 있었다.

그러나 하이캠프의 밤은 춥고 길었다. 상상할 수 없는 시간이었다. 몸은 무감각해졌다. 그리고 저녁을 먹는 순간부터 헛구역질이 났다. 네팔의 토속적 향이 역겨워지기 시작했다. 이상했다. 그렇다고 배멀미 같은 불쾌

함도 아니었다. 그렇게 마살라 향이 좋다고 입이 닳도록 외워댔는데 알수가 없었다. 이것을 극복해야 진정한 네팔을 만날 수 있다고 위로하면서도 네팔의 향기만 생각해도 헛구역질이 났다. 할 수 없이 수면제를 먹었다. 그래도 뼛속까지 파고드는 추위를 이길 수 없었다. 세상에서 처음 맞아보는 추위였다. 그렇게 밤이 길다는 것을 처음 알았다.

어느 순간 무엇인가 내게서 빠져나가는 것을 느꼈다. 내가 아닌 다른 누군가가 들어왔다. 그래, 언젠가는 모든 것이 사라질 것이다. 그때도 누군가가 내 안으로 들어올 것만 같은 생각이 들었다. 마침내 새벽이 왔다.

사람은 조금씩 물들어간다

새벽 4시에 쿡이 찌아 차와 마늘 수프를 가져왔다. 이들은 잠자리도 열악하고 침낭도 변변치 않았으나 어김없이 우리보다 먼저 일어나고 준비했다. 다시금 고마움이 가슴 뭉클하게 밀려왔다. 아침은 잿빛이었다. 북풍이 매서웠다. 이렇게 추운데 화장실은 만원이었다. 압도적 추위가 배설을 재촉했다. 할 수 없이 네팔의 원칙을 따르기로 했다. 네팔은 소가 아무데나 똥을 싸듯이 장소 불문이다. 세상에 그렇게 추운 화장실을 처음 경험했다. 다행히 옆에는 소똥이 지천이었다. 이 풀밭 위에 얼마나 많은 소들이 왔다 갔을까?

사람은 언제나 한계에 서게 된다. 그리고 어디로 향하는가에 따라 길이 달라진다. '향을 싸놓은 종이에서는 향내가 나고 생선을 엮어놓은 새끼줄에서는 비린내가 난다'고 불경에서 말했다. 사람은 조금씩 물들어간다. 하지만 자신만 모른다. 무엇을 가까이 하느냐에 따라 천차만별이라고 했다. 그래도 오늘은 어쩔 수 없었다. 똥은 비움이다. 새로운 시작이다.

소롱라 고개의 턱밑 이제 거칠 것이 없어졌다. 땅은 거칠기만 했다. 발걸음도 서두를 수가 없었다. 그렇게 시간과 함께 가고 있었다. 도인이 따로 없었다.

    그렇게 첫발을 내디뎠다. 어둠 속에서 희박한 숨을 몰아쉬었다. 헤드랜턴의 빛도 새벽 바람 속에서 출렁거렸다. 빛도 바람이 불면 굴절한다. 그림자도 흔들린다. 땅은 좁고 희끄무레하다. 머리는 텅 비어 있었다.

    우리는 새벽인데도 늘어져 있었다. 아무도 발걸음을 서두를 수가 없었다. 걸음걸이가 축축 처져 있었다. 어떻게 걷는가를 서로 모르고 있었다. 어떻게 하든지 한걸음이라도 더 올라가려고 온 힘을 다 기울였다. 시선은 어둠에서도 앞사람의 발뒤축을 놓치지 않으려 안간힘을 쓰고 있었다. 그렇다고 쉬고 싶다는 생각도 없었다.

    길은 바닥이 없는 것 같았다. 가도 가도 제자리를 벗어나지 못하는 듯했다. 여기저기 돌탑은 자리를 굳건히 지키고 있었다. 얼마나 많은 영혼들이 이 길 속에서 좌절감을 느끼면서 조바심을 쳤을까? 하이캠프에서 소롱라까지는 불과 4km였다. 길도 완만했다. 그러나 길은 끝이 없었다. 힘이 있는데도 몸은 점점 무거워졌다. 상상을 넘어선 세계였다. 가슴이 답답하지만 갈증도 나지 않았다. 내 고통일 뿐이었다. 순간 나는 내가 되었다. 나는 혼자였다. 발걸음을 멈추어 섰다. 가만히 뒤돌아보았다.

나도 몰랐다. 내가 걸어온 것이 저만큼 보였다. 뒤돌아보고서야 알았다. 내가 걸어온 길이 보였다. 그래서 뒤를 돌아보는구나. 내가 걸어온 길은 돌아다봐야 알 수 있다. 가야 할 길도 중요하나 걸어온 길도 소중하다. 내가 걸어온 길이니까! 어느덧 시간도 멈추어선 듯했다. 모든 것이 단순해졌다. 별안간 변의를 느꼈다. 역시 중요한 것은 뒤에 있었다.

생의 경계에 서는 순간 자유롭다

새벽 어둠 속에서 쉼터에 도착했다. 또다시 풀숲을 찾았다. 이곳에서는 비우고 비워도 중력의 힘을 이길 수가 없다. 중력은 강력했다. 발을 떼기도 힘들었다. 몸이 자석에 붙어 있는 것만 같았다. 가볍게 하려고 필사적 노력을 하고 있는 몸이 고맙다. 그렇게 하지 않고서는 도저히 움직일 수 있을 것 같지 않았다.

쉼터에 들어서자 다시 헛구역질이 찾아왔다. 네팔 주방만 보면 어김없었다. 새벽에도 부엌을 지날 때 알 수 없는 냄새에 헛구역질을 해댔다. 그곳은 역참인 것 같았다. 말이 매여 있었다. 말이 숨을 쉴 때마다 하얀 김이 뿌려졌다. 말은 짐을 하얗게 지고서 맨몸으로 찬 새벽과 모진 바람을 그대로 맞고 있었다. 말도 체념한 모습으로 소가 닭 보듯 나를 보았다. 말도 나도 안나푸르나는 험난한 길일 수밖에 없었다.

네팔의 전통차 찌아를 나눠 마셨다. 찌아는 히말라야에서 자란 차를 제

소롱라 고개의 돌탑 앙증맞은 돌탑이었다. 참 대단하다 싶었다. 이렇게 힘든 상황에서도 돌을 옮겨 쌓을 수 있는 의지가 감동적이었다. 욕망의 끝은 없는 것이다.

일로 친다. 녹차에 우유를 넣고 끓인다. 심신이 지쳐서 그런지 맛이 깊고 풍부했다. 소롱라 고개를 찾는 사람들의 지친 걸음을 달래준다. 여명의 안개 속에서 마시는 찌아는 추억을 만들기에 충분했다. 은은한 향이 폐부 깊숙이 스며들었다.

솔향이 가득한 통나무 오두막에서 검푸른 안나푸르나 능선을 응시하며 또다시 차를 홀짝였다. 내 스스로 도취되어 명상에 잠겼다. 사람이란 불가사의한 존재다. 이 세계와 저 세계의 경계에 서는 이 순간이 자유롭다. 아무도 내가 여기 있을 것이라고 생각하지 않을 것이다. 안나푸르나가 내 앞에 있었다.

차를 마시자 가야 한다는 관성적 의식이 발길을 옮기게 했다. 달 표면을 밟은 닐 암스트롱이 생각났다. 그는 달을 밟으면서 무엇을 느꼈을까?

달 표면의 감촉이 어땠을까? 한 발 한 발이 슬로우비디오였다. 지금 우리가 바로 달의 표면을 걷는 모습처럼 여겨졌다.

한 발을 내딛기가 천근만근이었다. 시간도 멈춰버린 것만 같았다. 모든 것을 내려놓고 머물고만 싶었다. 어쩌다 한 발을 뗐다. 한 발을 떼어야 자신을 극복하고 자신의 새로운 세계를 만난다. 힘은 있었다. 들숨 날숨이 고른데도 발을 떼기가 그렇게 힘이 들었다. 놀랍다. 별안간 한 걸음도 내디딜 수가 없었다. 그것이 현실이었다. 무엇인가에 갇혀 있는 느낌이었다. 무중력의 중력이라면 어떨까? 형들을 보아도 자기만의 고통을 안으로 밀어 넣으면서 묵묵히 발을 옮기고 있었다. 주변을 챙길 마음의 여유가 없었다. 시간은 그렇게 흘러가고 있었다.

그래도 길 위에는 누군가가 꾸역꾸역 가고 있었다. 길 속에 흔적이 남아 있었다. 지나간 사람의 자취가 느껴졌다. 아침 이슬이 없어도 바람은 일어난다. 돌이켜보면 모든 가까운 것들은 멀어지고 있다. 안나푸르나 소롱라 고개의 침묵도 이내 사라질 것이다.

서두를 일이 없다. 마음이 바쁘지 않아야 한다. 발 가는 대로 가자. 서두르지 말자. 그렇게 되뇌면서 길을 밟았다. 바람이 발길을 재촉했다. 시간이 갈수록 호흡이 가빠졌다. 바람만 맞아도 토악질을 하고 싶어졌다. 안나푸르나는 해산의 고통과 시련의 땅이다. 처음 맞이하는 칼바람이 두툼한 파카를 파고들어도 추위는 견딜 만했다.

어려움을 만나는 것은 새로운 길을 여는 통로다

아무리 걸어도 소롱라 고개는 멀기만 했다. 걷기만 하고 있는 데도 걷는 것 같지 않았다. 무슨 일을 하고 있는 것인가! 사실 소롱라 고개는 별일도

소롱라 턱밑의 기도깃발 외롭게 서 있는 기도깃발은 소롱라가 가까웠음을 알려주었다. 기도깃발이 그림자를 드리우면서 펄럭거렸다. 알 수 없는 힘이 솟구쳤다.

아닐 것이다. 어제도 오늘도 지나간다. 새로울 것이 없는 고개다. 산 넘어 산이다. 그런데도 안나푸르나는 알 수 없는 신비로움을 던져준다.

그렇게 우리는 바람과 함께 걸었다. 별안간 J형이 쓰러졌다. 안나푸르나는 예외가 없이 고통을 안겨준다. 누군가에게는 일어날 일이 일어났다. 힘이 다한 모습이었다. 별안간 J형의 얼굴이 파래졌다. 뜨거운 커피를 주어도 뜨거운 것을 모르는 것 같았다.

캡틴이 나섰다. 등산화를 벗기더니 발을 주물렀다. 주무르는 수준이 아니라 지압이었다. 너나없이 이렇게 힘든데 저렇게 정성스러울 수가 있을까! 묵묵히 발을 주무르는 모습을 보면서 수도승의 모습이 떠올랐다. 무엇보다 나를 놀라게 한 것은 어떻게 발을 꺼내 주무를 수 있었을까 하는 점이었다. 의아스러웠다. 아무것도 할 수 없는 순간에 그는 발을 꺼내 피를 돌게 했다. 베테랑 산악인의 경험과 순발력에 고개가 절로 숙여졌다.

이윽고 J형이 기운을 차렸다.

"순간 내가 어떻게 되는 줄 알았어. 난감했어. 한 호흡이 그렇게 힘들 수가 없었어."

J형은 해맑게 웃으면서 일어섰다. 살아 있다는 것이 기적처럼 느껴졌다. 만약 한 호흡만 놓쳤더라면 어떻게 되었을까? 소름이 돋았다.

이때 뱃멀미 같은 불쾌한 느낌이 다가왔다. 걸을 수도, 숨을 수도 없는 때가 있다. 벼랑 끝이다. 또다시 중력의 힘은 나를 압박했다. 사방은 모든 것이 훤히 보이도록 트여 있다. 바위 언덕을 벗어났다. 형들이 인간 병풍을 쳐주었다. 부끄러움도 없이 나는 중력의 원칙에, 그 본능에 충실했다. 다른 사람들도 애써 못 본 체하면서 지나갔다.

소롱라 고개의 턱밑이었다. 아무런 생각도 떠오르지 않았다. '그래, 아무것도 생각하지 말자! 바람만 생각하자.' 트루먼 카포티의 〈마지막 문을 닫아라〉의 마지막 문장이 떠올랐다. '내가 서 있는 자리만 살피자.' 순간 적나라한 현실 속에서도 몸은 힘이 다한 것처럼 보였으나 그렇게 편할 수가 없었다. 나는 아직도 극한 상황에 이르지는 않은 것 같았다.

그리고 누군가 나를 이끌고 갔다. 내가 빠져버리고 누군가 내 안에 들어왔다. 무엇인가 내 자리에 들어왔다. 아무리 생각해도 시간은 마법 같았다. 내 몸이 서두르면 시간도 급하다. 내가 멈춰 서면 시간도 멈춘다. 시간이 멈추면 단순해진다.

이윽고 소롱라 고개가 보였다. 소롱라는 하늘과 땅이 만나는 곳이다. 소롱라는 하늘처럼 높게 자리 잡고 있었다. '우리 모두는 각기 다른 길로 힘겹게 걸어가고 있으나 결국 같은 곳에서 만나게 되는 순례자다'라는 말은 진리였다. 사람이 어려움을 만난다는 것은 또 다른 길을 여는 통로다.

소롱라 정상의 현실 스카이블루와 눈. 사막처럼 길도 없다. 여기에 오르려고 애쓰다 지쳐 돌아보면 나도 모르는 길이 보인다. 그러나 길은 늘 앞서가는 사람만이 본다. 길이 길을 만든다.

모든 것이 나를 중심으로 돌고 있다

오전 11시. 우리가 걸을 수 있는 마지막 고개 소롱라였다. 소롱라 고개에 올라서면 무한한 지평선 같은 영원한 무엇인가를 느낄 수 있을 것이다. 이 생의 바깥을 열어줄 무엇인가가 있을 것이라고 생각했다.

눈을 들어 하늘을 올려다보았다. 구름 한 점 없는 담청색이었다. 파랑색은 쓸쓸함과 슬픔의 색이라고 했는데, 어디에도 슬픔의 기색은 없었다. 오로지 무한한 공간만을 환기시켜 주었다. 강렬한 태양만이 존재했다. 그 빛은 여기서도 거침이 없었다. 바람도 세상을 지나갈 뿐이었다.

나와 소롱라를 위해 무엇인가를 해야 했다. 소롱라와의 내밀한 만남, 추억을 만들어야 했다. 소롱라 고개에 들어서면서 온 세상이 내 것이었다. 누구도 나의 이 자리를 빼앗을 수 없었다. 햇볕이 잘 드는 양지를 찾았다. 가만히 누웠다. 깊게 숨을 뱉어냈다. 또 깊이 숨을 품었다. 그리고 토해냈다. 그래야만 소롱라를 완전히 소유할 수 있을 것만 같았다. 나와 소롱라는 지금 이 순간 완전했다. 이것이 통과의례였다.

소롱라를 상징하는 기도깃발 탑 주위를 빙빙 돌았다. 마치 여리고성을 함락시키려고 7일 동안을 돌았다는 이스라엘 민족처럼 나의 소롱라 의식을 간절하게 수행했다. 마침 시계는 정오를 가리키고 있었다. 태양은 기도깃발의 울긋불긋한 헝겊 위에도 강렬하게 쏟아졌다. 모든 것이 나를 중심으로 돌고 있었다. 나의 비밀스런 의식은 힘이 있었다. 소롱라를 중심으로 오늘은 모든 것이 배열되어 있었다. 나는 세계의 배꼽이 되었다.

그러나 고개를 돌리자 소롱라의 현실은 달랐다. 어디서 모여들었는지 모를 정도로 인산인해였다. 저들도 나처럼 그렇게 고통스럽게 올라왔단 말인가! 도저히 믿어지지 않았다. 저들의 태평스러운 표정을 보면 저들은 그냥 쉽게 올라온 것처럼 보였다.

세상은 왜 이리 평평하지 못할까? 알 수가 없었다. 서양인 한 명이 바지를 내리고 엉덩이춤을 추다가 관리 요원으로부터 제지를 당했다. 치링에게 물어보니 어떻게 성지에서 엉덩이를 깔 수 있느냐면서 불쾌감을 드러냈다. 그 서양인은 자신의 축제 의식이었다고 항변했다. 나도 동양인의 정체성이 있어서 그런지 그가 너무 무리했다고 맞받았다. 문화의 장벽은 넘기가 참 어렵다.

나의 염원은 어느 하늘을 날고 있을까?

사실 우리에게도 고민은 하나 있었다. 소롱라 고개에 올라서니 거대한 기도깃발은 살아 있는 경전처럼 나부꼈다. 기도깃발의 거대한 탑이었다. 기

소롱라 고개 정상 소롱라 고개는 기도깃발 천지다. 기단에는 '소롱라 패스 해발 5416m 성공을 축하합니다'라고 쓰여 있었다. 세상에서 가장 높은 고갯길이다.

생의 경계에 서는 순간 자유롭다   221

도깃발은 거대한 소통의 장이었다. 이들은 자연을 대할 때 신을 가장 중심에 두었다.

기도깃발이 하늘과 땅을 이어주고 있었다. 그리고 바람이 기도깃발의 염원을 하늘로 연결하고 있었다. 사람들은 깃발을 통해 서로 다른 것을 본다. 영혼을, 윤회를, 염원을, 극락정토를, 사람들은 자신이 볼 수 있는 것을 보고 있다. 기도깃발에 우리의 깃발을 다는 것이 문제였다. 서양인의 엉덩이춤에 대한 거부감을 보고 나니 망설여졌다. 그래도 용기를 내어 우리 산악회의 깃발을 어떻게든 걸어보자고 작심했다.

가이드 치링에게 한국식 기도깃발을 어떻게 해서라도 달고 싶다면서 세 가지 제안을 했다. 첫째, 돈을 지불하겠다. 둘째, 한쪽 구석이라도 좋다. 셋째, 네팔 당국에서 지정하는 곳 어디든지 상관없다. 치링이 소롱라 관리소에 우리의 제안을 전달했다. 의외로 관리소는 관대했다. 무엇이라도 걸 수 있다. 제한은 없다. 내심 놀라웠다. 그렇게 해서 우리는 소롱라 고개에 우리 산악회의 기도깃발을 내걸었다. 우리 손으로 기도깃발을 걸자 뿌듯함이 밀려왔다. 무엇이든지 시도하면 된다. 우리가 깃발을 걸자 서양인들이 "브라보"를 외쳤다. 기도깃발은 지금도 바람을 맞고 있을까? 우리의 염원은 어느 하늘을 날고 있을까?

소롱라 고개는 나눔의 자리이다. 새로움을 만나는 시간이다. 서로의 소중한 시간을 지켜주는 울타리이다. 바로 이 시간에 우리는 국적도 인종도 나이도 달랐으나 한마음이었다.

우리는 서로 눈을 마주치면서 마음을 나누었다.

'걷지 못할 것은 없다. 한 발을 내디디면 도달한다. 세상살이도 이렇게 걷는 것이다. 언제든 우리가 도착한 때가 우리가 도착해야 할 시간이다. 서두르지 않고 시간과 함께했다.'

서로를 마주보면서 이 소중한 시간을 기억하고 있었다. 안나푸르나의 아름다움을 그대로 간직하고 있었다. 진정한 자신과 만나고 있음을 서로에게 확인시켜주었다. 우리는 서로 다른 안나푸르나를 걸었으나 다름이 오히려 소중했다. 여기저기 기웃거리며 정상을 거닐었다. 거칠 것이 없었다. 나는 새로운 세계 속에 있었다. 이 세상 같지 않았다. 이제 나를 잡는 것은 아무것도 없었다.

누군가 말했다. "생명을 구해주는 건 한 발을 내딛는 것이다. 그리고 또 한 걸음 언제나 같은 발걸음을 다시 시작하는 것이다." 이제 또 한 발을 내디딜 시간이다. 일어서야 한다. 새로운 현실이다. 뒤돌아보면 아쉬우나 앞을 보고 가야 한다.

샹그릴라에도 공짜는 없다

소롱라는 세계에서 제일 크고 험한 고개다. 야카와캉(6482m)과 카퉁캉 봉우리(6484m)를 끼고 있다. 골이 깊고 폭도 상상 밖으로 넓다. 지금은 건기여서 정상에만 눈이 덮여 있었다. 수년 전 이 계곡은 쓰나미 같은 눈사태로 여행객 50여 명이 설장雪葬된 지역이다. 눈이 얼마나 무섭게 덮였는지 상상할 수 없을 정도였다. 시신도 눈이 녹아서야 찾을 수 있었다.

자연의 위대함은 상상 불가이다. 어떻게 이렇게 넓은 계곡이 눈으로 가득 찰 수 있을까? 얼마나 많은 눈이 내려야 눈이 길을 덮을 수 있을까? 산을 경계하라! 다만 안나푸르나의 신이 너와 함께하기를 기원하라! 겸손하게 귀 기울여라!

내리막길은 오르막길보다 더 끝이 없는 것 같았다. 고도가 낭떠러지처럼 급경사다. 우리가 도착할 차라부(Charabu, 4230m)까지는 1186m나 고도차가 났다. 해는 중천에 떠 있었다. 햇빛은 오르막과 달리 거침없이 쏟아졌다. 우리 일행은 함께 걷다가 이내 각자도생各自圖生이 되었다. 그동안 함께 매달리고 함께 다리를 묶고 걸었으나 이상하게 각자 걷고 있었다. 우리 모두 이상할 정도로 힘이 넘쳤다.

오르막과는 풍경도 달랐다. 또 다른 세계에 온 것처럼 느껴졌다. 눈을 들어보면 암갈색의 산은 첩첩이 늘어서 있었다. 그저 흙과 돌뿐이었다. 쭉쭉 뻗은 능선들은 마치 거대한 나무뿌리들이 이리저리 드러나 있는 것 같았다. 황량하고 낯설었다.

저 멀리 금단의 땅 무스탕을 넘어가는 계곡이 보였다. 무스탕은 히말라야 산맥의 북쪽 칼리간다키강 상류에 있다. 동쪽 안나푸르나와 서쪽 다울라기리 사이에 지상에서 가장 깊은 협곡의 하나다. 표고가 해발 3000m를 넘는다. 무스탕은 티베트가 중국에 강제 점령 당한 후 네팔에 보호를 요청했다. 그리고 1960년대 달라이 라마가 망명한 뒤로는 중국에 대항하는 게릴라 활동의 중심지이기도 했다. 무스탕은 독특한 역사와 순수한 티베트 문화가 보존되어 있었다.

그런데 서양에서는 무스탕 지역을 샹그릴라로 부른다. 티베트어로 '내 마음속의 해와 달'이란 뜻이다. 이상향이다. 제임스 힐턴의 〈잃어버린 지평선〉에서 처음 나왔다. 세상의 끝까지 가보고 싶은 사람들이 가는 곳이다. 결국은 자신을 만나는 곳이다. 그러나 자신을 만나기는 가장 어렵다. 그래서 무엇인가를 뒤에 두고 지나쳐 온 것처럼 자꾸 뒤를 돌아다본다. 그것이 삶이다.

묵티나트에서 바라보는 무스탕은 암갈색 산을 나뉘는 계곡으로 들어가야 한다. 무스탕 지역은 시신을 독수리의 먹이로 내어놓는 장례 의식인 천장天葬이 있다. 죽으면 영혼은 몸을 떠난다. 영혼이 없는 육신은 빈 껍

데기라고 믿는다.

그들은 시신을 토막 내어 독수리 먹이로 준다. 독수리를 통해 다른 세상으로 건너간다. 아니, 돌아간다. 현생에서 쌓을 수 있는 마지막 공덕이다. 살아생전 많은 공덕을 쌓아야 다음 생에서 더 좋은 생을 살 수 있다고 믿는다.

이렇게 이상향에도 공짜는 없다. 황량하고 혹독한 기후를 견딘 불모의 땅을 넘어야 갈 수 있는 곳이다. 자신의 몸을 바쳐야 찾을 수 있는 곳이다. 고행을 딛고서야 몸속 죄의 독을 뺄 수 있다. 오체투지라도 해야 갈 수 있다. 샹그릴라는 멀고도 멀다.

15

상처는 빛이 들어오는 공간이다

묵티나트 — 타토파니

순수한 네팔의 알몸이 나를 깨우다

묵티나트(Muktinath, 3800m)에서 사륜구동 차를 타고 카그베니, 무스탕 입구를 거쳐 좀솜(2710m)에서 점심을 먹고 투크체와 칼로파니, 가사를 지나 타토파니(1190m)에 도착했다. 62km를 8시간에 걸쳐 이동했다.

우리는 완벽한 산책자처럼 여겨졌다. 길을 따라 흘러가는 네팔인들의 삶이 낯설지 않았다. 차창 밖으로 보이는 여백과 공간이 새로웠다. 네팔의 산하가 파노라마처럼 지나갔다. 무엇을 찾으려는 생각은 없었으나 순수한 네팔의 알몸이 나를 깨웠다.

멀리 구름다리가 계곡을 잇고 있었다. 저 다리를 건너면 묵티나트다.

묵티나트 가는 길
현수교를 건너가야 묵티나트가 나온다. 교각에 '영원하라, 네팔 공산당'이라는 글이 인상적이었다. 이념은 이곳에서도 예외가 없었다. 민중은 어디서나 피곤하다.

이곳이 현세임을 알려주는 뚜렷한 글이 있었다. 현수교를 잇는 교각에 붉은색 페인트로 '영원하라, 네팔 공산당[Long Live C.P.N.(Maioist)]'이라고 쓰여 있었다. 네팔 내전의 아픈 역사를 웅변적으로 보여주었다. 이들은 농촌과 산간 벽지를 중심으로 봉기했다. 내 운명은 내가 만들겠다면서 자기의 운명을 똑바로 쳐다보았다. 더 나은 세상을 만들기 위해, 더 나은 세상을 위해 일어섰다.

아! 모두들 따사로이 가난하니

'깨어나요, 일어나요, 싸움을 포기하지 말아요'를 자메이카 출신 레게 가수 밥 말리에게서 배웠다. '하나의 사랑, 하나의 마음[One love! One heart!]'을 외쳤다. 하나의 문이 닫히면 하나의 문이 열린다는 사실을 믿고 일어섰다.

밥말리호텔 자메이카의 레게 가수이자 작곡가인 밥 말리의 모습은 네팔 어디를 가도 볼 수 있다. 네팔 사람들에게 친근한 아티스트다.

　마오이스트가 무엇인지도 모르는 어린 소녀와 소년이 혁명군에 가담했다. 그리고 마오이스트들의 또 다른 폭력에 시달렸다. 한때 안나푸르나는 우리의 지리산이었다. 다만 이들은 정권을 잡았다.

　모든 세상은 단순하다. 자기 운명을 마주보고 일어서면 새로운 역사를 만들어갈 수 있다. 역사는 어디서나 똑같다. 그리고 과거를 기억하면서 내일로 가고 있다. 묵티나트에 밥 말리를 기념하는 호텔이 있었다. 소롱라 고개를 내려오면서 우리도 물었다. 한마음으로 하나의 사랑으로 이어져 있는가? 그리고 알았다. 안나푸르나의 문은 우리에게 언제나 열려 있음을….

　길가에는 베틀을 놓고 실을 잣고 있었다. 씨줄과 날줄이 엇갈려 있다. 날실과 홍두깨, 베틀을 보니 가슴이 뭉클하다. 이들은 집안 대대로 물려 받은 직조 기술을 자랑스러워한다. 산양의 가슴과 목에서 가늘고 섬세한 솜털만 채취하여 만든 최상급 모직 제품을 만든다. '파시미나'이다.

파시미나는 캐시미어보다도 더 가볍고 부드럽고 보온성이 높다. 염색을 하면 색감이나 질감, 광택도 뛰어나다. 집안마다 내려오는 전통에 따라 직조 모양도 다르다. 대부분 낮은 계급의 사람들이 이 일에 종사하고 있다.

이 지역에는 베틀을 밟아 생계를 잇는 사람들이 많다. 따사로운 햇볕 아래서 실을 잣고 있는 모습을 보니 백석 시인의 〈남행시초南行詩抄〉에 나오는 한 구절이 떠올랐다. '졸레졸레 도야지 새끼들이 간다. 귀밑이 재릿재릿하니 볕이 담복 따사로운 거리다. 소는 안장지고 존다. 아! 모두들 따사로히 가난하니'와 똑같은 정경이다. 우리의 옛날이 여기서는 현실이다. 여기서는 어디서나 옛날의 정겨움이 묻어난다.

묵티나트는 신의 도시다. 힌두교와 불교가 공존하는 지역이다. 카트만두의 파슈파티나트 사원과 함께 네팔의 2대 힌두 성지다.

상처는 빛이 들어오는 공간이다

묵티나트는 힌두교 2대 성지 가운데 하나다. 염원의 종과 청동 비슈누상이 있다. 물의 벽에서는 108개의 구멍에서 물이 쏟아지고 있다. 이 물은 죄를 씻어주는 성수다. '즈왈라 마이(Jwala mai, 불의 여신)' 사원에는 영원히 꺼지지 않는 불이 있다. 여기서는 죄를 태운다.

이슬람 잠언에 '상처는 빛이 들어오는 공간이다'고 했는데 여기서는 상처를 씻고 태운다. 그래도 이곳을 순례하면 현세와 내세에서 복을 받는다. 힌두교도들은 이곳을 순례하는 것이 평생의 소원이다. 안나푸르나의

묵티나트의 불상 묵티나트는 신의 도시이다. 힌두교와 불교가 공존하는 지역이다. 카트만두의 파슈파티나트 사원과 함께 네팔의 2대 힌두 성지에 속한다.

음덕을 가장 잘 받을 수 있는 땅이라는 믿음 때문이다.

참된 삶은 만남이라고 했다. '나'와 '너'의 만남은 은총이다. 만일 우리가 '그것'의 세계에서 세상을 산다면 불행하다. 네팔 사람들은 신과의 만남을 나와 너의 만남으로 본다.

이들은 신과 날마다 새로운 관계를 맺음으로써 자신이 된다. 언제나 마음속에 자기의 신을 품고 있다. 사람의 마음은 한꺼번에 두 주인을 섬길 수 없다. 그렇다고 바꾸어가면서 섬기기도 어렵다.

어차피 사람은 삶을 바꾸어나간다. 그러면서 존재를 느낀다. 인간에 있어서 존재한다는 말은 자기 이외의 어떤 대상과의 관계 속에서만 가능한

깡통 기도바퀴 기도바퀴는 보통 청동으로 정성스럽게 만든다. 간혹 이렇게 깡통이나 나무로 만들기도 한다. 그런데 어느 기도바퀴가 극락에 더 잘 전달되는지는 알 수 없다.

것이다. 신들을 매일 만나는 이들은 자신의 존재를 매일 만난다. 그래서 이들은 행복하다.

아침에 일어나면 이들은 어디로 갈지를 안다. 신을 찾아간다. 집보다 사원이 많고, 사람보다 신이 많다. 어디서든 예불 소리가 들린다. 안나푸르나를 마주보는 것은 신과 만나는 일이다.

이들은 신에게 모든 것을 건다. 안나푸르나는 이들에게 대지의 신이다. 이른 아침 신을 찾아가서는 이마에 붉은 티카를 받는다. 신으로부터 받는 축복의 표시인데 그것이 귀신을 쫓아준다고 믿는다. 아버지는 승려에게서 받는다. 이를 아내와 자식에게도 '티카 찍기' 의식을 치르면서 축복을 나눈다.

티카는 힌두교의 신 '시바(파괴의 신)'의 제3의 눈이다. 제3의 눈은 축복과 신성함을 나타내준다. 티카는 기다림이다. 매일매일 현실에 만족하는 법을 가르쳐준다. 사과의 뜻을 나타낼 때도 이마에 대고 인사한다. "사실은 당신의 발이 제 머리보다 높은 곳에 있습니다." 삶의 의무에 충실하고 고통을 견뎌내야 내세에 더 좋은 카스트로 태어날 수 있다고 믿는다. 이들은 신을 떠나서는 살 수 없다.

안나푸르나를 걷고 훌쩍 자랐을까?

그런데 우리는 밥을 떠나서는 살 수 없었다. 저녁밥을 먹기 위해 모였다. 소롱라 고개를 넘었다는 대견함에 서로를 위로했다. 호텔 바닥은 발을 뗄 때마다 삐걱거렸다. 벽돌 위에는 세월의 더께가 덕지덕지 쌓여 있었다. 거기에도 티베트 노인 그림이 그 세월과 함께 높이 걸려 있었다. 작은 신상들은 벽감 안에서 밖을 보고 있었다.

홀은 평화로웠다. 시간을 거슬러 올라가 다른 시대에 닿은 것처럼 느껴졌다. 무심코 창밖을 내다보니 별이 총총 빛나고 있었다. 불을 피우기 위해 장작 한 다발을 샀다. 야크 똥으로 불쏘시개를 하자 이내 모닥불이 활활 타올랐다. 따닥따닥거리며 불길의 혀가 내뿜는 소리도 무척 정겹게 들렸다.

네팔의 장작은 화력이 뛰어났다. 안나푸르나의 혹독한 건기와 겨울을 보내면서 바싹 말랐기 때문이었다. 사람이든 나무든 고난을 겪으면 성숙해지는 것은 진리였다. 안나푸르나는 고난의 길이었을까? 그렇다면 안나푸르나를 걷고 나서 훌쩍 자랐을까? 이럴 때 집사람은 이렇게 말할 것이다. "당신은 항상 기승전 '너'네요." 나이테는 젊은 외피가 중심 내벽을 보호한다. 나이가 들어가면서 젊은 외피는 바람과 비와 천둥과 싸운다. 그리고 기다린다. 중심으로 다가서는 시간을, 기다림을 바라본다.

　6일을 걸었을 뿐이다. 그런데도 매 순간 되뇌었다. 이제 얼마나 남았을까? 해질 무렵마다 시간을 기다렸다. 하루하루가 숨이 꼴깍거릴 정도로 시간을 보냈다. 아침에 일어나면 이 방 저 방을 열어봤다. 무슨 일은 없나 조마조마했다. 우연도 운명도 아닌 시간을 보냈다. 때때로 '다 내려놔' 하면서도 안나푸르나가 설레었다.

　C형은 사람 좋은 풍모를 지니고 있다. 도대체 감정 표현이 없다. 싫은 것을 내색하지 않는다. 안나푸르나를 걸으면서 세상살이 모든 것을 내려놓는 것이, 내 짐만 지고 걷는 것이, 말 안하는 것이 그렇게 편했다. 그러면서 말로 짓는 죄의 본질이 무엇인가를 새삼 느꼈다. 말로 잘못한 것이 참으로 많았다.

　C형은 그렇게 걷다가 문득 자신과 걷고 있는 그림자를 보았다. 그림자를 보면 외롭다고 하는데, 그림자를 보면 자신에게 몰입할 수 있었다. 그러면서 주변 사람들, 특히 아내에 대해 미안한 마음이 많이 들었다. 차메와 피상을 걸을 때 숨이 턱턱 막히면서도 어느 순간 호흡이 가다듬어지면서 마음이 평화로워지고 가슴이 벅찼다. 숨결도 편해졌다. 그 과정이 그렇게 가슴 벅차고 나를 새롭게 만났다고 말했다.

삶은 두드려보는 거다

J형도 추억이 많은 인생을 살았다고 말했다. 자신이 살아온 내용에 만족했다. 옛날 사진첩을 보아도 볼 만했다. 그런데 이번에 친구들과 걸으면서 자신의 학창 시절 추억은 잘못되었음을 알았다고 한다. 그리고 사람의

묵티나트의 구름 안나푸르나를 지나면서 구름은 거의 보지 못했다. 이른 아침 묵티나트에서 산자락에 걸린 구름을 보았다. 다시 세상 속으로 왔음을 알게 하는 증표라 생각되었다.

생애는 얼마나 매력적인가를 깨달았다. 같은 학교를 다녔는데, 그렇게 서로를 모를 수가 있나 의아했다. 20년 이상을 지내면서도 외피만 보았음을 알고 삶의 깊이를 새롭게 배웠다. 그동안 감정을 섞지 않고 살아왔다. 돌아보니 모진 인생이었다고 토로했다. 그러면서 S형과 말을 섞으리라고는 상상도 못했다. 그동안 자신이 알던 친구가 아니었다. 이렇게 모를 수가 있나 아연실색했다. 그러다 이렇게 만났다. 아니, 누구나 또다시 만난다. 그리고 누구나 함께하는 것은 아니다. 오늘 이렇게 함께할 수 있어 행복하다. 양말 앞꿈치와 뒤꿈치가 바뀌어도 괜찮았다.

L형은 40년을 품어온 꿈이 순식간에 터졌다. 묻혀 있었던 꿈을 이루었다. 다만 오랜 만에 대화를 하니 대화가 낯설 뿐이었다. 사는 것이 무엇인가? 바닥을 톡톡 친다. 무엇일까? 궁금하니 두드려보는 것이다. 그래, 삶은 두드려보는 것이다. 그게 답이다. 그런데 형은 시간이 갈수록 말이 없어진다. 말은 결국 상처다. 모든 것이 말에서 시작된다. 그리고 또다시 깨달았다. '이제는 말도 자신이 먼저 시작해서는 안 되겠다'는 것을 이제야 알았다.

M형은 잘 잡힌 세상을 살아왔다고 자부했다. 그런데 안나푸르나를 걸으면서 무엇인가 막막했다. 친구들을 만나면서 모든 것이 새로워졌다. M형은 기적을 믿지 않았다. 그런데 이번 걷기를 통해 자신이 살아온 것이 기적임을 알았다. 인내는 끝이 없다는 사실도 다시 배웠다. 시간이 답임을 알았다. 인내심을 갖는다는 것은 시간과 함께 가야 배우게 되는 것임을 새롭게 되돌아보았다. 그리고 인내심은 침묵이었다. 어떤 상황에서도 말을 아끼면 문제가 해결되었다. 부족한 것은 늘 나였다. 세상을 살아보니 사건은 일어나게 되어 있었다. 그러나 해결은 각자의 몫이고, 나는 숟가락 하나를 얹어놓는 것이었다.

L형은 이번 산행이 자기만의 공간을 찾는 작은 시간이었다고 힘주어 말했다.

안나푸르나는 누구에게나 벗기 힘든 짐이었다. 산악인 캡틴도 다시 올라가라면 올라갈 수 있을까? 자신에게 끝없이 물었다고 했다. "리더로서 산행은 이제 끝이다." 안나푸르나를 가까이 보기 위해 가져온 망원경조차 가이드에게 줘버렸다. 이제 다시 쓸 일이 없을 것만 같다. 산은 땅인데 그렇게 오르고 올랐다. 땅을 밟고 이렇게 살아 있다. "산에서는 의지할 것이 나밖에 없다." 절대로 쓰러질 수 없었다. 산은 어디서나 자기 자리를 지키고 서 있다. 나무도 바위도 제자리를 지키고 있다. 캡틴은 "나는 나의 자리를 잘 지키고 있는가"를 늘 물었다.

S형은 그 와중에도 산양을 이야기했다. 천적이 없어 산양은 평화롭다. 예전에 표범이 있었는데 없어졌다. 그럼에도 이 동네는 동물이나 사람이나 척박하기만 하다. 세상에 답은 없다. 어차피 빠르면 이단이다. 그래서 술은 신과 교감하는 도구다. 술처럼 익을 때까지 기다릴 줄 알아야 한다. 그리고 걸으면서 알았다. 목표 의식을 갖고 걷는 것도 좋으나 그냥 그대로 걷는 것도 좋았다. 그동안 목표에 집착한 자신을 되돌아보았다. 그래, 그것은 아니었다. 때로는 목표가 없이도 가야 한다. 도시는 희곡을 읽고 농촌은 소설을 읽는다. 왜 그럴까 생각해보았으나 이유는 잘 알 수가 없다. 그러면서도 S형은 매 순간 물었다. "나는 지금 무엇을 하고 있는 것일까?" 슬리핑백에 들어가면서도 물었다. "왜 걷고 있을까?" 눈이 붓고 호흡이 가빠지고 벌떡벌떡 깰 때마다 나는 나를 찾고 있었다고 S형은 화두를 던졌다.

나는 지금 여기 있다

Whose side are you on? 그것에 맞서 싸울 것인가? 아니면 함께할 것인가? 걷는 자만이 할 수 있는 말이다. 어느 누가 써놓았다. 누군가 화장실에 앉아 깊은 사유를 했다.

낙서는 어디에나 있다. 이집트 피라미드에도 '임금이 적다', 만리장성에도 '낙서 금지'가 쓰여 있다. 안나푸르나를 걸으면서 화장실에 갈 때마다 'Be happy(행복하자)', 'Top of the World(세계의 정상)', 'Magic(마법)' 같은 글을 보았다. 안나푸르나를 걷는 사람들이 불안 속에서도 서로를 위로하는 마음이 녹아났다. 생각이 단순해지면 통찰력이 나온다.

전통 화장실은 들창만 빼꼼하다. 사면이 어둠처럼 막혀 있다. 그 속에서 누군가는 '걷는 문어[Walking octopus]'가 되고 싶어 한다. '나 지금 여기 있어.[I'm sitting here now.]' 하면서 존재감을 확인한다.

우리나라 글도 있다. '이보다 좋을 순 없다.' 화장실과 여기저기 벽에서 본 문구다. 나도 우리의 깃발에 'I'm still walking(나는 아직 걷고 있다)'이라고 썼다. 삶의 숨결을, 내가 내 몸으로 살고 있음을 적었다. 그리고 '나는 걷고 싶고 걷고 있다'를 교감하고 싶었다.

또다시 세상이다. 당초 좀솜까지 걸을 계획이었으나 먼지 때문에 사륜구동 차를 이용하기로 변경했다. 차를 탔는데도 먼지 천국이었다. 발로 밟으면 우주인 발자국이 그대로 찍혔다. 바람이 비탈길을 쓸어가면서 뿌옇게 먼지를 일으켰다. 차 유리창에도 먼지가 닥작닥작 두껍게 앉아갔다. 사람들도 먼지에 찌들어 반들반들했다.

차가 움직이자 먼지에 숨이 막혀 쿨럭쿨럭 기침을 토해냈다. 목이 칼칼할 지경으로 먼지를 마셨다. 도로에서도 트럭·오토바이·미니버스가 지나갈 때마다 먼지가 팔싹였다. 달구지 하나가 먼지 속에서 먼지를 일으키며 터덜터덜 굴러가고 있었다.

길 먼지가 펄펄 날렸다. 길가에는 코카콜라 간판이 매연과 먼지로 까맣게 찌들어 있었다. 발밑에서도 먼지가 폴싹폴싹 올라왔다. 털어도 털어도 먼지는 날아가지 않고 옷에 되묻었다. 코가 막혀 코를 풀었다. 화장지에 코피가 묻어났다. 나뿐이 아니었다. 캡틴과 M형도 코피로 고생하고 있었다. 건조한 먼지가 호흡기를 직접 때렸는지 이후부터는 걸핏하면 코피가 비추었다.

어느덧 좀솜이었다. 칼리간다키강이 거세게 흐르고 있었다. 이 강과 함

좀솜의 무릉도원 좀솜에서 햇볕을 쬐고 있는 사내를 보았다. 잠시 걷다가, 길 위에 한참 서 있다가, 또 무엇인가 주문을 외면서 하늘을 쳐다보기도 했다.

께 포카라까지 가게 된다. 강변으로 늘어선 나무들의 키가 제법 컸다. 떡갈나무와 자작나무가 군락을 이루고 있었다. 강변에서는 양을 잡는 사람들의 손길이 바빠 보였다. 내장을 길게 바위에 널어놓은 것이 무척 인상적이다.

 단층의 농업개발은행이 소박했다. 사과를 잘게 썰어 말린 것을 팔고 있었다. 젊은 어머니는 아이를 발가벗겨 일광욕을 시키고 있다. 마치 옛날 히피 같은 사람이 때가 절은 옷을 질질 끌면서 가고 있었다.

 'Xanadu(재너두)' 간판이 눈에 띄었다. 이상향 또는 무릉도원武陵桃源이라는 뜻이다. 무릉도원은 옷을 질질 끌고 다니는 곳이다. 그 누구도 감히 가려고 하지 않는 곳이다. 눈물로 지켜온 꿈이 '재너두'에 있다고 한다.

칼리간다키강의 암모나이트 암모나이트는 7000만 년 전 이 지역이 바다였음을 보여준다. 사람들은 여름철 장마가 끝나면 칼리간다키강에서 암모나이트 화석을 줍는다. 붉은 양초를 두고 있는데, 장사를 위한 주술로 보인다.

힌두교의 믿음은 발부터 시작된다

고생대를 살아온 암모나이트 화석을 여기저기서 팔고 있다. 히말라야는 한때 바다였다. 7000만 년 전 바다에서 솟아올랐다. 그 흔적이 고스란히 남아 있다. 바다 밑에 있던 지층이 급속히 융기했다.

그래서 칼리간다키강은 암모나이트 화석을 품고 있다. '칼리'는 '검은색'을 뜻한다. 이 강은 바닥이 검다. 암모나이트 화석도 검다. 우기가 끝나면 사람들은 강에 모여 비에 쓸려 내려온 암모나이트 화석을 줍는다.

안나푸르나 지역을 품고 있던 마르상디강과는 사뭇 다르다. 안나푸르나 지역은 구룽족 텃밭이나 칼리간다키강 지역은 타갈리족의 터전이다.

둘 다 몽골리안이다. 그러나 타갈리족은 무스탕 지역을 터전으로 살아왔다. 전통적으로 티베트와 소금 무역을 하면서 상업적 능력을 발휘했다. 바다가 융기한 지역이라 양질의 소금이 많은 지역이다.

이들이 '달바트 타르카리Dal Bhaat Tarkaari'라는 네팔 대표 음식을 만들었다. 쌀에 렌즈콩과 채소를 곁들인 카레 요리다. 상업적 능력이 뛰어난 이들은 스스로 경험해야 믿는다. 장사는 경험이 최고의 재산이다.

이들은 척박한 자연에서 살아남는 법을 스스로 터득했다. 자연을 잘 관찰한다. 바위에서 자라는 이끼를 보고 계절을 짐작한다. 바람이 불어오는 쪽이 잘 자란다. 바람의 방향에 따라 혹독한 겨울과 장마를 예측한다. 자연 속에 살아남을 수 있도록 통찰력을 키워간다.

대부분 타칼리족은 몽골리안이나 힌두교를 믿는다. 힌두교는 믿음이 발부터 시작된다. 발은 신체 가운데 가장 더럽다. 세상과 끊임없이 접촉한다. 그래서 발과 신발은 가장 낮은 지위다. 이들은 장사를 나갈 때 걷기부터 시작한다. 네팔 사회에서 신분이 낮다. 그래도 이들은 기도가 신에게 닿기를 바란다. 동전을 칼리간다키강에 던진다. 그래야 액운을 면해준다. 신에게 먼저 무엇인가를 주어야 신도 자신들에게 재물과 건강을 준다고 생각한다. 왜 동서양 어디서도 신은 인간이 먼저 돈을 주어야 축복을 해줄까? 그래도 이들은 신을 넘어서려 하지 않고 신과 조화를 이루며 살려고 한다. 오로지 가족을 먹이기 위해 걷고 신을 믿으며 의지한다.

자신의 모습 그대로 산다

칼리간다키강을 따라 계속 내려갔다. 날씨는 건조한 것을 빼고는 표현할 수 없을 만큼 아름다웠다. 하늘은 담청색이었다. 그런데 호사다마好事多魔

'전쟁은 해결책이 아니다'라는 간판 네팔에서는 다투는 모습을 볼 수 없다. 버스가 늦게 와도 어느 누구도 항의하는 일이 없다. 네팔의 시간은 느긋하게 흐르고 있었다.

라고 했던가? 일이 터지고 말았다.

사륜구동 차는 겉은 멀쩡하나 바닥의 녹을 보면 잔뜩 골병이 들었다는 것을 알 수 있었다. 벌써 7년째 비포장도로와 산간 오지를 누비고 다녔다. 폭탄 터지는 소리가 났다. 결국 앞바퀴 축이 부러졌다. 하지만 이들에게는 예삿일인 것 같았다. 지나가는 차도 서서 도와주었다. 무슨 신나는 일이 일어난 것처럼 온 동네 사람들이 바삐 오갔다. 바퀴를 들어올리고, 이것저것을 바꾸고 하더니 다 되었단다.

무슨 축제를 하는 모습이었다. 수리가 끝나자 우리가 탄 차는 다시 달리기를 시작했다. 30분쯤 갔을까? 이번에는 타이어가 터졌다. 타이어는 바람이 다 빠져 쭈글쭈글했다. 또다시 30분을 소비했다. 그래도 이들은 묵묵히 일했다. 그렇게 길고 긴 오후가 지나가고 있었다. 칼리간다키강도 말없이 흘러가고 있었다. 어느 누구의 입에서도 불평 불만의 소리가 나오지 않았다. 아무도 서두르지 않았다.

  삶의 만족도가 높은 이유를 알겠다. 네팔 사람들은 무슨 일이 일어나도 걱정하지 않는다. 시간이 해결해준다는 믿음을 갖고 있다. 서두르는 법이 없다. 시간에 머무를 줄 안다. 내일보다는 지금을 산다. 저축의 개념도 없어 보인다. 있으면 먹고 없으면 먹지 않는다. 해가 뜨면 자리에서 일어난다. 어둠이 내리면 하루에 감사하고 잠든다. 이들에게 시간은 시간일 뿐이다. 오늘 꼭 해야 할 일도 없다. 오늘 못 하면 내일 한다. 시간과 함께 어울린다. 자신의 모습 그대로 산다.

16

주라, 공감하라, 절제하라

타토파니 — 포카라

거대한 산하가 내 앞으로 다가왔다

타토파니(Tatopani, 1200m)는 노천 온천으로 유명하다. 한밤의 별을 보며 뚜벅 맥주 한잔을 곁들이면 뿌듯해진다. 마음은 마치 온 세상을 얻은 듯 부풀어 오른다. 안나푸르나 트레킹의 마지막 종착지인 나야풀을 거쳐 포카라 에크데바디까지는 가벼운 내리막이었다. 28km 거리인데 사륜구동 승합차로 4시간이 소요되었다.

   네팔은 작지만 거대한 나라였다. 그동안의 풍경은 희고 검은 것뿐이었다. 그렇게 희망도 없어 보이는 척박한 땅을 지났다. 별안간 네팔의 거대한 산하가 다가왔다. 강은 세찬 물소리를 내뿜으며 분주히 달리고 있었다. 물길에 차이는 돌부리도 자부심을 갖고 불멸의 시간을 견디고 있었다. 자연의 위대한 경이로움을 다시금 보았다.

좀솜(Jomsom, 2720m)에서 타토파니 구간은 트레킹으로 2일 정도 소요된다. 그런데 우리는 차를 타고 10시간 동안 터덜거리고 왔다. 이 구간은 칼리간다키강 옆으로 넓고 평탄한 데다 건기인 지금은 먼지가 많아 트레킹이 사실상 어렵다. 산악 지역이어서 길은 산과 강 사이로 이어졌다. 마을을 지나다 보면 틈틈이 맷돌이 보였다. 옥수수를 맷돌로 갈아 옥수수 가루를 내어 죽을 쑤어 먹는다.

땅이 척박하여 조·보리·기장을 많이 재배한다. 이들도 사위가 오면 닭을 잡는다. 기장으로 만든 뜸바 술을 뜨겁게 데워 마신다. 녹두전을 렌털콩으로 만든다. 밥을 먹을 때는 멍석을 깐다. 부엌을 신성시하고 식사 전에 음식을 떼어 먼저 신에게 바친다. 몽골리안은 몽골리안만 갖는 보편성이 있음을 본다. 어린 시절 할머니가 떡을 떼어 먼저 불의 신인 조왕竈王신에게 바친 기억이 났다. 몽골리안의 원형을 다시 한 번 느꼈다.

안나푸르나는 또 다른 우리를 보여주었다

타토파니라는 온천이 있었다. 남녀 혼탕의 노천 온천이었다. 노천 온천에 몸을 담그면서 시원한 맥주를 먹는 것이 일품이었다. 저녁 어스름에 다 같이 목욕탕에 갔다. 안개가 뿌연 하늘이어서 밤하늘의 별은 보이지 않는데도 천국이 따로 없구나 싶었다.

그리고보니 요즘은 고양이 세수만 했다. 처음에는 얼굴이 근질거렸다. 그러나 그렇게 며칠을 지나자 견딜 만했다. 오히려 자연스러워졌다. 구룽족들이 왜 그렇게 사는지 스스로 깨달았다.

타토파니 온천에서 본 그림 이탈리아 폼페이에서 본 그림과 흡사하다. 네팔 여인들은 통상 이마에 남로를 메고 일하는데 광주리를 이고 있어 특이하다. 아이를 어깨 위에 묶은 것도 네팔답다.

온천욕을 했다. 발밑으로 닿는 촉촉한 미끈거림이 좋았다. 훈훈한 증기가 무척 편안했다. 아무 말이 없어도, 아무 생각이 없어도 행복했다. 가슴에 안나푸르나만 가득 들어차 있었다. 지금도 세상 어디선가는 누군가 걷고 있을 것이다.

나는 밤하늘의 별을 찾으며 나를 찾고 있었다. 이것이 세상의 현실이었다. 사람은 어떤 상황에서도 버틴다는 사실을 알았다. 결국 최선의 삶이란 주어진 여건이 어떠하더라도 자기 길을 가는 것이었다.

삶은 축복이다. 존재 자체가 바로 축복이다. 오늘은 우리 모두 축복을 받았다는 느낌을 공유하고 있다. 쿡이 준비해준 타토파니의 토종닭 백숙은 우리를 더욱 들뜨게 했다. 그러면서 우리는 안나푸르나의 축복을 받아들이고 절실한 체험들을 나누게 했다. 부처가 서 있는 곳이 어딘가? 그대가 서 있는 바로 그 자리라고 했다. 내가 있는 지금 이 자리가 바로 나임을 새롭게 만났다.

안나푸르나는 또 다른 우리를 보여주었다. 때로는 비틀거리고, 때로는 넘어지면서도 깊은 유대감을 잃지 않았다. 자기의 아픔을 스스로 드러나게 하면서 자기를 보다 깊게 들여다볼 수 있었다. 길을 가면서 전혀 기대하지 않은 사람에게서 희망을 보고 들었다.

주라, 공감하라, 절제하라

우연히 마주치는 사람들에게도 따스한 눈인사와 미소를 나누었다. 처음 만나는 누구에게도 "나마스테" 하면서 축복의 인사를 건넸다. 우리의 작은 행동 하나하나가 커다란 메시지가 되는 기적을 체험했다. 그리고 우리 스스로 가슴에 뜨거운 불을 지폈다.

고산병 증세를 겪는 가운데 낯선 죽음의 공포를 느꼈다. 그것을 내 자신의 힘으로 이겨냈다. 말을 안 하는 것이 제일 편했다. 말하면 힘들다는 낯선 체험을 했다. 말하기보다 말을 들어주는 것이 중요함을 알았다.

지금껏 살아오면서 사람들과 깊은 교감이 없었음을 깨달았다. 그러면서 알았다. 내가 고통스러우므로 타인의 아픔을, 삶의 고통을 볼 수 있었다. 지나고보니 잠자리도 화장실도 숨 쉬는 것도 너무 힘들었다. 내가 그것을 겪고 걸었다는 말할 수 없는 뿌듯함이 가슴속에 가득 찼다.

그렇다고 할 말도 없다. 말보다 아름다운 저 산을 보면 좋았다. 그래, 함께 오르는 거야! 산을 오르면서 친구의 인생이 보였다. 내가 낮아지면서 주변이 보이기 시작했다. 이제야 산의 정상을 바라볼 수 있는 사람이

네팔의 신들 네팔에는 힌두교의 신들에 대한 탱화가 많다. 특히 시바신은 하층민에게 인기가 많다.

되었다. 그래, 나도 오를 수 있겠어!

우리 스스로 행복한 삶에 이르는 길을 배웠다. 함께 걸으면서 전보다 나은 인간이 되어가는 길을 체험했다. 배려와 상호의존, 그리고 서로가 연결되어 있음을 느끼게 되었다. 이것이 내 안에 자리를 잡기 위해서는 인내가 필요함을 깨달았다. 걸으면서 서로 보살피는 마음의 자리를 새롭게 했다. 우파니샤드의 '주라, 공감하라, 절제하라'의 외침은 이제야 우리 안에서 숨을 쉬었다.

타토파니의 아침은 여유로웠다. 포인세티아의 눈부신 붉은 빛깔이 설산을 배경으로 활짝 만발해 있었다. 까마귀 한 마리가 푸른 아침을 묵직하게 날아가고 있었다. 독일 아가씨는 탱크 그 자체였다. 혼자 여기까지 걸어왔다고 했다. 가이드도 없이 그 무거운 짐을 혼자 짊어지고 왔단다. 캐나다 노인은 안나푸르나를 걸으면서 '나는 나다[I'm I]'를 배웠단다. 덴마크 청년은 '시작은 나부터[From me]'가 무엇인가를 깨달았다고 했다.

타토파니는 생동감이 넘쳤다. 다 이루었다는 성취감이 있었다. 모두의 마음 문이 열려 있었다. 안나푸르나를 통과한 사람들은 하늘의 별을 쳐다볼 수 있는 자격을 얻은 것 같았다. 우리는 안나푸르나를 통과하지 않으면 하늘을 볼 수 없다는 듯이 스스로 새로운 세계를 열고 있었다.

우리는 이 산과 경쟁해야 한다

오전 8시, 여유롭게 타토파니를 출발했다. 경계선을 넘어서면서 보안관들이 눈에 띄었다. 지금껏 수많은 보안관들을 보면서 의아해했다. 어떻게 보안관이 되나? 이제야 가이드 치링에게 물어보았다. 아무나 보안관이 되지 못한다고 했다. 인맥이 있어야 할 수 있다는 것이다.

네팔도 대인 관계가 가장 중요하다. 행정 처리도 인맥이 있으면 무사 통과다. 우선 계급이 중요하다. 학교·종족·직장이 인맥의 고리다. 일자리가 없거나 일이 잘 안 되면 인맥이 없음을 통탄한다. 어느 사회나 흑수저는 흑수저끼리, 금수저는 금수저끼리 통한다. 이것을 깰 수 있는 방법은 돈이다. 돈을 주면 인맥을 이길 수 있다. 세상은 어디나 비슷하다. 버터 제조기에 빠진 개구리가 밤새 허우적대니 아침에 나올 수 있었다. 아무리 가혹해도, 어두워도 길은 있다.

엄홍길재단이 세운 휴먼학교를 지나갔다. 엄홍길 씨는 "16좌를 오르면서 희생된 셰르파를 위해 학교를 세우겠다"며 산에서 받은 은혜를 베풀고 싶어 시작했다. '끝까지 도전하라'라는 구호가 얼핏 보였다. 앞차를 보니 '그래 좋다, 나는 가겠다.[All right, I'll go.]'라는 글이 답을 해주고 있다.

네팔은 희망 유전자가 있는 나라다. 그러고보니 모든 자동차 뒤편에 구호가 붙어 있었다. 버스에는 '옴마니밧메훔'과 '붓다는 네팔에서 태어났

타토파니에서 본 설산 길을 가다보면 환상적인 풍경과 맞닥뜨린다. 정신을 차리고 카메라 셔터를 누르면 누구도 만들 수 없는 아름다운 그림을 가지게 된다.

다.[Buddha was born Nepal.]'가 예외 없이 새겨져 있다. 그리고 '젊고 자유롭게 살아라.[Live Young, Live Free.]' '나를 변화시켜라! 그러면 우리가 변한다![Change me! Move us!]', '하나의 사랑! 하나의 마음![One love! One heart!]', '울지 마! 나의 조국 네팔[Don't cry Motherland Nepal]' 등의 글이 적혀 있었다.

이들의 가슴속에는 아름다운 생동감이 숨어 있다. 우리는 알 수 없는, 우리와는 다른 무엇인가가 있다. 무엇일까? 안나푸르나를 넘으면서 스스로 물어보았다. 사륜구동 차는 먼지를 날리면서 시카Sikha를 지나고, 시트레Chitre와 푼힐Poonhil, 나야풀Nayapul을 지나갔다.

순간 무엇인가 머리를 스치고 지나갔다. '인간끼리 경쟁할 필요는 없다. 우리는 이 산과 경쟁해야 한다'는 에베레스트 상업 등반 가이드의 말이었다. 산악인들은 알게 모르게 산과 경쟁하고 있다. 이들은 정상을 밟아야만 등산이 끝난다.

그러나 네팔 사람들은 정상에 오르는 일이 거의 없다. 정복의 대상이 아니다. 정상은 신들의 거처다. 경외와 숭배의 대상일 뿐이다. 이들은 신이 허락하는 만큼의 땅을 밟는다. 그것이 이들이 신들과 함께 살아가는 방식이다. 이들의 가슴에는 신의 마음을 닮은 자리가 있다. 다른 사람이 들어갈 작은 여백과 아름다운 공간이 있다.

칼리간다키강을 끝없이 따라가면서 네팔이 내게 들어왔다. 네팔의 산과 강이 이어지면서 네팔 사람들이 왜 행복한가를 또다시 알아가기 시작했다. 이들은 산과 강을 닮아 있다. 원시적인 태고의 모습이 살아 있는 자연성을 갖고 있다. 산을 보면 산은 있는 대로 모습을 보여준다. 강을 보면 강은 끊임없이 시간을 이끌어가고 있다. 산과 강이 만나는 산하는 깊고 다함이 없다. 이들은 '어머니와 조국의 대지는 천국보다 좋다'고 믿고 있다. 네팔 국장 밑에 새겨져 있는 글이다.

이 산하를 대면하면 진정한 자신과 만나게 된다. 산을 닮은 나, 강을 배운 나를 새롭게 본다. 산과 강은 이들에게 마음의 거울이다. 네팔의 산하는 이들과 함께 새로워진다. 그래서 이들은 행복한 가슴을 갖고 있다. 오랜 세월 속에 내면의 평화를 만들어 살고 있다. 네팔의 산하는 내게 감동을 주면서 스스로 안으로 안으로 침묵하게 만든다.

차를 잠시 멈추고 산과 강을 본다. 경치는 여전히 신비롭다. 강 저편으로 뻗어 올라간 대나무 숲이 울창하다. 마르상디강과 달리 넓게 퍼진 활엽수가 잔뜩 자라고 있다. 사람들은 이곳에 있는 것만으로도 행복해 보였다. 그들은 자기들을 먹여주는 다랑이논과 강이면 충분했다.

강은 힘 있게 소용돌이 치고 있었다. 둥근 천정처럼 머리 위를 덮고 있

칼리간다키강 주변의 산하 칼리간다키강 주변의 풍경은 장엄하다는 말을 실감나게 한다. 산과 물이 잘 어우러지고, 이를 터전으로 사람들이 살고 있다.

는 남색 하늘은 삐걱삐걱 흔들리는 비좁은 사륜구동 차 안까지 쳐들어왔다. 이곳의 경치는 어떤 각도에서 보아도 두드러진 특색이 있었다. 그것을 바라보는 것은 한없이 아름다운 일이었다. 여기는 딴 세계다.

모든 게 잘될 거야

지나가면서 보는 산하와는 달리 이들의 현실 속에는 아픔도 배어 있었다. 버스 정류장은 만남과 헤어짐, 돌아옴과 떠남이 있었다. 할아버지와 어머니와 아이들이 아버지를 배웅하는 모습을 보았다.

   마치 우리의 젊은 시절 군에 입대할 당시 부모님과 친구들이 길 떠나는 사람을 배웅하는 모습과 흡사했다. 무엇인가 말할 수 없는 애틋함이

<All is well!> 인도 영화 <세 얼간이>의 주제곡 제목이다. 네팔 사람들은 음악을 좋아한다. 특히 히피들의 영향을 많이 받은 듯하다. 어디를 가도 음악인의 사진이 붙어 있다.

묻어났다. 아버지는 차에 타려다 말고 다시 내려와 어린 아들에게 볼을 비벼댔다. 할아버지는 거칠고 주름진 손을 흔들어 "어서 가라"고 했다. 아내는 이내 울음을 터트렸다. 버스 차장이 떠나야 한다는 몸짓으로 투박하게 재촉했다. 결국 버스가 떠나고 말았다. 남은 자들은 하염없이 버스를 바라보고, 어린아이는 버스를 뒤쫓았다. 생이별을 당해본 자들만이 아는 생의 비밀이 보인다. 그래, 울지 마, 네팔!

  우리도 독일로, 미국으로, 월남으로 그렇게 떠난 적이 있다. 어느 나라나 역사는 반복하고 있다. 역사 속에서 살아가지만 역사를 넘을 수가 없다. 사람살이는 어디나 목숨을 부지하기 위해 떠날 수밖에 없다. 이들이 이 나라에서 겪어야 할 고통과 떠나가는 자들이 낯선 땅에서 맞을 생소한 삶이 눈에 선하다. 얼마나 힘들까! 사람의 나고 죽음이 이렇게 떠남에 있다. 이 정거장에서 수많은 사람들이 떠났을 것이다. 그리고 다시 만날 것이다. 만남이라는 소망이 힘든 시간을 버티게 해준다.

거리는 어느덧 정적에 빠져들었다. 여기저기 개들만 한가롭게 기지개를 펴면서 눈을 껌벅이고 있었다. 네팔 개들은 불교를 잘 받아들여 시간을 넘어 살고 있는 것 같았다. 내가 지금 경험하는 시간의 무게가 깊이 느껴졌다. 차 안에서는 노래가 계속 흘러나오고 있었다. 어디선가 들어본 노래였다. 여행 가이드에게 물어보았다. 인도 영화 〈세 얼간이〉의 주제곡인 〈모든 게 잘될 거야[All is well]〉라는 인도 노래였다. 친구가 낙제하면 눈물이 나고, 일등을 하면 피눈물이 난다. 문제가 생기면 가슴에 손을 대고 '모든 게 잘될 거야!'라고 하면 된다. 재능을 따라가면 성공은 뒤따라온다. 모든 것이 잘된다. 인도와 네팔이 공감하는 긍정 유전자다.

네팔은 경제에서부터 문화까지 인도가 속속들이 들어와 있었다. 자동차부터 노래, 음식까지 인도가 지배하고 있었다. 젊은이들도 인도에 대해서는 거부감이 없다. 오히려 형제의 나라로 여기고 있다. 네팔의 상류층은 휴가도 인도로 간다. 인도가 낳은 세계적인 음악가 라비 샹카를 존경한다. 한때 우리가 말했던 '왜색풍倭色風'을 생각했다. 그런데 이들은 왜색풍이 아니다. 인도 자체에 푹 빠져 있다.

비포장도로를 벗어나자 구릉에는 촌락의 집들이 깨알처럼 박혀 있었다. 더없이 비옥한 산하를 계속해서 달렸다. 때로 방목장과 나무들 사이로 길이 갈라지기도 했다. 북에서 남으로 아름답게 곧게 이어지는 안나푸르나 연봉과 마차푸차레 봉우리가 오른쪽에 버티고 있었다.

돌담이나 울타리 위로 포인세티아와 바나나 등이 잔뜩 걸쳐 있었다. 푸른 수목의 바다였다. 덤불과 덤불을 너머 밭과 밭이 이어졌다. 나무들이 한결같은 햇빛을 받아내고, 이름 모를 열매들이 담벼락에 매달려 있었다. 우리는 포카라에 접어들고 있었다.

17

낮추면 세상을 볼 수 있다

포카라 — 카트만두

더 나은 세상을 위해 무엇을 할까?

포카라Pokhara는 페와Fewa 호수에 비치는 안나푸르나 영봉을 보는 것이 환상적이었다. 포카라에서 예티 항공기를 타고 카트만두로 이동했다. 하늘에서도 안나푸르나 영봉과 마차푸차레의 위엄은 엄연했다.

  사람은 나면서 이름을 얻는다. 이름은 명분과 정체성을 얻는다. 히말라야 영봉을 보면서 스스로 자문해본다. 이제부터 나는 더 나은 현실을 위해, 더 나은 세상을 위해 무엇을 할까? 저녁 어스름은 히말라야를 새롭게 했다. 웅장하고 위대하게 했다. 비행기 창밖으로 보이는 히말라야 연봉은 또 하나의 새로운 경험이었다.

나야풀에서 포카라까지 길이 이어졌다. 계곡은 점차 비옥해지고 있었다. 식물도 높은 산지를 벗어나면서 모두 힘과 생기를 찾아갔다. 환경이 열악하면 어떻게든 살아남는 게 최선이나 이제 여유를 부리는 듯했다. 태양도 한가롭게 빛을 뿌리고 있었다.

다시 세상이다. 마침내 길이 꺾이는 곳에 이르자 안나푸르나 연봉과 마차푸차레가 보였다. 순간 우리는 또다시 넋을 잃었다. 우리가 가까이서 본 히말라야보다 더 장엄했다.

현실은 벗어날 수 없다

너나없이 먼 산을 배경으로 증명사진을 찍었다. 이 산을 보고 사는 네팔 사람들은 어떤 마음일까? 도처에 즐거운 마음이었다. 안나푸르나와 마차푸차레가 장식하고 있는 위대한 아름다움이 가슴을 뛰게 했다. 사람들도 비단 천으로 몸을 장식하고 꽃을 머리에 매달고 있었다.

마차푸차레는 물고기 꼬리처럼 생겨서 '피시테일'이라고도 불린다. 네팔 사람들이 신성시하는 산이다. 이 산은 신들의 거처로 보호받고 있다. 정복의 대상이 될 수 없다고 믿는 산이다. 이들에게 마차푸차레는 신이다. 물론 이들에게는 마차푸차레뿐만 아니라 안나푸르나도 에베레스트도 정복의 대상이 아니다. 경배의 대상일 따름이다.

마차푸차레는 스위스의 마터호른과 산의 모습이 비슷하다. 유럽인들이 무엇인가를 소원할 때 마터호른산에 간다. 〈마터호른〉이라는 네덜란드 영화가 생각났다. 한 남자에게 꿈이 있었다. 마터호른을 보고 새롭게 자신을 추스르고 싶다는 소박한 마음이었다. 마터호른을 바라보면 새로운 인생이 시작될 것 같다는 소망이 이루어지는 영화였다. 주인공은 새로운

포카라 길목의 마차푸차레 포카라를 가다보면 히말라야의 등뼈를 바라볼 수 있는 장소가 나온다. 일종의 뷰포인트다. 마차푸차레는 네팔 사람들이 신성시하여 오르지 않는 산이다. 신들이 사는 곳이라 하여 귀하게 여긴다.

인생을 찾고, 마터호른을 바라보면서 "이것이 나의 인생이다.[This is my life.]" 하면서 또 다른 세상의 길을 찾아갔다. 동서양을 막론하고 산은 새롭고 경이롭게 길을 내준다.

산이 놀랍게도 길을 내준 사람이 있다. 등반가 정광식 형이다. 그의 저서 〈아이거 북벽〉은 한국 산악인들이 꼽는 최고의 산악 책이다. 산은 형에게 경이로움이었다. 산은 산이었다. 2명의 친구가 아이거 북벽에서 죽었다. 미국에서 그 소식을 듣고 한달음에 달려왔다. 그리고 그들을 위해 아이거 북벽을 올랐다.

아이거 북벽은 해발 3970m다. 그리 높지 않으나 세계 3대 난코스로 일컫는다. 변덕스러운 날씨, 깎아지른 경사, 막막한 두려움이 눈 뜨고 있는 곳이다. '등반가는 아이거 북벽을 오른 사람과 그렇지 못한 사람으로 나뉜다'는 말이 있다. 등반가들의 무덤 같은 곳이다.

4박 5일간의 각고 끝에 정상에 올랐다. 그런데 그렇게 담담할 수가 없었다. 참으로 힘든 싸움을 벌였으나 아무런 희열도 행복감도 없었다. 그때 아이거 북벽을 오르다 죽은 친구 2명이 떠올랐다. 가슴에 울컥하고 올라온 소리는 "내일 당장 죽어도 여한이 없다"였다. 아이거 북벽의 극한 상황에서 나온 그 말을 아직도 잊을 수 없다. "왜 지금이 아니고 내일이었을까?"를 묻지 못했다.

극한 상황을 이겨냈을 때 가슴에서 터져 나오는 한마디가 있다. 진실을 체험한 자만이 남길 수 있는 말이 있다. 오직 그 사람만이 말할 수 있는 고해성사가 있다. 깊이 깨달은 자가 말할 수 있는 완벽한 설득이 있다. 그것이 인생을 정의한다. 그리고 그 체험의 힘으로 살아간다. 내 인생의 한마디는 무엇일까? '현실은 벗어날 수 없다.' 소롱라를 넘으면서 알았다.

사람들은 연변을 따라 삼삼오오 모여 있다. 무엇인가 쉼 없이 이야기하고 있다. 바나나를 파는 아낙도 휴대전화를 들고 환하게 웃고 있다. 이들은 "나마스테" 하면서 웃고 지나간다. 신문이나 TV은 보지 않는다. 라디오조차도 차량을 제외하고는 극히 일부만 듣는다.

세상을 살면서 서로 의지하는 법을 알고 있다. 그래서 이들은 끊임없이 무엇인가를 나눈다. 말하기를 천성적으로 좋아하는 습성이 있다. 대부분 집에서는 출입문도 열어둔다. 문이 닫혔다는 것은 집에 무슨 일이 있음을 나타낸다. 그러나 집들은 거의 문이 열려 있다.

그렇게 힘차게 흘렀던 칼리간다키강도 어딘가로 사라졌다. 냇가 근처의 땅에는 답답할 정도로 나무가 빽빽했다. 담쟁이덩굴이 튼튼한 줄기를 타고 올라와 휘감고 있었다. 그 사이를 헤치며 새들이 날고 있었다. 아,

포카라 길목의 오두막 포카라를 지나면서 어린 시절 나의 집을 보았다. 지붕이 그랬고, 텃밭의 꽃들이 그랬다. 어머니가 피워낸 그 꽃들이 그리웠다. 가슴 뭉클한 감동을 받았다.

새들이 날고 있다. 참으로 오랜만에 보는 정경이었다. 마음에 드는 한 폭의 풍경화였다.

여인들의 땋아 올린 머리에도 꽃이 있었다. 남자들은 한가롭게 햇볕을 쬐고 있었다. 아이들은 헝클어진 머리에다 헤진 옷을 입고 있지만 정겹게 웃고 있었다. 모든 것이 생생하게 약동하는 그림과 같았다. 네팔은 크지 않은 나라이나 사계절이 같이 있는 지역이다. 그래서 그런지 이들은 낙천적이고 활기차다.

갑자기 굉음이 들렸다. 오토바이 30여 대가 여자들을 태우고 질주하고 있었다. 네팔 상류층의 새로운 결혼 풍속도라고 했다. 일본산 오토바이를 타고 시 외곽부터 결혼식장까지 가두행진 비슷하게 달린다고 했다. 온몸을 꽃으로 장식하고 있었다. 네팔 특유의 색채가 화려했다. 빨갛고 노랗고, 어쨌든 강렬한 햇볕 아래 조금이라도 더 눈에 띠려는 경쟁을 하는 듯했다. 여자들은 하나같이 통통했다. 이 지역은 통통해야 미인인가?

안나푸르나의 생명이 넘치는 공기를 가르고 있었다. 나는 이제야 꿈속에서 깨어나는 것 같았다. 우리는 안나푸르나를 통해서만 안나푸르나에 도달할 수 있음을 알았다.

낮추면 아름다운 세상을 볼 수 있다

포카라다. 호수라는 뜻이다. 옛날에는 호수가 일곱 개 있었다. 거대한 페와호 외에 베너스호, 루파호 등은 아직도 있다. 페와호에 도착했다. 카페에서 네팔 정식을 주문했다.

차를 마시면서 어쩌면 우리의 인생도 차 한잔 마시는 것과 같은 시간 속에 살고 있는 것이 아닌지 모르겠다는 생각이 들었다. 매일 아침 찌아를 마시면서 걷기에 대한 강박관념을 정리했다. 나이가 들어도 껍질을 깨고 나오기는 어렵다는 사실을 알았다. 뿌듯함과 좌절감, 행복감을 새롭게 맛보았다. 아득한 두려움을 극복하면서 낯설음까지도 함께했다. 낯선 거리에서 낯선 사람들을 이야기했다. 걸으면서 끈기와 자존과 믿음을 새롭게 배웠다. 천천히 생각하고 평범하게 살고 있는 일상이 행복함을 알았다. 페와호에 비친 히말라야가 색다른 감동을 주었다. 푸른 수면 위에 히말라야를 담고 있는 보트들이 떠 있다.

대나무로 만든 격자 창이 아름다웠다. 대나무 공예품도 인상적이었다. 창의 모양이 100여 개를 넘는다고 한다. 창도 각각 의미가 있다. 대개는 불교의 영향으로 연꽃 문양이 많다. 문양은 끝없는 패턴을 반복한다. 무

페와호의 나무와 하늘과 구름 푸른 하늘 너머 흰 구름 속에서 바람이 길을 재촉한다. 이 하늘과 땅과 나무를 지나가면 새로운 꿈을 만날 수 있을 것만 같았다. 구름과 함께 낙엽 떨어지는 길을 걸을 수 있어 좋았다.

한의 세계를 만나면서 극락정토를 기원한다. 창 모양은 무병장수를 기원하면서 행운의 클로버와 보리수, 합장하는 모습 등도 있다. 사람들의 손길이 곳곳에 묻어 있다. 창살은 오랜 세월을 견뎌왔다. 드러난 나무의 결속에 장인의 정성까지도 보인다. 이런 창살을 넘어온 바람은 맛도 다르다. 조금만 들이마셔도 머리끝까지 개운해진다. 이때 페와호는 명상길이 된다. 아무렇게나 걸어도 화보의 한 장면이 된다.

이제 바쁠 것이 없다. 느릿느릿 걸어보니 몸도 마음도 편안하다. 석축도 돌덩이를 곱게 짜맞추었다. 석축 위 나무 사이로 안나푸르나가 멀리 떠 있다. 안나푸르나를 한 번 쳐다보면 안나푸르나도 한 번 더 나를 돌아다볼까?

　하늘을 올려다본다. 바람만이 하늘을 가르고 있다. 눈에 보이지 않는 아름다움을 찾으려 한다. 아니, 안나푸르나가 나를 찾기를 바란다. 자신을 낮추어야 산을 볼 수 있다는 말이 맞다. 친구가 말했다. 108배를 하다 보면 엎드려 마주보는 세상이 제일 아름답다고. 그렇다. 낮추면 아름다운 세상을 볼 수 있다.

세상은 나를 중심으로 움직인다

C형이 네팔 풍속화를 구입했다. 풍속화는 유화 작품이었다. 네팔 화가들은 히말라야를 배경으로 그림을 그렸다. 그림에서 새로운 세계를 창조하기보다는 히말라야가 주는 감동을 그려냈다.

　아이가 히말라야를 쳐다보는 그림이었다. 눈보라 치는 날 아이 하나가 앞만 보고 외길을 걷고 있다. 야크 한 마리를 이끌면서 무섭게 휘몰아치는 밤을 맞고 있다. 눈보라를 맞으면서 벼랑을 넘는 아이의 모습에서 네팔 사람들의 끈질긴 삶이 엿보게 된다. 그 눈보라 속에서 아이는 꿈을 꾸고 있는 것처럼 보인다. 영겁의 세월이 켜켜이 쌓여 있다. 히말라야를 떠받치고 있는 시간들을 함께한 준령이 눈부시다. 어디선가 상상의 새인 가릉빈가迦陵頻伽가 날아오를 것만 같다. 가릉빈가는 석가모니가 극락정토 설법을 할 때에 아름다운 목소리로 울던 새다. 설산에서 태어났다는 극락조가 다시 한 번 일어나 아름다운 목소리로 극락정토를 노래할 것만 같다. 극락정토를 가기 위해서는 이런 길을 가야 할 것만 같다. 길과 고독과 눈과 바람과 히말라야에서 인생을 찾아가는 처절함이 묻어난다.

　히말라야 그림과 함께 만다라曼茶羅가 눈에 들어왔다. 만다라는 부처

네팔 화가의 풍속화 네팔 사람들은 히말라야를 어머니의 산, 또는 신들의 거처로 생각한다. 이들에게 히말라야는 꿈이고 영원에 이르는 길이다. 이들의 가슴에는 항상 히말라야가 살아 있다.

의 세계, 깨달음의 세계를 그림으로 나타낸다. '만다'는 '본질'이고 '라'는 '얻는다'는 뜻으로 '본질을 얻는다'는 곧 깨달음의 세계다. 그림 한 장에 우주의 진리를 표현한다. 만다라 그림은 스님들이 수행 삼아 묵언하면서 그린다. 보통 3년에서 5년이 걸린다. 인내와 집중이 필요하다. 끝없는 반복 끝에 자기를 찾는다. 시간이, 인생이 촘촘히 축적되면 깨닫게 된다. 스님들은 만다라 그림에 인연의 모든 모습이 압축되어 있다고 생각한다. 현재 만다라를 가장 잘 표현하는 인물로는 달라이라마가 있다. 달라이라마는 천 번의 석굴 수행을 했다.

상점 주인은 만다라의 길을 알려주었다. 티베트 불교 승려들은 만다라를 그리면서 깨달음의 길을 찾아간다고 했다. 평생 만다라를 그리는 사

네팔의 만다라 〈만다라〉는 대학 시절 읽은 소설 제목이다. 20대의 젊은 날에 겪은 삶에 대한 번민이 서려 있는 내용이다. 그래서 그런지 유독 만다라가 눈에 들어왔다. 그 깊은 세계가 눈에 밟혔다.

람도 있단다. 만다라를 그리면서 자신의 길이 무엇인가를 묻는다. 그리고 대부분은 자신이 걸어온 길이 하나임을 깨닫는다. 자신이 걸어온 모든 길이, 모든 발걸음이 하나의 점으로 돌아간다. 중심점으로 돌아간다. 그것이 만다라다. 만다라는 모든 길의 표현이다. 자기를 찾는 길이다. 그리고 만다라를 보면서 알았다. 내가 찾아가야 하는 길도 나임을 보았다. 세상은 나를 중심으로 움직이고 있다. 내 발로 걸어야 삶의 비밀을 만날 수 있다. 만다라의 길은 자기 길을 찾는 또 다른 방식이다. 만다라를 이해하는 길은 또 다른 인생으로 들어가는 문이다.

어디 한번 가보자, 그대와 나

이곳으로 오기 전 사진으로 안나푸르나를 보면 이상하게도 T. S. 엘리엇의 〈황무지〉가 떠올랐다. 시집 〈황무지〉를 챙겨 들고 왔었다. 네팔에 와서 〈황무지〉를 두 번이나 읽었다. 나는 새삼 이 시의 의미를 모르고 있었다는 것을 깨달았다. 늘 한 구절만 기억났다. '4월은 가장 잔인한 달', 그것도 시의 중간쯤에 나오는 구절이었다. 신기했다. 이곳에서 읽는 〈황무지〉는 전혀 새로운 느낌으로 다가왔다. 읽을수록 새로운 깊이와 세계가 있었다. 나이를 먹고, 풍진세상을 살아서일까? 얇은 시집이지만 읽을수록 이전에 느낄 수 없었던 아름다운 언어와 다양한 암시가 가까이 다가오며 가슴을 쳤다. 마치 판도라 상자가 모든 악들을 쏟아놓고 마지막으로 가장 놀라운 악인 희망을 쏟아낸 것처럼 경이로운 세계가 나에게 찾아왔다. 그 첫 줄부터 나를 두드려 깨웠다. 'J. 알프레드 프루프록의 연가'부터 새로웠다.

> 어디 한번 가보자 그대와 나.
> 수술대 위에 올라 마취주사를 맞은 환자같이
> 하늘 가득 황혼이 밀려올 즈음
>
> 가보자
> 버려져 인적 없는 마을을 지나
> 불안에 떠는 밤이면 밤마다
> 중얼중얼 혼잣말이 새어 나오는
> 하룻밤 묵을 여인숙의 후미진 구석방
> 굴 껍질과 톱밥 흩어진 거리
> 어쩐지 빠져 나갈 길 없는 난문難問에 말려들 듯해
> 장황한 토론처럼 아득한 거리를 빠져나와…
>
> 자, 어디 한번 찾아 나서볼까

〈황무지〉는 안나푸르나와 나를 하나로 맺어주었다. 그것은 안나푸르나를 보는 새로운 눈을 열어주었다. 스스로 되물었다. 시의 구절 하나하나가 나의 가슴을 때렸다. 예전의 나는 '4월은 잔인한 달'만 외워 댔다. 그런데 이제 〈황무지〉가 내게 들어왔다. '자, 어디 한번 찾아 나서 볼까?' 엘리엇의 심정으로 안나푸르나를 걷고 걸었다.

소롱라에서는 매일 하늘 가득 황혼이 밀려오면 마취 주사를 맞은 듯 중얼중얼 많은 것을 스스로 되물었다. 하룻밤 묵을 여인숙의 후미진 구석방을 읽을 때면 가슴이 먹먹해왔다. '뭐야? 자네, 이런 곳에 있었나? 어디 한번 가보자. 그대와 나.' 그래, 나는 안나푸르나에 있다. '어디 한번 가보자.' 그렇게 힘이 되었다. 말의 힘은 위대했다. 말 한마디가 나의 등을 토닥여주었다.

가이드 치링과 한가롭게 수다를 떨었다.

"넌 뭐가 되고 싶니?"

"포터가 되기 위해 1년의 트레이닝을 받을 때는 가이드가 되고 싶었다. 가이드가 되기 위해 네팔 역사와 문화, 안나푸르나를 공부할 때는 즐거웠다. 그런데 지금은 나는 아무것도 꿈꾸지 않고 단지 가족과 함께 오늘을 살 뿐이다. 다만 한국에 한번 가보고 싶다."

33세의 사내가 한 말이었다. 이들은 내일보다는 오늘을 사는 철학이 강하다. 조급하지 않고, 나무에 매단 기도깃발이 닳아 모든 염원이 하늘에 닿을 때까지 기다린다.

네팔의 전통은 가족을 돌보는 것이 최우선이다. 가족이 자신의 뿌리이자 가지임을 잊지 않는다. 이들은 어디를 가도 아이의 손을 잡아준다. 해맑게 웃으면서 이야기를, 작은 표정을 나눈다. 그리고 이웃을 돌본다. 그래서 이들은 행복하다.

네팔의 시간은 천천히 흐른다

포카라 공항은 아담했다. 인도와 네팔 사람들이 대부분이었다. 네팔의 시간은 넉넉하다. 시간이 없다고 불평도 없다. 누구보다 먼저 가겠다는 빨리빨리도 없다. 네팔의 시간은 천천히 흐른다. 벌써 2시간 동안 비행기가 연착되고 있다. 우리만 팔짝팔짝이었다.

이에 비해 네팔 사람들은 표정이 매우 밝다. 평화롭다. 그들에게는 불멸의 시간이 있다. 이들은 추억이 그리운 사람들이다. 추억을 만들어 간직하는 언어의 마술사들이 사는 나라다. 사람이 그리워지면 말을 하여 푼다. 말을 하면 어떤 일이든 어떤 시간이든 견뎌나갈 수 있는 사람들처럼 보인다.

부부도, 아이들도, 아이와 부모도 무엇인가 끊임없이 이야기를 나눈다. 신문을 보는 사람도 없다. 스마트폰을 들고 무엇을 찾는 사람도 없다. 휴대전화는 통화를 할 때만 쓰인다. 한 번 귀에 대면 한참을 들고 서 있다. 계단에도 이야기를 하는 사람들로 북적인다.

이층 테라스를 올라서니 또다시 안나푸르나 영봉과 마차푸차레가 한눈에 들어왔다. 급히 카메라 셔터를 눌러댔다. 사진을 찍으면 무엇인가 안도감이 들었다. 이 장면을 가슴에 담았다는 알 수 없는 자족감에 사로잡히고는 했다. 사진은 나에게 사물을 더 깊이 보는 통로요 방법이었다. 사진을 찍는다는 것은 세상을 새롭게 바라보는 일이었다. 마음의 눈으로 보려는 준비였다. 안나푸르나를 찍으면서도 안나푸르나 이상의 것을 찍으려 했다.

이럴 때 사진은 세상을 찍는 것이 아니라 내 마음의 움직임을 담게 된다. 사진을 가만히 보면 사진 이상의 또 다른 세계를 만난다. 현실을 더

비행기 안에서 본 히말라야 비행기를 타고 가다가 황혼이 깃들고 있는 히말라야를 보았다. T. S. 엘리엇이 '누워 있다'고 표현한 히말라야다. '모든 게 괜찮다. 모든 것들이 괜찮다.[All shall be well, and all manner of thing shall be well.]' 그래, 모든 게 괜찮다.

깊이 들여다본다는 것은 우리가 보는 것 이상의 것을 보게 한다. 사진은 내가 세상을 다르게 보는 출구 같은 것이다.

갑자기 주위가 조용해졌다. 비행기가 왔다. 이제야 소란이 멎었다. 면세 구역으로 들어가자 조그만 책방이 있었다. 〈히말라야 야생화와 나무, 동물들〉이라는 책을 샀다. 네팔은 생각보다 야생화도 지천이고 나무도 무수하다. 카트만두 비행기표도 정갈했다.

비행기 표에 'recolor, rebuild, relive'가 새겨져 있었다. 다시 칠하고, 다시 짓고, 다시 산다? 네팔은 역동적으로 움직이고 있는 것 같았다. 우리는 이구동성으로 네팔을 칭송했다. 그렇게 끝났어야 했다. 내가 승무원에게 물었다. 무슨 의미냐? 항공사를 협찬하는 페인트 회사의 광고란다. 네팔의 영광을 다시 재건하자는 얘기라고 했다. 예티Yeti 항공사였다. '예티'

는 설인雪人이라는 뜻이다. 설인은 히말라야 높은 설산에 살고 있다는 전설의 인수人獸다. 전설 속에 나오는 사람 몸을 한 짐승이다. 비행기를 타면 볼 수 있을 거라는 희망을 던져준다.

구름 위로 만년설이 치솟아 있었다. 안나푸르나를 옆에 두고 날고 있었다. 히말라야를 등 뒤에 남겨두면서 만감이 교차했다. 이렇게 지나가버리고 마는구나! 그렇게 시간을 지나왔을 뿐이구나!

히말라야는 영겁의 세월을 묵묵히 지키고 있었다. '이별이 아니다. 떠나라, 항해자들이여!'라고 소리치는 엘리엇이 보이는 듯했다. 인생은 한순간의 꿈이라더니 이것이 꿈이다. '우리가 시초라고 부르는 것은 흔히 끝이다. 끝을 맺는 것은 시초를 만드는 것이다. 끝은 우리가 출발한 그곳이다.' 그리고 모든 것이 잘될 것이었다.

안나푸르나는 이제 내 운명의 책에 쓰이는 산이 되었다. 이제 안나푸르나는 나에게 결코 공허한 이름이 아니었다. 내가 걷고 체험한 땅이 되었다. 회상하는 산이 되었다.

모든 것이 옛 친구처럼 느껴졌다. 나와 인사를 나누었다. 나는 오랜만에 소년 시절의 기억을 다시 찾았다. 예티 항공기는 설인 대신 카트만두를 찾아 구름 속을 날고 있었다.

18

네팔의 신은 삶 속에 있다

카트만두

> 저들은 끊임없이 기도한다.
> 저리도 갈구하는 삶은 어디로 가는 것일까?
> 죽음 이후에 살아야 할 새로운 삶에 대한 욕망일까?

문화는 삶 속에 살아 있다

카트만두 트리부반 공항에 내려섰다. 공항은 어두침침한 밤과는 다르게 북적였다. 입국 절차를 마치고 나오는데 한 동양인 여자가 "안녕하세요!"라고 했다. 네팔에서 기독교 선교를 하고 있는 선교사였다.

포카라에서 5년 동안 선교 사역을 하고 있단다. 45명을 전도하여 함께 예배를 드리고 있다고 했다. 이들은 '나마스테' 대신 '사이머시'(예수님께서 하셨습니다)라는 네팔어로 인사를 하는 공동체 생활을 꾸리고 있었다. 어떻게 저리도 밝을 수 있나 싶은 아이들을 보면 삶이 행복하고 감사하고 기쁘게 느껴진다고 했다.

선교사는 네팔 사람들이 오랜 기간 억압받으며 살다보니 예수님을 더 잘 영접하는 것 같다고 말했다. 아마도 엄격한 카스트 제도에서 살고 있기 때문일 거라고 덧붙였다. 모르긴 해도 전도 대상과 전도인들도 불가촉천민일 것 같다. 불가촉천민은 다시 태어나도 신분 상승이 어렵다. 그러나 네팔 사람들은 다시 태어나겠다는 열망이 상상 이상으로 강하다. 다시 태어나야 더 나은 삶과 계급으로 이동할 수 있다는 믿음을 갖고 있다.

공항에서 또 하나의 사건을 맞닥뜨렸다. 중국 아가씨였다. 다짜고짜 차를 태워달라고 했다. 생기발랄한데다 세련되어 보였다. 중국의 힘이지 싶었다. 그녀는 배낭여행 중이라고 했다. 배낭여행자답지 않게 옷가지며 액세서리도 화려했다. 어떻게 여행하느냐고 물었다.

그녀의 대답은 이랬다. 나라는 왜 저마다 다른 문화를 갖고 있을까? 문화는 어떻게 진화하는가? 거기에 대한 답을 찾고 있다. 인도가 네팔에 끼친 영향을 볼 수 있었는데 힌두교와 장례 문화가 인상적이었다. 네팔은 종교로 인한 차별이 없다. 모든 종교가 자유롭고 평등하게 공존하는 힌두 국가다. 이것이 이들의 정체성이다. 어떤 의미에서 '문화의 패턴'이 잘 유지된 나라다. 문화의 다양성과 관용이 힌두교라는 용광로에 녹아 있다.

그녀는 타멜 거리와 아산시장을 걷고 싶어 카트만두에 왔다. 문화의 거울과 삶의 현장을 통해 살아 있는 문화를 느끼고 싶다. 이들의 신이 어떻게 살아 있는가를 찾고 있다. 문화란 삶 속에 살아 있다. 물론 사원과 탑 속에 정수가 있다. 골목에도 시장에도 정원에도 부엌에도 마루에도 이들의 삶이 닿는 곳곳에 있다고 본다. 이들의 신은 삶 속에 있다. 그것이 네팔이다. 사실 한국에도 갈 것이다. 한국에서 경영학을 공부하고 싶다. 앞으로 한중 무역을 하는 것이 꿈이다. 그래서 우리 차를 태워달라고 했다. 중국인들이 이렇게 저돌적이고 도전적인가? 누구나 한때는 거리를 어슬

아산시장의 신단 계단을 내려가면서 신단을 만났다. 신상은 어슴푸레한 지하의 탁한 공기 속에 붉은 티카와 꽃 세례를 받은 채 앉아 있었다. 여기에서 네팔 사람들은 희망의 표정을 보고 있으나 나에게는 낯선 아득함만 밀려왔다.

렁거리며 인생을 배운다.

카트만두의 퇴근 시간은 자동차와 오토바이의 거리였다. 어디서 나왔는지 모를 정도로 인산인해였다. 공항에서 타멜 거리까지 2시간이나 걸렸다. 저녁은 '빌라 에베레스트'에서 한식이다. 아이거 북벽의 산증인 정광식 형이 세운 음식점이다. 이곳에서 한국 음식은 상류층이 먹는 귀한 음식이다. 네팔 사람들 얼굴색도 밝다.

이것을 산악인 박영석 씨가 이어 받았다. 그는 히말라야 8000m급 14좌 가운데 9개봉을 등정했다. 1993년 에베레스트 남서벽 등정 사진에 사인이 있다. 엄홍길 대원이 함께 있다. 1998년 3월 29일자 카트만두 일간지 〈빌라 에베레스트〉에 '설맹이 장애가 되지는 않았다'라는 제목으로 크

<빌라 에베레스트> 1998년 3월 29일자 <빌라 에베레스트> 신문은 박영석 대장이 설명 속에서 히말라야에 오른 쾌거를 보도했다. 네팔 사람들에게 한국인은 선망의 대상이다.

게 실려 있다. 그리고 2011년 안나푸르나 남벽을 등반하다 박영석 원정대는 강기석, 신동민 대원과 함께 실종되었다. 박영석 씨는 자신을 깨우쳐준 산에 생을 바쳤다.

산도 인생도 목숨을 걸어야 한다

M형이 자리에 앉자마자 도발적으로 이야기를 꺼냈다. 평소 신중하고 말을 가려 하는 형이었다.

"히말라야를 보니 세상 아무것도 아니다. 왜 그렇게 집착했는가 모르겠다. 살다 가면 그만인데 왜 이렇게 갈구했는가를 모르겠다. 부처도, 예수도, 모하메드도 별게 아니었다. 왜 이렇게 집착했는지 모르겠다."

그러자 누군가 "알면 뭐하나?" 되물었다. 선문답도 이만하면 수준급이었다. 안나푸르나 열흘이 사람을 변화시켰다.

캡틴은 카트만두를 회상했다. 자동차가 없던 1960~1970년대의 카트만두는 히피들의 천국이었다. 히피들은 각박하고 규격화된 삶을 거부했다. 미국 젊은이들은 베트남전쟁에 따른 강제 징집을 피해 카트만두로 몰려들었다. 그리고 일부 서양인들은 히말라야 근처를 떠돌다 사라졌다. 이들은 히말라야의 설인이 되었다. 아니, 전설이 되었다. 설인은 히말라야에 살고 있는 250cm 정도의 키에 다갈색과 검은색의 긴 털이 온몸을 덮고 있다고 전해진다. 카트만두와 포카라는 문명 세계를 혐오하는 히피들에게 이상향이었다. 느린 삶의 속도가 히피들에게 사랑받으면서 세상의 주목을 끌었다. 몇 십 년이 지난 지금 그들은 거의 없어졌다. 그들은 스티브 잡스처럼 도시의 지식 노동자 그룹인 여피yuppie가 되었다. 여피는 미국 사회의 한 축을 담당하고 있다. 젊은 시절의 방황은 바람에 날리는 먼지처럼 가볍다. 이 가벼움이 새로운 힘이 되었다.

"이들이 미국을 주도한다. 누구나 한때 거리를 어슬렁거려봐야 인생을 안다. 그래야 집착에서 벗어난다. 그때부터 진정한 승부가 시작된다."

캡틴은 그렇게 덧붙였다.

이에 기자 생활을 한 J형이 받았다.

"기자로 살기도 그렇다. 너무 힘들다. 그동안 살아오면서 힘들게 했던 사람들에게 미안하다. 좀 더 일찍 알았더라면 삶은 달라졌겠지!"

히말라야라는 압도적 현실을 체험하면서 느낀 생의 절박함이 묻어났다. 생이란 끝없이 이어지는 알 수 없는 세계였다.

캡틴은 기업을 일구어 100여 명을 먹여 살렸다. 대기업에 납품하려고 고교 친구에게 사정했다. 친구는 친구일 뿐이라는 것을 그때 알았다. 먹고 사는 것은 내가 해결해야 할 문제였다. 누구에게도 기대서는 안 되었다. 그러면서 캡티의 말은 계속 이어졌다.

"사는 곳에는 자기의 역할이 있다. 누구도 맡아줄 수 없는 일이 있다. 그 일을 위해 공부하고 인맥을 쌓고 책을 읽었다. 지나보니 알겠다. 실력이 있은 뒤에 모든 것이 필요하다. 기초 체력을 쌓고 나서 작은 산을 오르고, 그렇게 고만고만한 산을 오르다가 큰 산에 도전하는 것이다. 산에 대해 생각해보면 아쉬움이 남는다. 산을 오르면서 많은 사람이 죽어갔다. 산은 선천적 재능이 아니다. 산은 그냥 오르는 것이다. 그런데 산은 목숨을 걸어야 제대로 오를 수 있다. 살고보니 인생도 똑같다. 목숨을 걸고 일하는 자만이 살아남을 수 있다. 그래야 아무나 하지 않는 것을 할 수 있다. 인생은 시간이 지나야 그 사실을 알 수 있다."

지리산 L형은 장탄식을 하더니 말했다.

"나보다 열세 살 어린 동생이 있다. 노동을 하다 반신불수의 중풍이 왔다. 산재여서 경제적 여유는 있었다. 동생은 자격지심에 10년 동안 가족에게 심한 횡포를 부렸다. 지킬 박사와 하이드처럼 이중생활을 했다. 중증장애라는 짐이 사람을 피폐하게 했다. 결국에는 동생에게 신경질환 증세가 왔다. 동생 가족에게 내가 데려가겠다고 했다. 그날 이후 지리산에서 같이 살고 있다. 처음에는 사람이 그렇게 무너질 수 있는가에 의아했다. 묘한 자책감이 나를 사로잡았다. 사회가 죽도록 싫었다. 사회와 어울리지 못했다. 그런데 동생은 기적적으로 나아지고 있다. 자연이 사람을 바꾸어 주었다. 안나푸르나가 나를 바꾸고 있다. 오늘 그대들이 무척 좋다."

그러면서 L형은 해맑게 웃었다.

S형도 그동안 살면서 '싫다'는 말을 하는 것이 어려웠다고 했다. 성격 자체가 올곧았다. 사람들은 '까칠하다'고 했다. 내 것만 챙기는 사람으로 알려져 있어 힘이 들었다면서 속내를 털어놓았다. 인간 관계가 어려웠는데, 안나푸르나 트레킹을 통해 싫으면 싫다고 이야기하는 것이 중요함을 새삼 알았단다. 그러나 이번에도 사실 '싫다'는 말을 못했단다.

"이번 산행이 내 인생의 또 다른 전환점이 되었다. 5400m, 생각만 해도 무서웠다. 잠도 잘 못 잤다. 눈만 감으면 가슴이 벌렁거렸다. 익숙했던 공포가 구체적으로 다가왔다. 5400m는 공포의 극에 다다르게 했다. 내 앞을 막아선 것은 냉혹하고 하얗게 빛나는 설산과 함께 다가왔다. 마침내 시간이 그것을 이겨주었다. 생이란 끝인가 하면 새로운 시작이고, 시작인가 하면 또 새로운 끝이다. 그저 생이란 시작도 끝도 없이, 정말 끝없이 이어지는 알 수 없는 세계다. 그리고 상처는 살아도 지워지지 않음을, 상처 때문에 다시 만나야 하는 것은 바로 나 자신임을 알았다. 오늘 이 자리가 고맙다."

타멜의 밤거리에서 안나푸르나를 생각하다

밤이 이슥해지자 나는 혼자 이 도시의 먼 곳까지 거닐어보았다. 아무에게도 길을 묻지 않았다. 그저 방향감각에만 의지했다. 한참을 가다가 뒤돌아 걷기를 반복했다. 낯선 골목길을 들락날락하면서 안나푸르나를 생각해보았다.

불현듯 붓다의 설산 고행이 떠올랐다. 붓다는 설산 고행으로도 해탈을 못하고 혼자 고난의 길을 떠났다. 그리고 갠지스강을 만났다. 갠지스강에 몸을 씻고, 욕망과 생각들을 물에 흘려보낸 뒤 어떻게 다시 시작했을까? 붓다의 갠지스강과 나의 안나푸르나를 생각했다. 결국 그것은 의례였으며 계기였다. 붓다는 "물로 마음의 때를 씻었다"면서 영혼의 목마름을 털고 소멸하지 않는 삶으로 나갔다. 내게 안나푸르나는 길을 잃거나 막다른 벼랑을 만났을 때 한 장의 지도가 되었음을 알았다.

나는 인적이 끊긴 막다른 골목까지 가서 어두침침한 밤의 거리를 살폈다. 그렇게 많던 사람은 타멜 거리에서 사라졌다. 다만 빈 오토바이들만

무질서하게 주차되어 있다. 이윽고 젊은 남녀들이 무더기로 쏟아져 나왔다. 길은 굉음으로 뒤덮였다. 폭주족 아닌 폭주족들이었다. 여기도 밤은 젊은이들의 천국이었다. 저들을 보면서 '이제 또 다른 세상으로 가자' 생각하고 등을 돌려 호텔로 돌아왔다.

깨달음에 이르는 길은 평등하다

스와얌부나트 사원은 네팔 최고의 불교 사원이다. '스와얌부'는 빛이고, '나트'는 신을 말한다. 스스로 빛나는 신이라는 뜻이다. 2000년 전에 스스로 세워졌다는 전설을 갖고 있다. 계단 밑에서 올려다보면 푸른 하늘을 배경으로 눈부시게 하얀 돔과 황금빛 첨탑이 장엄하다. 원숭이가 많아 '몽키템풀'로 불린다.

계단을 오르다보면 성전을 지키는 신상들이 굳건히 자리 잡고 있다. 계단이 365개다. 매일 기도하는 마음으로 오르라는 상징이다. 기도바퀴도 500개나 된다. 그러다 고개를 들면 거대한 붓다의 눈이 나를 내려다보고 있다. 10m 높이의 불탑에 눈이 그려져 있다. 이 불탑은 네팔 불교미술의 원형이다. '제3의 눈'이다. 붓다가 진리의 빛을 밝히는 눈이다. 세상과 눈을 맞추고 있다. 그래도 붓다의 눈은 올려다봐야 한다. 겸손하게 자기를 낮추어 신과 대면한다. 사람도 이렇게 낮은 자리에서 대해야 한다. 마음을 비우고 봐야 붓다의 눈도 제대로 보인다. 이 지역은 문수보살이 호수의 물을 빼주었다. 거기서 연꽃 한 송이가 피어났다. 연꽃은 스스로 피었다. 여기에 탑을 세웠다.

사리탑Stupa은 기단 위에 흰색 돔을 얹었다. 4면에는 부처의 눈과 코가 그려져 있다. 기단의 돔은 우주를 나타낸다. 붓다의 양 미간에 '세3의 눈'

스와얌부나트 사원의 제3의 눈 제3의 눈은 네팔 불교의 상징이다. 붓다가 진리의 빛을 밝히는 제3의 눈은 그들에게 매우 소중하다. 지혜의 눈이 카트만두를 굽어보고 있다.

이 있다. 이 눈은 사물의 본질을 꿰뚫어보는 통찰력이 있다. 또한 물음표 형상은 네팔어 1이다. 깨달음에 이르는 길은 하나임을 상징한다. 꼭대기 탑은 깨달음에 이르는 13단계를 가리킨다. 깨달음에는 모두가 평등하다. 붓다 앞에서만은 신분은 차별받지 않는다.

사리탑은 시계 방향으로 돈다. 한 바퀴를 돌면 불경 1000번 읽기와 비견된다. 참배객들은 이곳을 돌아야 '깨닫는 길'을 얻는다고 믿는다. 그리고 인생의 무상성無常性을 깨닫는다. 한 바퀴 돌면 한 생이 간다. '모든 것이 덧없다, 그리고 허무하다.' 이 세상 모든 것이 찰나에 불과하다. 그래서 지금 내 곁에 있는 것을 소중히 여긴다.

저들의 삶 속에 붓다가 살아 있다

네팔의 사원은 우리와는 우선 공기가 다르다. 사람들은 기도바퀴와 향을 들고 돈을 이곳저곳에 놓는다. 향내는 끈적끈적한 느낌에다 독특한 네팔의 분위기를 나타내준다. 참배객들은 양손을 모으고 절을 한다.

순례자들은 남루함 그 자체였다. 빨간 가사는 다 헤졌다. 맨발의 발바닥은 돌아온 탕자의 그것이었다. 상처투성이에다 거칠게 못이 박혀 있다. 렘브란트가 저들을 보고 〈돌아온 탕자〉의 발을 그린 것처럼 여겨졌다. 가련했다. 고통으로 몸도 왜소해 보이고 초라해 보였다. 저보다 자기를 더 낮출 수 없어 보였다. 다만 순례자의 눈은 인간의 고통을 넘고 있었다. 신에게 이르려는 길을 가고 있었다.

이에 비해 내가 만난 불상들은 역동적 힘을 갖고 있었다. 내가 본 석굴암의 절제된 미소가 아니었다. 더 깊은 열반의 경지를 보여주려는 모습처럼 머릿결을 굵게 땋았다. 입술은 붉게 물들어 있다. 환한 눈빛은 세상을 뚫어지게 보고 있다. 극적이고 몽환적이면서도 인간적 아름다움이 있다.

불상은 우리처럼 황금색이다. 화려한 휘장과 비단으로 감싸여 있다. 해탈의 경지를 읽으려는 내게 인간의 욕망을 그대로 보여준다. 왜 이들은 신을 이렇게 인간보다 더 본능적인 모습으로 만들어놓았을까?

나의 신은 십자가에 매달려 고통스러운 모습으로 나를 내려다보고 있는데, 왜 이들의 신은 원초적 욕망의 모습일까? 불교는 생노병사라고 했

스와얌부나트 사원의 개 스와얌부나트 사원에는 개와 원숭이가 많다. 우리가 아는 견원지간과는 다르다. 개도 원숭이도 자기들끼리 유유상종이다. 개는 자고 원숭이들은 쉼 없이 움직인다.

는데, 고통의 바다라고 했는데, 왜 욕망을 그려냈을까? 오체투지로 가는 길이 어디일까? 답은 머릿속에서 맴맴맴 돌고만 있다.

사원 마당은 참배객으로 몹시 붐볐다. 시골 장터 같은 분위기였다. 신에게 고통을 모두 넘겨버렸는지 얼굴들이 무척 밝았다. 저들의 얼굴은 오히려 붓다보다 맑아 보였다.

저들의 삶 속에 내가 알고 있는 붓다가 있다. 저들은 끊임없이 기도한다. 붓다 이후의 세상은 무엇일까? 저리도 갈구하는 삶은 어디로 가는 것일까? 죽음 이후에 살아야 할 새로운 삶에 대한 욕망일까?

사원은 몽키템플답게 원숭이 천지다. 개들의 세상이기도 하다. 서로 소닭 보듯 유유자적이다. 내가 알기로는 견원지간犬猿之間이다. 개와 원숭이는 사이가 나쁘다. 아니, 원숭이는 개를 두려워한다. 하지만 여기서는 함께 어울리고 있다. 붓다의 힘일까?

19

너는 죽어도 죽지 않는다

카트만두

우리는 탐험을 중단하지 않을 것이다.
그 모든 탐험이 끝날 때면 출발했던 곳에 닿아 있을 것이다.
그리고 처음으로 그곳을 알게 될 것이다.

네팔의 시간은 서두르지 않는다

라니는 네팔에서 여행사를 운영하고 있다. 네팔에 관해서 해박한 사람이다. 토박이답게 누르면 답이 나온다. 네팔의 역사며 문화에 대해 모르는 것이 없다. 시원시원하다.

라니는 네와르Newars족이고 힌두교도이다. 네와르족은 히말라야 계곡에서 2000년 넘게 살아왔다. 인도아리아계로 네팔을 이해할 수 있는 거울이다. 카스트도 승려 계급에서 수공업자에 이르기까지 다양하다. 이들은 돌·나무·금속 등을 이용해 공예를 만드는 뛰어난 능력을 갖고 있다. 힌두교·불교의 건축과 미술품 등 네팔 문화의 정수를 만들어왔다.

네와르 족은 나무를 다루는 기술이 남다르다. 이들은 학교나 책에서 배우지 않는다. 아버지로부터 몸으로 배우고 경험을 통해 체득한다. 아버지가 책이고 학교다. 선인들이 쌓아온 지혜와 경험을 이어 가고 있다. 시간을 들여서 같은 일을 반복하는 가운데 장인의 솜씨를 터득해간다.

장인들은 수공예 가구를 자식처럼 생각한다. 작품을 팔 때 자식을 떠나보내는 것처럼 눈물짓기도 한다. 하지만 먹고살기 위해 보낼 수밖에 없다. 의자나 탁자 등을 6개월쯤 만들어 40만 원 정도에 판다. 네팔의 시간은 서두르지 않는다. 아직도 나무창을 만드는 데 못을 안 쓴다는 자부심을 갖고 있다. 또 하나의 자부심이 있다. 이들은 장인의 일을 이어 가면서 매를 드는 일이 없다. 동서양을 막론하고 장인 수업은 혹독한 훈련 과정을 동반한다. 그러나 이들은 절대 혹독하지 않다. 일이 잘못되면 잘될 수 있을 때까지 지켜본다. 자기 모습 그대로 일을 터득할 때까지 기다린다. 대대로 입에서 입으로 전해져 오는 그대로가 될 때까지 기다린다. 건물 짓기는 나무의 성질을 알고 그것을 살려내는 일이라고 한다. 이들은 사람도 그렇게 사람의 마음을 맞추어 만들어간다.

그러고보니 네팔에서 싸우는 것을 본 적이 없다. 그동안 신문과 TV 어디에도 폭력에 관한 보도를 볼 수 없었다. 악다구니를 써가면서 다투는 사람이 없다. 이들은 사람에게서 답을 찾지 않고 신에게 답을 찾아서 그런가보다.

타멜 거리를 걸을 때 눈에 자주 띄는 것은 작은 신단이다. 골목에도 집에도 상점에도 작은 공원에도 붉은 티카를 칠한 불상과 신상이 있다. 주변에는 메리골드가 어지러이 뿌려져 있다. 바나나와 생쌀, 떡이 널려 있다. 육류로 바쳐지는 제물은 닭을 비롯하여 염소·양·오리·비둘기 등 집짐승과 날짐승이 두루 쓰인다. 이들 가운데 닭이 가장 많다.

네팔의 창 네와르족은 네팔 사회의 거울이다. 이들은 돌·나무·금속 등을 이용해 주물을 만드는 능력이 뛰어나다. 계곡의 예술가로 일컬어진다. 신이 모셔진 창은 무한의 세계를 상징하듯 고리로 연결되어 있다.

이들을 따라가면 나의 옛날을 만날 것만 같다

거리의 상점에는 각종 탈, 가면들이 즐비하다. 가면은 인간의 능력을 넘어서는 초자연적인 존재의 힘으로 귀신을 쫓거나 소망을 들어준다고 생각한다. 가면은 혼이 깃들어 있어서 악귀와 병마를 쫓아내기 위해 가면으로 겁을 주어야 한다. 그래서 주술적 목적으로 썼다.

탈은 네팔 사람들의 원형原形이다. 신에 대한 풍부한 상상력이다. 붓다의 얼굴을 비롯해 수많은 얼굴들을 빚었다. 이 얼굴들은 신의 얼굴을 닮았으며 또한 사람의 얼굴을 닮았다. 네팔의 인종만큼이나 다양하다. 나무로 빚은 마스크는 투박했다. 눈은 깊고 기묘하게 튀어나왔으며 콧날은 오뚝하고 뭉툭했다. 입은 무엇인가를 수다스럽게 말하고 있는 듯하다. 귀는 하나같이 커다랗다.

표정을 가만히 들여다보면 얼굴은 마음의 표현임을 알 수 있다. 그 표정에 눈 맞춤을 한다. 하나같이 소박한 내면이 그대로 드러나 있다. 어린 시절 내가 살던 고향의 사람들이다. 이들을 따라가면 나의 옛날을 만날 것만 같다. 나의 옛날이 살아날 것만 같다. 네팔의 힘을 만나고 있는 것만 같다.

이들은 축제일에 탈을 쓴다. 각종 악기를 불고 방울을 딸랑거리며 마을을 돌아다닌다. 악귀와 병마를 쫓아내 건강을 지키고 복을 불러온다. 집안 구석구석은 물론 마을의 신성한 곳을 다니면서 부정한 기운을 몰아낸다. 이들은 가면을 쓰면 강해진다. 우리도 사자탈을 쓰고 질병을 쫓는다. 하회탈을 쓰고 신분 파괴를 꿈꾼다. 가면은 우리에게 뜻밖의 해방감을 준다. 나도 내 얼굴을 감추면 무엇이 다가올까?

살다보면 가면과의 만남처럼 뜻밖의 자리를 갖게 된다. 김태곤 박사와

타멜 거리의 탈 네팔은 탈이 많다. 특히 붓다의 형상이 많다. 시바신의 아들인 가네시는 코끼리 모습을 하고 있다. 가네시는 쾌활한 성격을 나타내는데, 시바신 다음으로 인기가 많다. 이 가게에서도 가네시가 5개나 보인다.

의 만남이 그렇다. 그는 가수다. 그가 말했다.

"삶은 호흡에 있다면서 음악을 들으면 인체의 심장박동이 리듬과 닮아감을 느낀다. 음악을 따라 깊고 느린 호흡을 하다보면 어느새 마음이 차분해지고 정서가 안정된다."

히트곡 〈송학사〉와 〈망부석〉을 만든 과정을 들었다. 조각가가 비너스를 조각할 때 생각하고 돌을 쪼지 않는다. 비너스가 돌에서 걸어 나온다. 그의 히트곡인 〈송학사〉는 스물세 살 때 어느 순간 그에게 내려왔다. 생각이나 논리로 설명이 안 된다. 산 위에 올라보면 구름이 어느 순간 흐른다. 음악이 흐를 때가 있다. 그때 무엇인가를 잡는다. 그것이 〈송학사〉와 〈망부석〉이다. 〈아리아리 아리랑〉은 망부석을 만들다가 잠시 쉴 때 나온 것을 붙잡았다. 순식간에 전율에 휩싸였다. 찰나라는 표현이 맞을 것 같다. 글을 쓰는 것도 그와 같을 것이다. 순간적으로 만나는 것이다.

사람은 무엇인가에 몰입하여 전력투구하다보면 어떤 경계를 넘는다. 그 경계는 늘 보던 곳에서 다름을 볼 수 있게 하고, 제약을 벗어나 자유를 깨닫게 한다. 종교도 제약을 벗어나기 위한 의식을 치른다. 힌두교는 갠지스강에 몸을 씻으면 자신의 죄를 씻는다고 믿는다. 기독교의 세계도 하나님의 나라는 오히려 내 안에 있고 또 나의 바깥에 있음을 깨닫는 세계다. 경계를 넘는 것은 자신의 본질을 스스로 깨닫는 체험이다.

너는 죽어도 죽지 않는다

만남은 헤어짐이다. 힌두교의 신은 브라마(창조의 신)와 비슈누(유지의 신), 시바(파괴의 신)가 삼위일체다. 시바신은 파괴의 신이지만 하층민에게 가장 인기가 있다. 시바신를 모시고 있는 '파슈파티나트 사원Pashupatinath Temple'은 인도 외부에 있는 유일한 힌두교의 4대 성지 가운데 하나다. 죽음의 모습과 헤어짐을 극명하게 볼 수 있는 곳이다.

파슈파티나트는 카트만두 바그마티 강변에 있다. 바그마티강은 신성한 강으로 소중히 여긴다. 삶과 죽음이 자연스럽게 공존하는 장소다.

죽음은 삶의 소중함을 일깨운다. 죽음의 문제가 해결되면 삶의 문제도 해결된다. 우파니샤드의 담론은 살아 있다. "죽는 것을 두려워하느냐? 너는 죽어도 죽지 않는다." 죽음 다음에는 또 다른 삶이 있다. 이들은 이 말을 진리로 여기고 뼈에 새겨두고 되뇐다. 그리고 영원으로 들어간다.

파슈파티나트 사원은 시바신이 주신이다. 시바신은 그 이름이 수천 가지일 정도로 이들의 삶과 밀접하다. 파괴와 창조뿐 아니라 거의 모든 삶

파슈파티나트의 화장터 삶은 고뇌의 시작과 끝이다. 그런데 이들은 '나의 시작에 나의 끝이 있고, 나의 끝에 나의 시작이 있다'면서 삶과 죽음을 동일시한다.

을 주관한다고 믿는다. 황소를 타고 다닌다. 신전 내부에는 남근상이 있다. 시바를 상징한다. 여기에 우유를 붓고 꽃을 뿌리거나 붉은 가루를 뿌린다.

 죽음에도 남근상은 중요한 역할을 한다. 신성한 우유를 붓고 재탄생을 기원한다. 우유는 재탄생의 씨앗을 상징한다. 남근상으로부터 우유가 신성한 강으로 흐른다. 우유가 중요한 고리다. 역설적이게도 강은 화장을 하면서 신성해진다. 그리고 생명은 다시 태어난다. 생명은 끝없이 이어져 있다.

 죽은 자를 보내는 의식은 문명마다 다르다. 파슈파티나트 사원은 삶과 죽음이 만나는 장소다. 죽음은 삶의 한 부분이다. 실제 현실 속에서도 삶과 죽음은 공존한다. 죽음은 존재의 또 다른 형태이다. 네팔 사람들은 육체적 죽음보다는 종교적 죽음을 중시한다.

　이들의 죽음은 현실과의 관계는 끊어지되 또 다른 세상과의 관계 맺음이다. 이들은 죽음에 가까워질수록 세상을 혐오한다. 어떤 이는 나이가 60이 넘으면 가출을 한다. 손에는 팔찌 등 보석을 차고 유리걸식을 하면서 마지막 수행을 한다. 자기 완성을 향해 매진한다. 밥그릇 하나, 지팡이 하나, 물병 하나를 들고 자유롭게 떠다닌다. 집착과 욕심에서 벗어나기 위해 스스로 자신을 불태운다. 마지막으로 팔찌 하나만 남긴다. 자신을 화장할 비용이다. 화장을 해서 강에 뿌려야 환생할 수 있다는 욕망만은 버리지 못한 채 속박과 굴레를 버리겠다는 일념만 간직한다. 인과因果와 윤회마저도 떠나기를 기원한다.

　윤회는 흐르는 것을 의미한다. 죽는 존재에서 불멸의 존재로 넘어간다. 생로병사를 넘어 영원한 존재로 해탈하는 데 있다. 그러나 생명은 숙명적으로 여러 가지 형태의 삶을 수레바퀴처럼 돌고 돈다.

　인생은 영원토록 무수한 생사를 넘나든다. 해탈하기까지 삶은 영원한 불멸이다. '우리는 탐험을 중단하지 않을 것이다. 그 모든 탐험이 끝날 때면 출발했던 곳에 닿아 있을 것이다. 그리고 처음으로 그곳을 알게 될 것이다.' 엘리엇이 읊조린 죽음이다. 두려워해야 할 것이 없다.

신을 통해야 신에게 갈 수 있다

이들의 삶은 자기가 지나온 발자취를 남기지 않는다. 묘비도 무덤도 없다. 자기가 지나간 흔적을 남기지 않고 모든 것을 태워버리고 물에 띄워버린다. 네팔 어디를 가도 사람을 숭배하는 기념비나 동상, 간판 따위를 찾기가 어렵다. 다만 달라이라마의 사진과 종족의 지도자 사진 정도만 걸

힌두교의 링감 링감은 힌두교 사생관의 열쇠를 쥐고 있다. 영혼은 링감을 지나면서 새로운 생명을 얻는다. 링감은 어둠을 지나 새로운 세계로 가는 출구다.

어놓고 추억한다.

이들은 자신을 이생에서 벗어나게 하는 죽음을 비켜 갈 수 없음을 잘 알고 있다. 다만 죽음에다 다시 살 수 있다는 의미를 부여하고 최선을 다해 살아갈 뿐이다.

이들은 어차피 인간의 삶은 바람에 날리는 먼지라고 생각한다. 그러면서도 죽으면 새로운 인생은 한 단계 상승한 자신으로 태어난다고 믿는다. 열반에 이를 때까지 상승할 것을 믿으면서 다시 태어나고 죽고, 태어나고 죽는다는 것을 믿으며 죽어간다. 그래서 행복하다.

나의 죽음은 무엇일까? 천국을 입으로 외우면서도 때때로 열린 문이 아니라 닫힌 문이었다. 죽음이란 한 걸음의 경계를 옮기는 것이 아니라 알 수 없는 모험처럼 두려움이었다. 그래서 삶의 무게를 감당할 수 없는 것이다.

아직도 죽음보다는 내 삶을 정면에서 바라보겠다는 욕망이 더 꿈틀댄다. 나의 죽음을 예고하는 타인의 죽음을 아무리 보아도 그것은 타인의 죽음일 뿐이다. 사람은 나의 현실로 다가설 때까지는 익숙한 나의 모습 그대로 갈 뿐이다. 나의 현실을 깨닫기보다는 아직도 나는 나의 미래를 다듬고 있다.

힌두교도들은 '중요한 것은 우주를 한 바퀴 도는 것이 아니라 우주의 중심을 한 바퀴 도는 것이다. 어떤 꿈에 대한 이야기를 쓸 수는 없다. 그저 꿈에서 깨어날 뿐이다'라고 말하면서 '우리는 오로지 세계를 통해서만 세계에 도달할 수 있고, 신을 통해서만 신에게로 가까이 다가갈 수 있다'고 믿는다. 프랑스의 작가 장 그르니에는 〈상상의 섬〉에서 힌두교도들의 사생관을 집약했다.

동양적 사고에서는 한 삽의 흙이 머리 위에 떨어지면 영원한 잠에 빠진다. 영면永眠이다. 잠은 죽음의 원형이다. 죽음이란 평소의 잠보다 더욱 깊은 잠이다.

그러나 이들은 이 땅에서 죽으면 저 땅에서 다시 태어난다고 생각한다. 마치 죽음을 알고 있다는 듯이 죽음을 당연시한다. 현재의 시간과 과거의 시간은 아마 모두 미래의 시간에 존재하는 것처럼 살고 있다. 그리고 미래의 시간은 과거의 시간과 만난다. 이들에게 생이란 끝이면서 새로운 시작이고, 시작이면서 새로운 끝이다.

입이 지은 죄가 가장 크다

과거와 현재와 미래가 만나는 장소가 바그마티강이다. 이 강은 갠지스강으로 흘러든다. 갠지스강에서도 똑같은 일이 벌어진다. 강에서는 사람들이 부산스럽게 바쁘다. 노란 비단 천에 쌓인 주검들이 다시 세상에 올 것을 기다리면서 줄줄이 늘어서 있다. 이곳만 지나가면 영원한 고향으로 돌아갈 수 있다고 믿으면서 누워 있다. 마치 감나무 밑에 누워서 홍시가 입 안에 떨어지기를 기다리는 것처럼 기다리고 있다.

주검에 불을 집어넣을 때도 특이하다. 장남이 입 속에 불을 넣는다. '입이 지은 죄가 가장 크다'는 힌두교 교리에 의해서다. 아무도 울지 않는다. 주검을 태우는 것이 의식이라는 점을 제외하고는 그저 하나의 일상이다. 망자의 혼령을 위해 사랑의 메리골드 꽃을 흩뿌린다. 그들은 메리골드 향기 속에서 그들을 추억한다.

그리고 과거를 흘려보낸다. 벌써 미래는 불태워짐과 동시에 또 다른 삶 속에 있다. 미래로 향하는 세계는 여전히 하나의 삶이다. 여기서도 돈이 많으면 화력이 좋은 참나무 불을 지필 수 있다. 다리를 사이에 두고 상류

바그마티강과 파슈파티나트 사원 물은 잿빛이다. 물에 비친 하늘과 건물도 흐리다. 타다 남은 육신이 저 강물을 타고 내려간다. 타지 않는 영혼은 이 강물을 건너 또 다른 삶을 향해 간다.

는 보통 재력가나 상류 계급이 눕는다. 그 밑으로 가난한 사람들이 기다린다. 그래도 불에 탄다는 점에서는 평등하다.

하늘의 태양이 뜨겁다. 이제야 나무들이며 벽돌, 불꽃, 강의 리듬, 그리고 카트만두 자체가 내 가슴을 뛰게 한다. 지금까지는 그렇게 생소하기만 했다.

강가 한쪽에서는 가족들이 무엇인가를 먹고 있다. 빨래를 하는 어머니도 있다. 몸을 엎드려 그릇에 물을 담더니 그 물을 마신다. 그 옆에서는 남자가 옷을 반쯤 벗고 목욕을 하고 있다. 어린아이들은 화장터 주변에서 무엇인가를 익숙하게 줍고 있다. 화장을 치른 뒤 생기는 동전이나 귀중품, 사자의 옷들을 수거하여 생계비를 벌고 있다. 일상은 아무 일도 없다는 듯이 톱니바퀴처럼 돌고 있다.

씨앗은 자기 스스로 자란다

라니는 또다시 힌두교의 중요한 교리를 알려준다. 그동안 티베트 불교와 힌두교 불상을 보았을 것이다. 성애의 장면을 노골적으로 묘사한 불상도 보았을 텐데 여기에 답이 있다.

사실 안나푸르나 지역에는 그런 불상이 없었다. 우리의 석굴암에 있는 것과 같은 불상에다 금박만 입힌 아주 전통적 불상들이었다. 그런데 네팔에는 남녀 교접이나 사람과 동물과의 교접을 형상화한 불상이 많다. 남녀의 성적 결합이 세상을 창조하는 창조의 힘이다. 그렇다면 동물과의 결합은 무엇일까? 인간의 끊임없는 상상력의 힘일까? 아니, 현실일까? 그래, 3억 3000만의 신이 있는 나라니까?

벽돌로 지은 작은 전각들에는 이를 형상화한 조형물이 있다. 남성의 성기와 여성의 성기를 만들어놓았다. 성적인 결합이 세상의 창조와 새로운 힘을 만들어가는 시발점이다.

죽은 자는 이곳에서 새로운 잉태의 현실을 만나는 집이다. 육신은 불에 타고 강물에 던져져야 영혼이 자유롭게 된다. 영혼은 그제야 바그마티강, 그 윤회의 강을 건넌다. 영혼은 강을 건너와 여기 신성한 장소에서 새로운 삶을 만난다. 신성한 집은 누각으로 지어져 있다. 역설적이게도 누각은 낡아 있다. 수많은 영혼이 다녀간 듯 남녀 성기의 조형물은 축축하다. 그래도 누추하고 철 지난 전각에 머물 영혼이 있을까? 되물어본다. 그러나 씨앗은 자기 스스로 자란다.

열반은 불 끄기와 같다고 한다. 열반에 이른 사람은 고통에서 벗어난다. 집착이 없는 사람은 번뇌가 없다. 모든 번뇌는 집착에서 일어난다. 집착에서 벗어나는 일은 나의 현실을 있는 그대로 받아들이도록 훈련하는

파슈파티나트의 요기들 요기들은 죽음을 준비하는 수행자들이다. 모든 것을 털어버리고 죽음만을 생각하면서 죽음이 살아 있는 화장터가 최상의 수행터다.

것이다.

 그런 의미에서 이곳은 죽음을 기다리는 요기들이 최상의 수행 장소로 여긴다. 삼삼오오 양지 바른 건물 옆에 앉아 있다. 죽음을 기다리고 있다. 화장장은 수행하기에 최적의 장소이다. 이들은 매일 똑같은 시간에, 똑같은 기다림을 기다리고 있다. 매일 죽음을 기다리는 행복한 중독에 빠져 있다. 이들은 죽음을 연습하고 있다. 다만 죽음은 복습이 안 되어서 한 번 가면 다시는 돌아오지 않는다. 이들은 귀금속을 몸에 지니고 있지 않다. 빈 몸으로 시간을 기다리고 있다.

20

이게 끝은 아니다

트리부반 공항

> 이게 끝은 아니다.
> 끝의 시작도 아니다.
> 그냥 시작의 끝이다.
> ― 폴 칼라니티

길을 찾는 길에는 한계가 없다

안나푸르나! 그곳에는 태양과 달과 바람이 있고 또 영겁의 침묵이 있었다. 안나푸르나는 아침에 한 번, 정오에 한 번, 그리고 저녁에 또다시 태양의 옷을 갈아입는다. 태양의 빛살은 격렬하다. 안나푸르나의 언덕에는 바람이 폭포처럼 쏟아진다. 그러면서 바람을 통해, 바람에 씻겨 안나푸르나의 침묵을 배우게 된다. 길모퉁이를 돌아설 때마다 스스로를 지키고 있는 안나푸르나를 만난다.

  어디서나 사람들은 자기 세계를 가지고 살다가 죽는다. 사람들은 세상에 등을 돌리지 않고 세계와 맞서면서 살고 있다. 중요한 것은 현실뿐만 아니라 죽음을 향해서도 두 눈을 바로 뜨고 바라보는 것이다. 시간과 부대끼면서 삶의 밑바닥에 깔려 있는 행복에 가만히 귀를 기울여보는 것이다. 행복해지는 것이 아니라 행복을 찾는 것이다.

안나푸르나를 걸으면서 나는 세계와 내가 연결되어 있음을 다시 한 번 확인할 수 있었다. 어쩔 수 없이 사람과 연결되어 있었다. 행복, 행복, 그리고 행복이다.

나는 도대체 무엇인가를 끊임없이 물었다. 내가 할 수 있는 일이 무엇인가를 찾았다. 그러면서 네팔의 삶 속에 싯다르타가 살아 있음을 알았다. 사람들은 싯다르타처럼 한계가 없는 사랑을 배우려 하고 있음을, 행복을 찾으려 하고 있음을, 그들은 싯다르타가 이미 간 길을 찾아가고 있음을 알게 되었다. 끝이 없는 길이나, 길을 찾는 길에는 한계가 없음을 배우게 되었다.

싯다르타는 사람의 몸으로 환생했을 때 이미 깨달은 존재였다. 태어나자마자 천상천하 유아독존天上天下 唯我獨尊을 외쳤다. 모든 생명은 생명 자체로 존귀한데 자기만 홀로 존재한다[唯我獨存]는 의미로 잘못 이해한 적이 있다. 붓다는 나 같은 사람을 위해 자신을 깨달음의 길로 내몰았음을 알겠다.

싯다르타는 자기 길을 스스로 찾아갔다. 고통을 몸으로 느끼고, 사랑을 만나고, 죽음을 만났다. 모든 사람이 고통을 피하려 하고, 사랑을 갈구하고, 죽음을 두려워함을 알았다. 삶의 자리에서 누구도 피할 수 없는 욕망을 만나고 있음을 깨달았다. 그런 삶의 제약들이 인간을 인간으로 연결해주고 있음을 알았다.

싯다르타는 자신의 몸으로 딛고 일어서는 힘을 보여주었다. 깨달음을 향해 나가는 길을 일깨워주었다. 있는 그대로의 세계를 보는 눈을 열어

파슈파티나트 사원의 인형들 사원 주변의 상점에서는 인형과 탈이 많다. 이들은 환생을 대비해 미리부터 자신이 원하는 삶을 꿈꾼다. 그리고 죽음은 그 꿈을 이루어준다고 믿고 기다린다.

주었다. 생로병사의 소멸을 보는 법을 알려주었다. 삶의 무게가 다른 자기 짐을 지고 일어서는 인생을 보여주었다. 이를 통해 사람들은 행복한 세계를 만들어가는 길을 보았다.

트리부반 공항에서 안나푸르나를 되돌아보았다. 안나푸르나에 첫발을 내디디면서부터 나의 길은 시작되었다. 안나푸르나는 거대했다. 인간의 발길을 허락 않는 신의 땅임을 느꼈다. 진한 파랑인 울트라마린의 하늘과 안나푸르나 만년설의 조화를 보면서 자연의 위대함을 실감했다.

안나푸르나의 속살을 깊이 만날수록 신비로웠다. 신이 만든 대자연의 모습과 생명의 젖줄을 이어 가는 물의 여정을 통해 네팔의 산하를 다시 보게 했다. 안나푸르나를 눈이 아니라 가슴으로 보는 순간을 만났다. 자연은 수억 년의 힘, 그 에너지를 가지고 자신을 지켜가는 것을 보면서 나도 나를 어떻게 만들어가야 하는가를 물었다.

기적은 천천히 이루어진다

위안부 할머니들의 이야기인 영화 〈눈길〉이 생각났다. 할머니가 하얀 눈길을 혼자 걷는 모습이 인상적이었다. 혹독한 바람 속에서 자신의 길을 가는 할머니의 삶이 처절하게 다가왔다. 처절함 속에 자신을 찾아갈 수밖에 없는 현실이 간절해 보였다. 나의 길도 그렇게 간절했는가를 뒤돌아본다. 사람들은 어쩔 수 없이 많은 길을 걸을 수밖에 없다.

그러면서 자기 길을 찾아가는 것이 삶이다. 길을 가면서 정말 힘들 때 내 옆에 누군가 있다는 것이 큰 힘이 될 때가 있다. 그렇다. 함께 힘든 시기를 견디며 서로를 놓지 않았기 때문이다. 안나푸르나를 걷고 나서 우리의 삶의 모습을 돌아보게 되었다.

그러나 어떤 것의 절실함과 간절함이 만들어낸 깊이를 보기 위해서는 전체적인 삶보다는 단편적인 모습의 삶에 집중하는 것도 방법이었다. 안나푸르나 걷기는 비록 아주 작은 부분이었으나 작은 부분에서 정말 알 수 없는 깊이까지 들어갈 수 있었던 힘이었다.

기적이란 천천히 이루어진다고 했다. 안나푸르나 걷기는 그냥 나 자신이 걸은 추억이 되었다. 행복이란 주어지는 것이 아니다. 무엇인가를 시도하고 공감하고 절제하면서 만들어가는 것이다. 안나푸르나를 향해 순간순간 뚜벅뚜벅 발걸음을 옮기면서 그냥 이 모습 그대로 나는 내가 되었다. 포기하지 않았고, 멈추지 않았고, 그대로 내 길을 갔다. 안나푸르나의 높이가 아니라 나 자신을 넘었다. 네팔 상공의 비행기 안에서 마음속에

티카용 염색제 티카는 주로 붉은색을 이마에 찍는 의식이다. 브라만은 이마에 가로로 두 줄을, 크샤트리아는 반달 모양을, 바이샤는 아치형의 삼선을, 수드라는 둥근 모양을 그린다.

새긴 '주라, 공감하라, 자제하라'는 말이 떠올랐다. 우뢰의 말은 사람에게 다르게 전해졌으나 결국은 안나푸르나를 걸으면서 한길임을 알았다. '주고, 공감하고, 절제하기'가 삶의 한 원형임을 새롭게 배웠다.

안나푸르나를 바라본 것이 아니라 안나푸르나를 향해 한 걸음 한 걸음 올라가면서 소롱라 고개를 넘는 현실을 만났다. 사람이 만들어가는 자신의 경지가 무엇인가를 새삼 느낄 수 있었다. 소롱라 고개를 넘고서야 내가 무엇을 했는가를 다시 한 번 상상할 수 있었다.

소롱라 고개를 넘으면서 힘이 있는데도 걷기 힘든 현실을 만난 적이 있다. 수도사들이 하는 방법이 있다. 상처와 고통, 통증을 사랑하라. 상처와 고통은 정신을 성장시키고 새 힘을 만드는 원동력이다. 당신의 인생을 사랑하라. 삶의 현실이 바로 너다. 이 말들을 주문처럼 외웠다. 그리고 괜찮아, 고통은 고통일 뿐이야! 받아들이는 거야!

피상의 안나푸르나 영봉 길을 가다가 볼 수도 있다. 그러나 제대로 보기 위해서는 멈추어 서야만 한다. 이 산과 대면하면서 나는 결국 사람이라는 것을 새삼 깨달았다. 서두르지 않아야 또 다른 것을 볼 수 있음을 알았다.

삶은 측정할 수 없다

걷기는 단순하다. 아니, 특별하다. 변화가 없는 것처럼 보인다. 그런데 걷고 나면 내면이 변화한다. 새로운 시간과 함께 내가 더해진다. 걷기의 신비함은 여기에 있다. 어디를 걷는다 해도 보이지 않는 변화가 일어난다.

아무리 많이 안나푸르나에 대해 들었다 하더라도 직접 체험한 사람만이 느끼는 특별함은 남다르다. 참으로 아름다운 밤과 별, 새벽녘의 황금빛이 출렁이는 연봉, 베일에 싸인 안나푸르나의 빛은 행복한 세상의 그림자였다.

잘 살면 잘 죽는다고 한다. 죽음은 한 호흡 차이다. 깜빡하고 가면 그

뿐이다. 나이는 시간과의 관계다. 나이 드는 나를 어떻게 받아들일까? 안나푸르나의 고목을 잊을 수가 없다.

황량한 벌판에 나목裸木 한 그루가 바람을 맞으며 서 있었다. 나무는 바람과 함께 불면의 잠을 지키고 있었다. 바람이 바스락거리며 지나갔다. 봄이 되면 천년의 고목도 새롭게 싹을 틔울 것이었다. 그리고 새들이 와서 울 것이었다.

나무는 자기 그림자를 보고 천년을 대견스러워하는 것 같았다. 천년을 안나푸르나에 닿아 있음을 안도것 같았다. 나도 나무처럼 '옴마니밧메훔'을 재웠다. 어느 순간 나도 천년의 숨을 토할 것이다.

물론 모든 것에는 끝이 있다. 안나푸르나의 행복한 순간도 내 삶 속에서 빛을 잃어갈 것이다. 안나푸르나만이 내 삶에서 소중한 것도 아니다. 그러나 안나푸르나는 내게 새로운 현실을 보여줄 수 있는 또 하나의 틀이 되었다. 인생은 멈출 때까지는 끝이 없는 길을 갈 수밖에 없다.

며칠을 머물다 가는 안나푸르나였다. 땅 끝처럼 느껴지는 불편함도 있었다. 길은 저기인데도 가까이 가면 갈수록 알 수 없는 세계가 있었다. 그 알 수 없는 세계를 받아들였을 때 나는 새로운 세계에 서 있었다. 우리가 시작이라고 부르는 것이 때로는 끝이 된다는 것도 알게 되었다.

삶은 측정할 수 없음도 알았다. 페르시아의 양탄자처럼 마지막 한 땀을 놓아야 모습을 알 수 있음도 알게 되었다. 사람에게는 자신도 모르는 가능성이 있다. 내 안의 어느 가능성이 자라날 수 있는지 모른다는 것을 알았다. '성인에게도 과거가 있고 죄인에게도 미래가 있다'고 했다. 네팔을 돌아보면서 죽음보다 삶에 집중하는 모습들을 보았다. 궁극적으로 영원은 삶에 집중되어 있음을….

21

나의 끝에 나의 시작이 있다

글을 마치며

안나푸르나를 말할 수 있고 느낄 수 있고 나눌 수 있게 되었다.
내 속에 새겨진 안나푸르나는 누구 것도 아닌
나 자신만의 안나푸르나가 되었다.

안나푸르나를 걸으면서 나는 세상에 혼자가 아니라는 사실을 다시 한 번 알게 되었다. 그러면서도 어쩔 수 없이 외롭고 무력하고 혼자 갈 수밖에 없는 인간의 숙명을 새삼 느꼈다. 이제 내가 보는 생은 과거와 다를 것이라고 생각했다. 안나푸르나는 나를 더 좋은 사람으로 만들어주었을 것이라고 스스로 위로했다.

그만큼 안나푸르나는 거대하고 충격적이고 광활한 자연이면서도 내게는 커다란 비밀로 다가왔다. 충분한 비밀이었다. 어떤 것도, 나 자신마저도 끝까지 믿을 수 없다는 현실 말이다. 그럼에도 그렇게 행복했던 순간들이 새롭게 나를 일깨워주었다.

T. S. 엘리엇은 〈이스트코커East Coker〉라는 시에서 '노인은 탐험가가

되어야 해. 현세의 장소는 문제가 안 되지. 우리는 조용조용히 움직이기 시작해야 해'라고 썼다. 노인이라는 말이 아직은 어색하나 나도 벌써 노인이다. 노인은 나이와 함께 새로운 깊이에 들어간다고 한다. 물론 새로운 깊이에 들어가자면 캄캄한 어둠의 심연과 공허한 황무지를 통과해야 한다. 히말라야의 바람소리와 깊은 강의 물소리를 통해 새로운 세계로 들어가야 한다.

우리도 60대다. 아니, 탐험가이다. 조용조용히 움직이기 시작해야 한다. 안나푸르나를 통해 우리는 남다른 추억을 만들었다. 내가 이전에 걸었던 우리의 산하와는 다른 체험이 되었다.

끝을 알고 있으나 끝을 알 수 없을 것 같은 소롱라 고개에 올라섰을 때를 잊을 수 없다. 내가 잊을 수 없는 것은 천신만고 끝에 소롱라를 만난 순간이다. 사진으로만 보던 소롱라가 아니라 강렬한 햇볕과 원시의 바람을 그대로 만났다. 내가 알던 바람과는 색다른 바람이었다.

이 바람이 소롱라를 소롱라로 만들었다. 히말라야를 히말라야로 만들어주었다. 이 바람이 네팔과 티베트와 인도와 부탄을 하나의 문화로 이어주었다. 이 바람이 이들을 행복하게 해준 복음이었다. 이들을 이어주는 끈이었다. 이들의 뿌리가 히말라야의 바람이었다. 이들을 행복하게 만들어주는 마법의 바람이었다. 이 바람을 통해 자신들이 히말라야 사람이라는 것을 발견했다. 히말라야의 이야기를 만들어냈다.

우리에게도 우리의 이야기가 있다. 우리는 작가적 열정이나 한계 상황이 아닌 있는 그대로의 안나푸르나를 보려고 갔다. 어떤 경계를 넘으려고 하지 않았다. 네팔을 속속들이 돌아다니지도 않았다. 짧다면 아주 짧은 13일 동안의 외출이었다. 살아가는 날들 가운데 13일은 작은 날들이다. 그러나 내게 13일은 무엇보다 소중했다.

그렇게 13일을 보낸 뒤 나는 안나푸르나를 말할 수 있고, 느낄 수 있고, 나눌 수 있게 되었다. 내 속에 새겨진 안나푸르나는 누구 것도 아닌 나 자신만의 안나푸르나가 되었다.

책을 쓰면서 내 눈으로만 보지 않으려고 노력했다. 사람들은 나와 또 다른 눈으로 세상을 본다는 입장을 지키려 애썼다. 이 책은 나만의 책이 아닌 이번 안나푸르나에 동행한 여섯 명의 선배들과 함께한 이야기이다. 사람들은 커다란 충격을 받으면 독특한 기억을 남기는데, 그 추억은 뚜렷하면서도 평범하다.

우리는 안나푸르나를 걸으면서 안나푸르나에 대한 깊은 추억들을 소중하게 간직하기로 했다. 집사람은 책이 단순해지도록 꼼꼼히 교정을 봐주었다. 이 추억을 오래 간직할 수 있도록 딸 재윤이와 재경이는 지도와 사진 작업을 도와주었다. 아버지의 사업(㈜동광)을 맡아주고 있는 동생 전형이와 종형이도 책을 펴낼 수 있도록 많은 도움을 주었다.

또한 이 글을 쓸 수 있는 공간을 마련해주신 아침나라 황근식 대표님과 마지막 한 글귀까지 꼼꼼히 살펴주신 홍영사 홍영철 대표님께 감사의 말씀을 다시 한 번 전합니다.

네팔의 시간은 서두르지 않는다
안나푸르나 트레킹 이야기

초판 2쇄 인쇄 · 2018년 2월 1일
초판 1쇄 발행 · 2017년 12월 22일

지은이 · 이필형
발행인 · 황정필
발행처 · 실크로드
디자인 · 홍영사

주　소 · 경기도 파주시 청석로 300
전　화 · (031) 955-6333
팩　스 · (031) 955-6335

등록번호 · 제2010-000035호
이메일 · adad1515@naver.com

ISBN 978-89-94893-28-0 (03800)
책값은 책표지 뒤에 있습니다.

이 책은 실크로드가 저작권자와의 계약에 따라 발행한 것이므로
저작권법에 따라 무단 전재와 복제를 금합니다.